바람이 부는 시간

이 도서는 교육부 및 한국연구재단의
대학인문역량강화사업(CORE) 지원에 의해 출간된 도서입니다.

정은귀 산문집

시와 함께

바람이 부는 시간

HUEBOOKs

책머리에

'시와 함께 바람이 부는 시간'은 시와 걸어 온 시간의 기록이다. 시와 걷는 일은 언어의 속살을, 말의 뿌리를 헤아리는 일. 시와 걷는 일은 저 쾌청한 파랑 하늘을 바라보는 것처럼 가없는 일. 하늘을 가르는 매정한 검은 전선을 어쩌지 못하는 일. 시를 걷는 일은 속내를 도무지 알 수 없는 타인의 등을 마주하는 일. 그 곤혹을 오래 묵묵히 바라보는 일. 곤혹과 슬픔 너머 마침내 작은 깨달음을 얻는 일.

어린 날 많은 오후를 강가에 나가 보냈다. 물풀을 헤치며 헤엄치는 작은 송사리 떼를 보며 물 속 '살이'의 고단함을 보기도 하고 다슬기를 잡아 주전자에 넣는 재미에 솔솔 빠져 있던 시간. 문득 고개 들면 강 언덕에는 해가 뉘엿뉘엿 저물고 내 살던 동네 불빛은 까마득 멀었다. 물길에 두둥실 떠내려 온 듯 아득하다가 강둑 따라 정신없이 울며 집으로 돌아오던 길. 막막했지만 발걸음은 총총, 굳건했다. 시와 함께 하는 시간이 그러하다.

시와 함께 걷는 길은 어려운 말의 결을 살살 어루만져 끝없이 질문하는 일. 슬플 때, 아플 때, 힘들 때, 지치고 막막할 때, 시와 함께 걸으며 시를 오래 곱씹어 생각하면 늘 어떤 답이 기적처럼 나오곤 했다. 그 답은 내가 기다리던 것이 아닐 때도 많았지만 대개는 저절로 고개가 끄덕여지는 것. 시를 통해 얻은 사유는 긴 기도 후 어떤 구원처럼, 예기치 못한 순간에 불어오는 바람처럼 그렇게 나를 다독이고 키웠다.

시와 함께 걷다가 시를 업으로 택해 여기까지 왔다. 어렵고 힘들고 재미없다는 오해, 쓸모없다는 고정관념이 박혀 문학장 내부에서도 자주 소외되는 시가 내게는 즐거운 놀이이자 학문의 대상이고 늘 시선 너머에 있는 희망이다. 하염없이 바라보게 되는, 바라보아도 그 속을 다 모를 까칠한 연인이다. 힘들 때 기댈 수 있는 강직한 연인이다. 매일 봐도 질리지 않고 매일 함께 걸어도 갈급한 사랑이다.

시는 다리도 못 만들고 쌀도 못 짓는다는 의미에서는 힘이 없지만 사실 시는 힘이 세다. 시의 힘은 현실의 장에서 권력과 위세를 자랑하는 힘이 아니라 길을 잃었을 때 묵묵히 가야 할 길을 가리키는 결단 같은 것이다. 시는 현실 너머 새로운 길을 상상하고 꿈꾸고 그 꿈을 향해 뚜벅뚜벅 걷게 한다. 시와 함께 걸으면 이 막막한 나날을 쉬이 지치지 않고 견딜 수 있는 마음의 근육이 생긴다. 그러니 일단 시와 함께 걸어보자. 일상을 화급하게 휘두르지만 지나고 생각하면 막상 헛것인 일들에 둘러싸인 우리. 시와 함께 걸으면 그 시간을, 이 지상의 삶을 조롱과 냉소가 아닌 방식으로 사랑할 수 있는 인내와 힘이 생기고 시가 일으키는 상쾌한 바람의 길을 만난다.

지난 여러 해 나는 길 없는 길을 생살 찔리며 맨발로 걷는 느낌에 오래 시달렸다. 공부길이 공부만 하는 것이 아니란 걸 알게 해 준 여러 무거운 사건들을 학교 안팎에서 힘겹게 대면해야 했다. 자리가 부과한 책임이었고 사람들의 민낯을 봐야 했던 난처하고 막막하고 아픈 시간이었다. 매일 기도하는 마음으로 버티던 날들, 그 난망과 난맥을 학생들과 시를 읽으며 가까스로 통과했다.

시와 함께 하면서 얻은 그 힘을 독자들과 나누고 싶어서 묶는 책이건만 설렘보다는 두려움이 크다. 내 이름으로 종이책을 묶는 일이 종이가 되기 위해 몸을 버리는 나무들과 맞바꿀 가치가 있는 것일까, 고민 많던 어느 날 연구실로 전화가 걸려왔다. "제 여동생이 봉쇄 수도원 수녀님인데 선생님 책을 무척 기다려요. 언제쯤 책이 나오나 부탁드리려고 무턱대고 전화 드렸어요." 제주도라며 수줍게 웃으시던 그 목소리에 망설임 하나 덜고 용기 하나 더 얹던 오후를 기억한다.

내가 좋아하는 시인 월트 휘트먼은 시인을 두고 "판사가 재판하듯 판단하지 않고 태양빛이 무력한 것들 주변을 비추듯 판단하는 자"라고 했다. 그래서 시인은 가장 멀리 보고 가장 풍성한 믿음을 받는 자다. 시를 보드랍고 연약한 것, 이성과 대립되는 감성의 언어로만 알고 계신 분들이 많은데, 시는 크고 너른 정의를 가차 없이 실현하는 이성의 언어, 평등의 언어다. 이 세상 젖은 자리에 선 무력한 존재들에게 무한한 빛을 떨구는 그 용기와 연민과 지혜에서 태어나는 시의 공감은 가장 즉각적으로 느낌을 나누어갖는 신비한 공동체를 만든다.

시는 내 판단의 뿌리, 자비와 사랑의 뿌리, 즐거움의 뿌리, 재질거리는 내 수다의 뿌리, 내 침묵과 미소, 슬픔의 뿌리다. 시와 함께 걸으며 견디며 지나온 나날들, 그동안 시와 함께 한 글들을 모아서 일상에서 시가 바람처럼 신비롭게 전하는 사유와 성찰의 힘을 질문하고자 한다. 이 책을 통해 독자 여러분들도 지난한 현실을 새롭게 보는 환한 눈을 밝힐 수 있으면 좋겠다. 2013년부터 천주교 주교회의에서 발행하는 『경향잡지』에 글을 연재하고 있는데, 긴 시간 함께 해주신 독자들과 『경향잡지』와의 만남이 아니었다면 이 책은 불가능했을 것이다. 인문학에 대한 가치에 기대어 인문총서 원고로 살펴봐 주신 한국외국어대학교 지식출판원 식구들에게도 감사드린다.

시인 김수영은 시 「절망」에서 "졸렬과 수치가 그들 자신을 반성하지 않는 것처럼 / 바람은 딴 데에서 오고 / 구원은 예기치 않은 순간에 오고"라고 했다. 내게는 시에서 얻는 깨달음이 늘 예기치 않은 구원이었고 딴 데에서 오는 바람이었다. 작은 바람이 큰 바람을 몰고 오는 기적, 그리하여 멸망할 일만 남은 것 같은 폐허가 순식간에 희망과 축제의 장이 되는 기적을 시를 통해 매일 실감하는 것은 큰 기쁨이다. 시의 언어가 전하는 그 느낌을 묵상의 방식으로 엮으면서 아메리카 인디언들의 소박하고도 견결한 사유에 기댔다. 일 년 열두 달 인디언들의 지혜와 통찰의 이름들이 글에 배어있는 것은 그 이유다.

일반 독자들과 학생들에게 인문학의 가치를 진작하기 위한 교재를 염두에 두고 썼기에 그동안 저자나 본문이 틀리게 시중에 소개, 유통된 시들의 정확한 저자를 밝히고 원문을 바로 잡고 번역도 고친 작품들이 제법 된다. 유난한 까탈이 아니라 공부하는 사람이 갖는 최소한의 책임의식이라 여겨주시길. 평소에 시가 어렵다며 거리감을 느끼는 분들이 이 책을 통해 시와 더 가까워지고 하루하루의 지난한 삶에 숨어 있는 기쁨을 찾을 수 있다면 더 바랄 게 없겠다.

시가 뭔지도 모른 채 시를 읊고 시를 쓰던 초등학생 때부터 내 꿈은 시인과 선생님이 되는 거였다. 문학소녀를 거쳐 시를 읽고 번역하고 가르치고 나누는 선생이 되고 생각해보니 지금까지 시의 길을 곧게 이끌어주신 참 좋은 선생님들 덕에 덜 헤매고 여기까지 온 것 같다. 매일 시 읽는 기쁨을 나누는 우리 어여쁜 학생들 얼굴도 하나하나 눈에 어른거린다. 학생들은 나의 영원한 스승이다. 각주 달린 어려운 연구논문 말고 보통 사람들이 이해 가능한 글로 시의 마음을 널리 전하라고 늘 격려해주시는 타대오 신부님과 도미닉 신부님께 감사드린다. 내 글의 세심한 첫 독자, 남편에게도 고마움 전한다. 무엇보다 여든 연세에 시를 붙잡고 계시는 아부지와 시의 마음을 담아 즐겨 노래하시는 엄마, 돌아가신 시아버지와 기도 안에서 늘 큰 힘이 되시는 시어머니, 네 분 부모님께 이 책을 바친다.

목차

2부 보다 품어보다 _ 71

3부 묻다 희망하다 _ 151

1부

걷다 마주하다

타인 / 홀로 / 몽상 / 기쁨 / 기억 / 꽃들 / 심장 / 망각 / 가족 / 바람 / 이름 / 침묵

타인의 아름다움에서만

타인의 아름다움에서만
위안이 있다, 타인의
음악에서만, 타인의 시에서만.
고독이 아편처럼 달콤하다 해도
타인들만이 우리를 구원할 수 있다.
이른 아침, 꿈으로 말갛게 씻긴 이마를 한
그들을 보라, 타인들은 지옥이 아니다.
그래서 나는 '그'라고 할지, '당신'이라고 할지
어떤 단어를 써야할까 고민한다. 모든 '그'는
어떤 '당신'의 배반이라서, 하지만
그 대신 누군가의 시가 있어
충실하고 신시한 대화를 허락한다.

「타인의 아름다움에서만」 아담 자가예프스키

어느 하루, 일에 지쳐 고단하게 돌아온 늦은 겨울 저녁에 머나먼 나라 폴란드의 한 시인이 나를 구원해 주었다. 아담 자가예프스키(Adam Zagajewski, 1945-). 비스와바 쉼보르스카(Wislawa Szymborska, 1923-2012)를 잇는 시인으로 평가되는 자가예프스키는 폴란드 현대사의 굴곡을 시에 아로새기는 시인이다. 유대인, 이방인, 방랑자 시인. 태어난 땅에서 추방되어 고국을 등지고 타지를 떠돌아야만 했던 운명. 그래 그런지 시인은 늘 인간됨의 의미를 물으며 나와 타인의 관계에 대해 질문한다. 불안한 날들, 모순에 가득 찬 이 세계에서 우리 각자는 누구며 나와 당신은 누구인가.

언제부턴가 우리 살아가는 날들이 나에게만 초점이 맞추어져 모든 것이 내게서 시작되고 내게서 끝난다. 그래서 출발도, 결심도, 성공도, 실패도, 반성도, 깨달음도, 슬픔도, 절망도, 모두 온전히 나만의 몫이 되어버렸다. 그래서 모두 각자의 자리에서 저마다 홀로 힘겹다. 그 힘겨운 자리에서 한 계단 더 올라가려고 안간힘을 쓴다.

그런데 시인은 타인이 만든 아름다움에서 위안을 보고, 타인에서 구원을 본다. "타인들만이"라는 말에 배어있는 단호함을 어찌할까. 이 단호함은 나와 우리들, 우리 식구, 우리끼리의 범주에 갇혀 내 몫, 우리 몫만 챙기는데 몰두해 온 그간의 이기심을 간단하게 무너뜨린다.

타인(他人)은 누구인가? 나 아닌 다른 사람이다. 내가 아니라서 타인은 나와 아무런 상관없이 낯설고, 알 수 없고, 그 미지(未知)만큼 멀고 위험하다. 하지만 이른 아침, 꿈으로 씻긴 그들의 깨끗한 이마를 생각해 보라고 시인은 말한다. 그 시선으로 나는 멀고 위험한 그 낯선 사람과 같은 꿈을 나누어 가지는 사람이 된다고 말이다.

타인만이 우리를 구원할 수 있다고 시인이 말을 건넬 때, 오래도록 나, 혹은 우리라는 단단한 껍질을 쓰고 무겁게 닫혀 있던 눈꺼풀이 한 겹 벗겨지는 듯하다. 홀로 고단하고 지쳐서 한없이 가라앉던 마음이 한결 가벼워진다. 깨달음은 이렇게 오나 보다. 모든 것이 나에게서 시작되지만, 그 걸음의 지향점이 타인들을 향해 있을 때 무심하고 먼 그는 비로소 당신이 된다는 것. 먼 그가 다가와 친근하고 따뜻한 당신이 되는 신비.

그러므로 모든 타인은 당신이 되려다 만 존재, 그래서 당신으로 끌어당길 수 있는 그를 낯선 먼 사람으로 남겨두는 것은 배반이다. 관계의 신비를 이행하지 못하는 배반이 된다. 먼 그를 끌어당겨 당신이라 부를 때, 그 당신은 그 혹은 그 사람에 비해 얼마나 다정하고 사려 깊은지. 당신을 부르는 나 또한 더 이상 홀로 외롭지 않기 때문에 우리는 함께다.

새로운 해의 첫 달. 한해를 아쉽게 떠나보내면서도 새해가 좋은 것은 첫 결심, 첫 시작을 할 수 있는 새로운 시작, 그 한 걸음의 가능성 때문일 것이다. 아메리카 인디언들은 열두 달을 부르는 이름이 아주 많은데 그게 저마다 참 재밌다. 1월은 '해가 눈을 녹일 힘이 없는 달'(앨곤퀸족), '짐승들의 살이 빠지는 달'(피마족) 등 추운 날씨와 관련된 이름들이 많은데, 내 마음에 쏙 드는 1월의 이름은 '마음 깊은 곳에 머무는 달'(아리카라족)과 '서로서로 인사하는 달'(아베나키족)이다.

마음 깊은 곳에 머무는 날 1월에 어떤 소망을 마음에 남을 수 있을까. 늘 나만 앞세우고 내 입장만 주장하며 살기 때문에 저마다 홀로 외롭고, 홀로 가난하고, 홀로 슬프고 고통스러운 시절이다. 그래서 언제부턴가 홀로 죽어가는 사람이 너무 많아진 바로 이 곳, 우리가 만든 슬픈 자리다. 새해엔 나의 자리에 아픈 너를 앉히고 멀어진 그를 끌어당겨 당신으로 만들어보는 건 어떨까.

내가 홀로 고단하게 무수한 그들과 맞설 때 이 세상은 처음부터 실패가 예정된 싸움터다. 하지만 낯선 타인에게 손을 내밀 때 외로운 이 삶의 좁은 길은 함께 걸어가는 길로 넓어지고 그 길 위에 서 있는 수많은 나는 더 이상 외롭지 않다. 우리가 좋아하는 공동체라는 말이 유사성, 즉 닮음의 원리에 기대어 있지만 "타인의 아름다움에서" 위로와 구원을 찾을 때 우리는 닮음의 공동구역을 넘어서는 더 적극적인 품음, 다름을 껴안는 공동체를 만들 수 있다.

나를 버리고 나아가는 것. 나를 비우고 버릴 때 발견하는 낯선 타인의 아름다움. 안간힘을 쓰면서 지켜온 내 영역을 내줄 때 비로소 얻어지는 어떤 구원. 오늘의 이 눈뜸은 다시 또 하루, 낯선 이들과의 만남을 기쁘게 시작할 수 있는 힘을 준다. 오늘의 나를 벗고 매일 그렇게 낯선 그를 당신으로 만드는 하루하루가 타인의 상처와 아픔, 타인의 노력이 빚은 아름다움 모두에 눈뜨는 날이 되길 바래본다.

(2013.1)

홀로 걷는 달

잃어버리는 기술을 익히기란 어렵지 않아.
너무 많은 것들이 사라질 의도로 채워져 있는 것 같아
그것들을 잃는 일은 참사가 아닌 것을.

매일 무언가를 잃어버려 봐. 잃어버린 현관 열쇠,
쓸데없이 소모한 시간의 낭패감을 받아들여 봐.
잃어버리는 기술을 익히기란 어렵지 않아.

그 다음엔 더 멀리, 더 빨리 잃어버리는 연습을 해봐.
장소들, 이름들, 그대가 여행하기로 한 곳들,
그 어떤 것도 참사는 아닐 거야.

난 엄마 시계를 잃어버렸지. 봐. 내 마지막
아니 그 전의 아끼던 집 세 채도 떠나갔잖아.

잃어버리는 기술을 익히기란 어렵지 않아.

근사한 두 도시도 난 잃어버렸어. 또 더 넓은,
내 소유였던 영토도, 두 개의 강과 하나의 대륙도.
그립기는 하지만 그게 참사는 아니었어.

-심지어 당신 (장난기 어린 목소리, 내가 좋아하는 몸짓)
을 잃어버리는 일마저도. 거짓말 아니야. 분명해.
잃어버리는 기술을 익히기란 그다지 어렵지 않다는 것.
비록 그게 참사처럼 그렇게 보이겠지만 (그리 써!).

「하나의 기술」 엘리자베스 비숍

2월이다. 아메리카 인디언 체로키족은 2월을 '홀로 걷는 달'이라고 하고 호피족은 '몸과 마음을 정화하는 달'이라 부른다 한다. 홀로 걸으며 몸과 마음을 깨끗이 하는 것이 쉬운 일은 아니다. 내 산책 또한 마음을 정화하기는커녕 일에 지친 마음을 달래는 정도의 휴식에 그치곤 하니까 말이다. 산책길에 미국 시인 엘리자베스 비숍(Elizabeth Bishop, 1911-1979)의 「하나의 기술」을 떠올린 것은 순전히 내 슬픔을 견디기 위해서다.

얼마 전에 가까운 지인을 다른 세상으로 떠나보냈다. 남들 몇 배의 일을 소화하는 바쁜 업무 중에도 성탄절에 고아원을 방문하여 말춤을 선사하던 책임감 있고 영민한 판사였다. 아직 세상에서 할 일이 너무 많은 사람이었는데 과로로 인한 병마가 오래 잠복해있다 갑자기 터졌다. 가족에게 작별 인사할 틈도 없이 속수무책으로 떠난 사람. 나흘 가량 짧은 시간을 중환자실 앞에서 보내며 죽음이 얼마나 무자비하게 오는지를 실감했다. 연민도 배려도 없는 막강한 '왕'(King)은 단 한 번의 일격으로 여기 이 땅의 소중한 생명을 순식간에 다른 세상으로 데리고 갔다.

시인 비숍이 이 시를 쓰게 된 아픈 사연이 있다. 시인은 생후 팔 개월에 아버지를 잃는다. 충격으로 우울증을 앓던 어머니는 비숍이 다섯 살 때 정신병원에 입원하고 돌아가실 때까지 이십 년 동안 모녀는 한 번도 재회하지 못했다. 그나마 다행히 양가 조부모님들이 돌봐주셔서 경제적인 곤경은 없었던 비숍. 이 대륙, 저 대륙으로 긴 여행을 많이 다닌 시인은 가는 곳마다 집을 샀다고 한다. 하지만 그 집이 우리가 흔히 생각하는 따스한 집은 아니었을 것은 자명하다. 평생 집을 그리워했던 시인이 이 시에서 새긴 상실의 언어를 찬찬히 읽다 보면, 물건이든 사람이든 관계든 가치든 무언가를 잃는 상실의 아픔이 선연해진다.

시인은 상실의 범위를 작은 것에서 시작하여 큰 것으로 옮겨간다. 현관 열쇠, 아끼던 물건, 소중한 집, 영토, 대륙, 점점 범위가 커지고 결국에는 사랑하는 당신을 잃어버리게 되는 일에 이르게 될 때, 이 시는 어렵지 않다고 반복하지만 실은 무척 어려운, 도저히 놓기 힘든 생의 모든 관계들, 그 소중함을 하나하나 짚고 있다. 한 사람의 생은 깊이를 알 수 없는 우주와 같아서 그 지나온 시간 동안 켜켜이 쌓인 깨알 같은 추억과 그 추억이 담긴 물건들, 인연의 고리, 그가 꿈꿔온 희망과 번민들을 언어로 온전히 기록하는 것은 불가능에 가깝다. 어렵지 않다고 거듭 말하는 그 상실의 기술은 도무지 익숙해지지 않는 상실의 슬픔을 역설적으로 표현하는 것이겠다. 그래서 더욱, 생의 긴 매듭을 다 잇지 못하고 일찍 스러지는 목숨은 남은 가족의 애달픈 사연과 함께 오롯이 아픔이다.

다른 한 편 이 시는 우리가 살아있는 동안 채우고 비워나갈 것에 대한 새로운 질문을 던진다. 사는 일이 크고 작은 상실을 꼭 통과해야 한다면, 상실의 기술을 꼭 배워야 한다면, 우리는 무엇을 버리고 무엇을 마지막까지 간직해야 할까? 생각해보면 우리 삶은 태어나서부터 죽을 때까지 끝없는 습득과 채움의 연속이다. 공부를 하고 지식을 쌓는 일, 돈을 버는 일, 가정을 꾸리고 자식을 낳아 기르고 더 넓은 집으로 이사를 가는 일, 더 높은 자리, 이 모든 일은 모두 버림보다는 채움의 연속이다. 그 채움을 위해 우리가 실은 얼마나 많은 것들을 잃어가고 있는지. 소중한 가족과의 포옹, 따뜻한 말 한 마디는 물론이고 내 배를 채우기 위해 내 이웃의 가난에 눈 질끈 감아야 하는 것이 우리 현실이다. 그래서 모두가 결핍감에 시달리며 조금 더 채우기 위한 무한질주를 한다.

해서 오늘, 비움으로써 채워지는 것의 가치를 생각한다. 내 몫을 나누어주고 나를 비우는 것은 상실이 아니다. 그만큼 타인의 자리가 더 넓어지니까. 한 사람은 그 자체로 하나의 세계이고 하나의 우주다. 그러므로 내 몫을 비우고 나누어 다른 한 목숨을 구하는 일은 하나의 거대한 우주를 구하는 일이기도 하다. 무엇이 더 소중한지 잊어버리고 자꾸만 더 채우기 위해 속도전을 벌이는 현대의 삶에서 내 것을 내어주고 비워가는 일, 그래서 함께 풍요로워지는 일이야말로 우리가 첫 걸음마처럼 다시 배워야 하는 '하나의 기술'이 아닐까.

(2013.2)

몽상도 좋아

초원을 만들려면 클로버 한 잎과 꿀벌 한 마리가 필요해,
클로버 한 잎과 꿀벌 한 마리.
그리고 꿈.
그 꿈만으로도 충분할 거야,
꿀벌이 없다면.

에밀리 디킨슨

매운 겨울바람이 채 가시지 않은 3월이지만 3월은 여러 의미에서 새로운 시작의 달이다. 변화무쌍한 봄과 새로운 학기의 시작이며, 정신없이 보낸 시간을 추스르고 새해 계획을 다시 점검해보는 시간이다. 끊었던 담배를 슬그머니 피우는 분들은 다시 금연 결심을 할 것이고 겨울 내내 실내에서 웅크리고 계셨던 분들은 날이 풀리면 다시 운동화 끈을 질끈 매고 뒷산을 찾으실 게다.

아메리카 인디언들이 본 3월은 '연못에 물이 고이는 달'(퐁카족), '암소가 송아지를 낳는 달'(수우족), '잎이 터지는 달'(테와 푸에블로족), 또 '바람이 속삭이는 달'(호피족)이다. 제각기 다른 이름들이 3월의 자연이 선사하는 감각을 정직하고 실감나게 길어 올리고 있다. '잎이 터지는 달'이라니, 얼마나 싱싱하고 예쁜 이름인가. 또 아라파호족은 3월을 '한결같은 것은 아무 것도 없는 달'이라 부르고 체로키족은 '마음을 움직이게 하는 달'이라 부른단다. 이 신비로운 3월에 시와 함께 우리 삶의 어떤 부분에 청신한 눈을 뜰 수 있을까?

3월을 두고 한결같은 것은 아무 것도 없는 달이라 하지만, 사실 우리는 늘 '한결같음'을 바란다. 지금의 사랑이 영원히 한결같기를, 이 소소한 행복이, 젊음이, 변하지 않고 늘 한결같기를 바라고 또 바란다. 긴 공부길에서 등대가 되어주신 은사님께서 언젠가 나를 '여여(如如)하다'는 말로 불러주신 적이 있다. 여기서 처음 고백컨대, 그 말이 너무 좋아 지금까지 내 삶의 방향타로 삼으며 여여한 사람이 되려고 노력한다. 긴 공부길에서 내가 변덕이 덜했다면 아마 그 말씀 덕분이리라.

변화가 나쁜 것은 아니다. 늘 다니던 길에서 벗어나려 하지만 그게 잘 안 되는 천성을 타고난 것도 안다. 좋아하는 신발을 닳도록 꿰매 신는 버릇, 십 년, 이십 년 전 옷을 여전히 입는 습관, 짧은 단발머리만 평생 고수해 온 나는 겁 없이 사고치는 사람이 부럽기도 하다. 일관된 길을 걸어온 것 같지만 다시 생각해보면 그동안 나도 모르는 배반은 또 얼마나 했을까. 한결같은 것은 아무 것도 없음을 일깨워주는 달 3월이 있어 이런저런 변덕도 다행이다 싶다. 얼었던 땅이 풀리고 햇살도 따뜻하지만 바람은 더 심술궂고 우리 마음도 불안하게 흔들리는 달. 한결같지 않은 이 계절을 잘 살아가려면 어떻게 해야 할까?

시를 한 번 더 꼼꼼히 들여다본다. 월트 휘트먼과 함께 미국 시의 거대한 뿌리가 된 19세기 미국 시인 에밀리 디킨슨(Emily Dickinson, 1830-1886). 시인은 평생을 고적하게 살면서 제목이 없는 많은 시를 남겼다. 살아 있을 때 발표한 시는 십여 편에 불과하지만 아름다운 필체로 쓴 자그마치 1,750여 편의 시들이 서랍 속에 남아있었다. 시인이 떠난 후 편집자의 손을 거쳐 그 많은 시들이 시집으로 정리, 출판되었고 오늘날 디킨슨은 미국 뿐 아니라 세계적으로 사랑받는 위대한 시인이 되었다.

시인은 드넓은 초원을 만들려면 클로버 한 잎과 꿀벌 한 마리만이 필요하다고 한다. 'prairie'는 북아메리카 내륙에서 많이 볼 수 있는 대평원으로 나무가 드문드문 서 있고 풀이 우거져 있다. 이 넓은 초원을 만들기 위해 고작 클로버 한 잎과 꿀벌 한 마리만이 필요하다니, 참으로 담대하고 맹랑한 상상력이 아닐 수 없다.

이어 덧붙이는 말도 예상 밖이다. 클로버와 꿀벌, 꿈의 조합만으로도 생뚱맞기 그지없는 비현실적인 이야기를 하는 것 같은데, 시인의 상상력은 꿀벌마저 없는 척박한 상황으로 한 발 더 나아간다.

꿀벌을 찾기 힘들 때는 어떻게 할까? 비나 햇살도 아니고 유일하게 더 필요한 것이 "그리고 꿈"이라니. 시인은 "그 꿈만으로도 충분할 것"이라 단언한다. 이 때 시인이 선택한 단어 'revery'(대개 'reverie'로 표기)는 꿈 중에서도 좀 비현실적인 꿈, 기분 좋은 몽상에 해당된다.

이 시를 읽으면서 우리가 꾸는 꿈에 대해 생각해 본다. 꿈은 여러 의미가 있어서 당장의 현실적인 계획일 수도 있지만 몽상이면 또 어떤가. 출발은 작을수록 좋고 늦고 빠름은 중요하지 않다. 여든이 가까워지시는 친정아버지는 지금도 교육방송을 보며 영어를 따라 하신다. 딸이 쓰는 글을 꼼꼼히 찾아 읽으시는 아버지. 영시가 나오면 영어사전을 뒤적이며 딸의 시 해석을 음미하신다. 유학 가 있던 며느리와 편지를 하려고 컴퓨터를 배우셨던 시어머니는 팔순이 지난 요즘도 컴퓨터 앞에 골똘히 앉아 복지관 탁구동호회 예결산서를 만들고 계신다. 기계를 싫어하시는 친정 엄마도 내가 유학 가 있는 동안 컴퓨터를 배우셨다. 단정하고 울림 있는 엄마 편지를 받으면 먼 땅에서 힘들던 마음이 가뿐히 정리되고 앞으로 나아갈 힘이 생겼다. 산책을 즐겨하시는 엄마는 하늘과 바람과 햇살을 온 몸으로 느낄 수 있는 걷기의 순간을 크나큰 축복으로 여기신다.

얼마 전에 내게 단정한 손편지를 보내주신 한 독자는 무기수로 복역 중이시다. 통신으로 가톨릭교리신학원 공부를 하시는 그 분은 출소 후에 평신도 선교사가 되는 것이 꿈이라고 한다. 어떤 사연으로 무기수가 되었는지 곡절 많은 인생을 돌아 새로운 꿈으로 하루하루를 채워 가는 그 분은 갇힌 몸이지만 청청한 미래형의 젊음을 품고 있는 셈이다.

연한 빛으로 잎이 벙긋벙긋 터지기 시작하는 3월, 시인의 말에 귀 기울인다. 푸른 초원을 만들려면 클로버 한 잎과 꿀벌 한 마리, 그리고 꿈만으로도 충분하다고, 그게 시작이라고, 아주 오래 전, 무성한 숲으로 둘러싸인 작은 마을에서 고적하고 병약하게 살았던 시인은 말한다. 한결같지 않은 세상을 한결같이 잘 살아가려면 거창한 것, 많은 준비가 필요하지 않다고. 꿀벌 한 마리, 클로버 하나, 그리고 꿈, 그걸로 충분하다고. 버거운 나날, 다른 누군가가 나서서 도와주길 바라며 한숨 쉬는 이가 있다면 스스로 먼저 꿀벌이 되어보면 어떨까.

설령 꿀벌이나 클로버 한 잎이 없다 하더라도 괜찮다. 현실에 치여 나도 모르게 내려놓았던 꿈 하나를 찬찬히 더듬어 다시 찾아보면 된다. 몽상이라도 좋다. 매일 똑같은 남루한 나날을 반짝반짝 닦으며 살아가려면 마음을 뛰게 만드는 그 꿈을 따라 한 발자국만 더 앞으로 내디뎌 보면 된다. 그 꿈의 키가 내일은 한 뼘 더 자라 있을 것이고 우리 각자의 메마른 초원도 한 폭 더 넓어져 갈색 마른 잎이 연두 이파리가 되고 초록 잎사귀로 무성하게 덮일 것이다.

(2013.3)

생의 기쁨은 어디에

온통 적막한 산인가 했더니
산벚꽃들, 솔숲 헤치고
불쑥불쑥 나타나

저요, 저요!

흰 손을 쳐드니
불현듯, 봄산의 수업시간이
생기발랄하다

까치똥에서 태어났으니
저 손들 차례로 이어보면
까치의 길이 다 드러나겠다

똥 떨어진 자리가
이렇게 환할 수 있다며
또 한번 여기저기서
저요, 저요!

「산벚꽃」 김선태, 『살구꽃이 돌아왔다』 창비(2009)

4월이다. 시인 엘리엇(T. S. Eliot, 1888-1965)이 시 「황무지」(“The Waste Land”)에서 “4월은 가장 잔인한 달 / 죽은 땅에서 라일락을 키워내고 / 추억과 욕망을 뒤섞고 / 잠든 뿌리를 봄비로 깨운다”라고 노래한 이래로 4월은 ‘가장 잔인한 달’로 자주 불려왔다. 나는 이 번역이 늘 좀 아쉽고 고민스럽다. ‘cruel’은 ‘잔인한, 잔혹한, 끔찍한, 고통스러운, 괴로운’이라는 뜻인데, 왜 시인은 생동하는 봄 4월을 이렇게 가장 힘들고 괴로운 시간으로 표현했을까?

한편 아메리카 인디언들은 4월을 ‘옥수수를 심는 달’(위네바고족), ‘만물이 생명을 얻는 달’(체로키족), ‘강한 달’(피마족), ‘잎사귀가 인사하는 달’(오글라라 라코타족), ‘머리맡에 씨앗을 두고 자는 달’(체로키족) 등으로 불렀다 한다. ‘생의 기쁨을 느끼게 하는 달’(블랙푸트족)이라는 이름도 있는데 정말 멋지지 않은가? 이렇듯 4월은 죽은 땅이 아프게 깨어나는 가장 아프고 괴로운 달이면서 생의 기쁨을 느끼게 하는 달이다. 이러한 4월의 두 얼굴을 함께 생각하며 앞의 시를 다시 한 번 읽어보자.

시인은 산을 오르는 중이다. 겨울이 채 가시지 않은 봄의 산은 여전히 적막하다. 적막한 산길을 오르다 흙빛 나뭇가지를 자세히 들여다보면 연두빛으로 올라오는 앙증맞은 새 잎을 볼 수 있다. 그 산에서 시인의 눈길은 드문드문 피어있는 산벚꽃에 가 머문다. 하나씩 피어나 산을 밝히는 산벚꽃. 불현듯, 어둡고 적막하던 산이 환해진다. 개안(開眼)의 순간이다. 흔히 새로운 지식을 얻거나 뭔가 깨달음을 얻었을 때 '개안'했다고 하지만, 까치똥에서 태어난 흰 손으로 산벚꽃을 묘사하는 이 구절은 그야말로 신선한 개안의 순간을 독자에게 선사한다.

산벚꽃과 까치똥의 기막힌 교접. 시의 마음은 똥과 꽃이 결국 한 자리에 있다는 것을, 나고 죽고 다시 태어나는 존재의 신비로운 순환 속에 똥의 자리가 곧 꽃의 자리라는 것을 보는 눈이다. 산벚꽃이 핀 자리는 처음부터 환하고 밝고 화려한 자리가 아니라 똥 떨어진 자리였다는 것, 까치똥이 머물렀던 자리에서 꽃이 피는 생의 신비를 보는 마음이 시다. 꽃은 처음부터 고운 모습으로 태어나는 것이 아니라 다른 존재의 똥에서 자양분을 얻고 비로소 피어난다. 까치의 생명이 되었다가 그 역할을 다하고 떨어진 똥, 그 똥이 땅과 만나 겨울의 혹독한 추위를 견디며 만들어낸 기운 속에서 예쁜 꽃이 핀다. 여기저기서 "저요, 저요!" 하며 피어나는 꽃은, 그러므로 한 생명이 제 몫을 다하고 저버린 자리에서 비로소 시작하는 다른 생명이겠다. 그래서 그처럼 환한 것이다.

4월은 사순시기이기도 하다. 천주교 세례를 받은 나는 가톨릭 전례력에서 사순시기를 참 좋아한다. '사람아, 흙에서 왔으니 흙으로 다시 돌아갈 것을 생각하여라'는 말씀으로 시작하는 '재의 수요일'부터 마음이 차분히 가라앉는데 그 차분함이 곧 생과 사가 겹쳐지는 삶의 신비를 묵상하게 한다. 사순시기를 영어로 'Lent'라고 하는데 어원을 따라가 보면 '봄' '만물의 소생'이란 뜻이다. 매 사순시기에는 어떤 거창한 결심이나 결행 대신 이 사십일의 고난의 시간이 어떻게 축복의 길이 되는지를 생각하며 살뜰히 보내려 한다.

'어린 봄의 달' 3월에서 '생의 기쁨'으로 가는 4월, 그 계절의 변화 안에서 낮게 엎디어 피어나는 생명의 심오한 깊이를 묵상할 수 있어 고마운 시간. 시에서 들려주는 깨우침은 사순시기에서 부활절로 가는 시간과도 닮아 있다. 부활의 환희는 거저 공으로 오는 것이 아니라 희생과 죽음을 딛고 온다는 것, 그래서 삶 이후에 죽음이 있는 것이 아니라 어쩌면 죽음 너머에 삶이 있는 것인지도 모르겠다.

진정 생의 기쁨은 어디에 있을까? 꽃은 다른 생명에게 빚지는 거름 속에서 긴 시간의 고투 끝에 피어난다. 황사 먼지로 고통스럽게 오는 봄을 체감하던 어느 날, 한 중학생의 불장난으로 시작된 큰 산불로 먼 남쪽 도시 산 아래 아담한 부모님의 보금자리가 불에 탔다는 소식을 들었다. 안타까운 충격의 날들이 지나고 산불이 다녀간 산에서 다시 피어날 새싹을 기다린다. 삶의 진창에서 다시 피어날 꽃을 기다린다. '삶 이후에 죽음'이 아니라 '죽음 너머에 삶'이라는 역설, 똥과 꽃을 돌고 도는 삶의 순환 원리를 생각해보면, 오늘의 고된 그림자가 내일은 환한 빛이 될 수 있을 것이다.

나라는 존재는 내 어머니의 어머니, 아버지의 아버지의 유전자와 주름살이 모여 만들어진 소중한 역사다. 내가 알지 못하는 수많은 이들의 고마운 희생을 딛고 나라는 꽃이 핀다. 해서 한 생명이 발하는 '빛'은, 다른 존재들에게 진 '빚'으로 만들어지는 관계의 신비다. 앞이 잘 보이지 않는 힘겨운 시간은 적막한 겨울 산을 딛고 그 메마른 흙에 씨앗을 묻는 시간일 것이고, 기다림과 주음을 지나

삶은 다시 올 것이다. 환한 산벚꽃처럼. (2013.4)

당신을 기억하고 이해하는 일

당신 숨결 위스키 냄새는
작은 소년을 어지럽게 했지요.
그래도 난 죽어라고 매달렸어요.
그런 춤을 추는 게 쉽지는 않았으니까요.

부엌 찬장에서 냄비들이 떨어질 때까지
우린 우당탕 뛰었어요.
엄마 얼굴은
도무지 펴지질 않았답니다.

내 손목을 잡은 아빠 손,
손가락 마디는 뭉개져 있었어요.
당신이 스텝을 잘못 밟을 때마다
혁대 버클에 내 오른쪽 귀가 긁혔어요.

진흙 말라붙은 손바닥으로
아버진 내 머리에다 박자를 쳤어요.
그리곤 여전히 당신 옷깃에 매달린 나를
왈츠를 추며 침대로 데려다 주었죠.

「우리 아빠의 왈츠」 시어도어 뢰트키

검은 땅에서 움튼 씨앗이 무럭무럭 자라고 물고기가 파닥파닥 뛰어 노는 계절. 5월은 햇살이 뜨거워지면서 '들꽃이 시드는 달'(오사지족)이고, '큰 잎사귀의 달'(모호크족, 아파치족), '거위가 북쪽으로 날아가는 달'(카이오와족)이다. '게을러지는 달'(아시니보인족)이라는 이름 앞에선 그만 웃음이 나오며 나른한 봄의 낮잠을 반갑게 합리화해 보기도 하고 '오래 전에 죽은 이를 생각하는 달'(아라파호족)이란 이름 앞에선 숙연해지기도 한다.

대지와의 직접적인 호흡이 줄고 도시에서 바쁘게 살아가는 현대인들에게 5월은 이처럼 낭만적인 이름들 대신 그저 '각종 행사 달'이다. 어린이날, 어버이날, 스승의 날 등 다양한 관계를 기념하기 위해 만들어진 날들은 가계부에 주름을 더하는 지출 때문에 반가움보다는 부담으로 다가오기도 한다. 5월을 해맑게 맞이할 수 있는 이들은 어쩌면 유치원에서 삐뚤삐뚤한 카네이션을 만들면 되는 어린이들뿐인 것도 같다.

5월의 여러 얼굴들 속에서 '각종 행사 달' 5월을 의미 있게 보내는 법을 궁리하다가 앞의 시가 생각났다. 1948년에 발표된 이 시는 미국 시인 뢰트키(Theodore Roethke, 1908-1963)의 전기적 사실이 고스란히 투영되어 있다. 시인은 어릴 때 아버지와 같이 추던 춤을 기억한다. 정원사로 일하셨던 아버지는 시인이 열다섯 살 때 그만 암으로 돌아가셨다 한다. 아버지의 이른 죽음이 큰 충격이어서 아들은 우울증을 오래 앓았다. 정원사 아버지의 고된 노동을 시인은 뭉개진 손가락 마디와 진흙 말라붙은 손바닥으로 기억하고 애도한다.

아마 아버지는 아들이 일어나기도 전에 일하러 나갔다가 하루치 고된 노동을 값싼 위스키 몇 잔으로 달래고 집에 돌아왔겠지. 그리고는 어린 아들을 거친 손마디로 억지로 세워 좁은 부엌에서 춤을 추었을 거다. 술 냄새 풍기는 아버지가 반가울리 없는 아들은 떨어지지 않으려고 죽어라 아버지한테 매달렸을 것이다. 좁은 부엌에서 부자가 제멋대로 왈츠를 추는 밤. 마루 판자 삐걱거리는 주방 선반에서는 팬이며 냄비며 가난한 살림살이들이 우당탕 떨어졌을 것이다. 술에 취한 남편이 아들과 추는 왈츠를 지켜보는 엄마 표정도 눈에 선하게 그려진다.

재미있는 점은 이 시를 미국의 대학에서 가르치면 꽤 많은 학생들이 알코올 중독 아버지에게 학대당한 기억을 담고 있는 시라고 읽는다는 것. 아무래도 폭력에 더 민감한 미국의 문화가 시를 해석하는 시선에도 영향을 미치는 것 같다. 반면 한국의 대학에서 이 시를 읽으면 학생들은 그리움의 부피를 더 크게 읽어낸다. 싸구려 위스키 냄새 풍기는 아버지의 왈츠를 소주 한 잔 걸치고 들어오는 우리네 아버지의 비틀 걸음과 겹쳐 읽으면 아버지의 투박하고 거친 애정 표현이 더 잘 이해되는 것일까. 긴 세월 지나 아버지는 어느덧 돌아가시고 그 어지러웠던 춤의 기억을 그리움에 실어 되살린 것이 이 시다.

한국의 대학생들이 시에 드리운 그리움의 속살을 더 잘 읽어내는 것은 아버지와의 관계가 민주적인 서구사회보다 좀 더 착잡한 방식으로 형성되기에 그런 게 아닌가도 싶다. 김치 쪼가리 안주에 소주나 막걸리를 한 잔 걸치고 돌아오는 우리의 아버지들은 이 시에처럼 어지러운 왈츠로도 자애를 잘 표현하지 못했다. 우리의 아버지들은 가족을 먹여 살리는 가장의 책임을 두 어깨에 지고 준엄한 얼굴로 살아오신 분들이 대다수다. 유교 문화는 자식 사랑을 드러내는 것보다는 감추는 것이 더 옳다고 가르쳤고, 우리 아버지들은 더 엄격한 아버지 밑에서 감정표현을 제대로 배우지 못하고 자란 과묵하고 고독한 아들이기도 했다. 그러고 보면 가부장적 위계질서는 아버지에게 권위를 부여했지만 동시에 그 권위에 대한 대가를 외로움과 소외로 치르게 한 셈이다.

각종 행사달 5월. 값비싼 선물이나 외식, 의례적으로 치르는 행사 대신, 소박하지만 진심이 담긴 글귀나 시를 들려주며 가족의 참된 의미를 나누는 것은 어떨까. 마음에 오래 머무는 것은 물건이 아니라 사소한 말 한 마디다. 비틀거리는 아빠의 왈츠를 먼 기억에서 소환하는 이 시에서 술 취한 아버지가, 남편과 아들을 흘겨보는 젊은 날의 어머니가 우리 앞에 서 있다. 어린 나는 자라서 어느덧 당신의 나이가 되었다. 당신의 지난 모습이 이 시를 통해 기억되고 또 새롭게 이해된다. 당신을 기억하고 이해하는 일은 그러므로 당신을, 당신과의 추억을 다시 쓰는 일. 어린이, 청소년, 어버이, 스승의 날들이 그 존재의 자리를 이해하고 고마움을 전하는 다정하고 살뜰한 말들로 채워지기를 바란다. 산 사람들의 즐거운 잔치에 오래 전에 우리 곁을 떠난 죽은 이들까지도 함께 초대되면 좋겠다. 5월은 '오

래 전에 죽은 이를 생각하는 달'이기도 하니까. (2013.5)

그 꽃들은 다 어디로 갔나?

그 모든 꽃들은 다 어디로 갔나?
많은 세월이 흘렀는데
오래 전 만발했던 꽃들은
모두 어디로 갔나?
그 모든 꽃들은 다 어디로 갔나?
아가씨들이 꽃을 모두 꺾었다네.
사람들은 언제쯤 알 수 있으려나?
사람들은 언제쯤 알 수 있으려나?

그 모든 어린 소녀들은 어디로 갔나?
많은 세월이 흘렀는데
그 옛날 젊었던 아가씨들은
지금 모두 어디로 갔나?
어린 소녀들은 모두 어디로 갔나?

모두 다 남편을 얻었다네.
언제쯤 사람들은 알 수 있을까?
언제쯤 사람들은 알 수 있을까?

그 모든 청년들은 다 어디로 갔나?
많은 세월이 흘렀는데
예전에 젊은 청년들은
지금 모두 어디로 갔나?
젊은이들은 모두 어디로 갔나?
모두 다 군인이 되었다네.
언제쯤 사람들은 알 수 있을까?
언제쯤 사람들은 알 수 있을까?

그 모든 군인들은 다 어디로 갔나?
많은 세월이 흘렀는데
그 옛날 군인들은
모두 다 어디로 갔나?
군인들은 모두 다 어디로 갔나?
모두 무덤으로 갔다네.
사람들은 언제쯤 알게 되려나?
언제쯤 사람들은 알게 되려나?

그 모든 무덤들은 다 어디로 갔나?
오랜 시간이 지났는데

그 옛날 무덤들은
모두 다 어디로 갔나?
무덤들은 모두 다 어디로 갔나?
만발한 꽃들로 뒤덮였다네.
우리들은 언제쯤 알게 되려나?
우리들은 언제쯤 알게 되려나?

「그 모든 꽃들은 다 어디로 갔나?」 피터 시거

6월은 '벌써?'라는 감탄과 함께 온다. 아메리카 인디언들은 6월을 '전환점에 선 달'(주니족), '옥수수 수염이 나는 달'(위네바고족), '나뭇잎이 짙어지는 달'(푸에블로족)이라 불렀는데, 우리에게 6월은 무엇보다 전쟁의 상흔이 떠오르는 달이다. 지금 젊은 세대에게 6.25전쟁은 호랑이 담배 먹던 시절의 이야기이겠지만 해마다 6월에 반공 포스터를 그린 기억이 있는 내 세대만 하더라도 6월은 전쟁의 참상이 상기되는 달이다. 그래서 이 달에는 아름답고 슬픈 반전(反戰)노래를 하나 소개하려고 한다. 1960년대 조안 바에즈(Joan Baez), 밥 딜런(Bob Dylan)과 함께 통기타 음률로 당대의 저항 문화를 이끌었던 미국 포크음악의 대부 피터 시거(Peter Seeger, 1919-2014)가 만든 노래다.

어렴풋이 알던 이 노래를 다시 들은 건 2001년, 전 세계를 충격에 빠뜨린 9.11테러 직후였다. 어마어마한 충격과 슬픔 속에서 미국은 대테러 전쟁에 돌입했고 소신있는 많은 이들이 전쟁에 반대하는 목소리를 모으고 있었다. 당시 버팔로 뉴욕주립대(SUNY Buffalo)

에서 공부하던 나는 시인 친구들과 함께 '반전 시 읽기' (Anti-War Poetry Reading) 행사를 기획했다. 미국 전체가 대테러 전쟁의 이상한 열기에 휩싸여 있던 때라서 '반전 시 읽기' 행사는 조마조마한 마음으로 진행되었다. 유학생 신분이었던 나는 그때 이상하게 별 두려움이 없었다. 내가 속한 시 프로그램의 선생님들과 친구들과의 우정 덕분이었는지, 혹시라도 내게 무슨 일이 생기면 학교가 보호해 줄 거라는 턱없는 믿음이 있었다. 행사에 참여한 외국인은 단 둘, 머리에 터번을 두른 이란 친구와 나. 우리는 돌아가며 직접 쓴 반전 창작시를 읽었다. 그 때 한 친구가 이 노래를 변주한 시를 들려주었다.

노랫말은 아주 단순하다. "그 모든 꽃들은 다 어디로 갔나?"라는 질문으로 시작하는 이 노래는 회상의 형식으로 반복하여 묻고 또 묻는다. 그 모든 꽃들이 다 어디로 갔느냐고. 왜 꽃의 자리를 궁금해 하는 것일까? 꽃은 젊음과 아름다움의 상징이다. 젊고 예쁜 소녀들이 예쁜 꽃을 따는 것은 지극히 당연한 일. 어느덧 소녀는 자라 아가씨가 되겠지. 아가씨는 청년과 사랑에 빠질 것이고, 결혼을 하고, 엄마가 되고 할머니로 곱게 늙어갈 것이다. 우리가 상상할 수 있는 평범한 삶의 사이클대로라면 말이다.

그런데 시는 그러한 기대를 배반한다. 소녀와 결혼한 청년은 아버지가 되는 것이 아니라 군인이 되니까. 그러면 그 모든 군인들은 다 어디로 갔을까? 전쟁이 터지고 청년들은 전쟁에 나간다. 전쟁에 나간 청년들은? 모두 죽어 무덤 속으로 들어간다. 무덤에는 꽃들이 다시 피어나고. 이 대목에 이르면 우리는 수많은 젊은이들의 목숨을 담보로 하는 전쟁이라는 참혹한 비극의 현장을 갑자스레 마주

한다. 예쁜 희망의 시가 절망의 시로 바뀐다. 남편을 기다리던 젊은 아내는 이제 무덤에서 눈물어린 꽃을 바치겠지. 노래는 매 절마다 "사람들은 언제쯤 알게 되려나?" 묻다가 마지막에 "우리들은 언제쯤 알게 되려나?" 묻는다. '그들'에서 '우리'로 바뀌는 이 변화는 깊은 울림을 주는데, 처음에는 전쟁을 결정하는 위정자의 책임을 묻는 듯하지만, 결국 우리 모두의 각성을 촉구한다는 점에서 그러하다. 노래는 그렇게 엄혹한 비극적 현실의 책임을 우리 스스로에게 물으며 서늘하게 끝난다.

피터 시거가 이 노래를 처음 만들었을 때는 베트남 전쟁 등으로 전 세계가 전운으로 뒤덮인 1960년대였다. 역사로부터 이 세상은 무엇을 배우는지, 그로부터 반세기가 넘게 지난 지금도 전쟁은 곳곳에서 진행형이다. 한반도도 예외는 아니어서 온 세계가 이 땅을 전쟁 가능성이 높은 곳으로 주시하고 있다. 불안한 봄을 보내며 꽃과 소녀, 청년들, 또 청년들의 무덤과 그 무덤을 덮은 꽃을 다시 생각한다. 분단의 현실에서 생의 순리를 따르는 삶이 아직도 버거운 땅에 평화는 한 걸음으로 오지 않는다. 평화는 찬찬한 발걸음 속 기도와 인내, 지혜와 각성, 비움으로 온다. 언제쯤이면 그들이, 또 우리가 알게 될까?

(2013.6)

아직도 뛰고 있는 심장을 찾는 일

나는 그 술집으로 걸어 들어가,
내 잠시 떠나 있던 곳,
이젠 텅 비어 있는 곳.
바텐더가 내게 말하네,
인디언들은 모두 떠났다고,
이 사람들이 어디로 갔는지 혹 아느냐고.

나는 말하지 모른다고
정말 몰라요
그러자 바텐더는 맥주 한 잔을 주네
내가 인디언이라서,
작은 호의로, 그러고 보니 나도 궁금해,
인디언들이 모두 어디로 사라졌는지,
잠시 후 나도 떠나지,

거리를 샅샅이 헤매며
가게들 앞을 서성거리다가
마침내 전당포로 걸어 들어가네,
거기 유리 아래 쿵쿵 뛰고 있는 심장 하나를 발견한다네.
나는 알아. 한때 그게 누구의 심장이었는지,
나는 그 모두를 알고 있다네.

「전당포」 셔먼 알렉시

'한여름의 달' 7월이다. 7월은 '산딸기가 익는 달'(수우족), '나뭇가지가 열매 때문에 부러지는 달'(주니족), '사슴이 뿔을 가는 달'(키오와족)이라고 한다. '열매가 빛을 저장하는 달'(아파치족)이라는 이름도 있다. 계절의 변화를 생명 있는 모든 것들과 연결하여 읽어낸 아메리카 인디언들의 환하고 지혜로운 눈이 실감나는 이즈음이다. '열매가 빛을 저장하는 달'이라니, 땅과 바람과 햇살이 길러낸 열매를 별 생각 없이 돈 주고 사먹는 일에만 몰두해온 그간의 무신경과 무관심이 부끄러워진다. 열매를 먹을 때마다 빛을 먹는 마음으로 기쁘고 감사하고 겸허해져야겠다 싶다.

앞의 시는 셔먼 알렉시(Sherman Alexie, 1966-)라는 아메리카 인디언 시인의 시다. '스포캐인 인디언 보호구역'(Spokane Indian Reservation)에서 태어난 알렉시는 어렸을 때 뇌수술을 받고 무척 병약했기에 또래 아이들처럼 뛰어 놀지 못하고 책 읽기에 열심이었다고 한다. 알렉시는 인디언 동화정책의 일환으로 종족의 고유한 언어 대신 영어로 교육을 받은 세대여서 영어로 시를 쓰기 시작한다. 미 대륙에 침탈해 들어와 자기 종족을 말살한 백인들의 언어인 영어로 시도 쓰고 소설도 쓰게 되었다니, 다재다능한 작가는 영화까지 만들면서 이즈음 미국시단에서 가장 주목받는 인디언 시인이 되었다. 삶이 선사하는 크나큰 아이러니가 아닐 수 없다.

인디언이라 하면 우리는 대개 영화에서나 보는 사람들, 머리에 깃털을 꽂고 초원을 누비는 그 옛날 전사를 떠올린다. 한때 미 대륙의 주인이었지만 이제는 미국사회의 패자로 전락하여 알코올 중독자나 부랑아가 된 인디언들. 종족 대말살의 역사를 겪고 드문드문 자리 잡은 고립된 보호구역에 갇히거나 낯선 도시의 파편으로 남은 슬픈 역사, 이것이 아메리카 인디언의 어제와 오늘이다.

미국을 두고 우리는 흔히 콜럼버스가 발견한 신대륙이라고 말한다. 하지만 북미 대륙은 오래 전부터 자연과 하나 되어 살던 인디언들의 땅이었다. 그동안 아메리카 인디언들의 삶은 패자의 역사로 철저히 잊혀져왔는데 그나마 이처럼 '적의 언어'로 시를 쓰는 시인의 이야기 속에서 다시 우리에게로 전해진다. 시의 화자는 돈을 벌려고 도시로 나갔다가 다시 고향을 찾아온다. 하지만 그 고향은 이미 퇴락하여 버려진 땅이 되었고 쓸쓸히 돌아온 그에게 바텐더는 술을 건넨다. 대문자 S로 시작하는 'Skins'는 아메리카 인디언을 지칭하는 말, 대체 그 많던 인디언들은 모두 다 어디로 갔을까?

쇠락한 거리를 서성이던 시의 화자는 전당포 안에서 팔딱거리는 심장을 만난다. 가진 걸 다 팔아치우고 더는 남은 게 없는 누군가가 마침내는 심장까지 맡기고 돈을 빌려 하루치 삶을 간신히 이어갔겠지. 그 절망이 아직도 팔딱이며 주인을 기다리는 외로운 심장 속에 고스란히 느껴진다. 이 상상 속에서 시인은 쓸쓸한 낙오자로 떠나간 모든 인디언들의 가파른 삶을 호출한다. 팔딱이는 심장을 통해 보이지 않는 무수한 절망을 읽어내는 시인의 시선에서 우리는 지금도 낯선 거리를 헤매며 생의 출구를 찾고 있을 이들을 함께 만난다. 이미 죽어 사라진 이들의 슬픔과 절망에 그 팔딱이는 심장이 말을 건네는 것만 같다. 전당포 안의 심장은 억압과 폭력, 절멸의 역사를 딛고 버티어 살아남은 모든 존재들의 목소리를 전한다.

하지만 이 시는 소외된 자들의 힘겨운 현실에 대한 단순한 한탄으로 끝나지는 않는다. "한때 그게 누구의 심장이었는지" 알고 있다며 "나는 그 모두를 알고 있다"고 말할 때, 시인은 앎/기억이라는 적극적인 행위를 통해 이들의 아픈 삶을 고스란히 우리에게 전한다. "알고 있다"는 확언은 그러므로 실패하고 돌아온 자의 쓸쓸한 외침이라기보다는 팔딱팔딱 외로이 숨 쉬는 주인 잃은 심장을 우리 모두에게 돌려주는 적극적이고 윤리적인 실천의 외침이다. 이 외침 속에서 전당포 유리 속에서 주인을 기다리는 심장은 우리 가슴 속에서 팔딱이는 우리 각자의 심장이 된다.

가장 소중한 것을 저당 잡힌 채 살아가는 초라한 삶은 비단 인디언들의 이야기만은 아닐 것이다. 땅과 바람, 햇살을 사랑하면서 문명의 경쟁 논리를 거부했던 인디언들, 자신들의 땅과 종족의 목숨을 유린당하고 제대로 싸워보지도 못한 그 '입이 없는 자들'이 오늘날 우리 주변에는 또 얼마나 많은지. 심장을 전당포에 맡기고 사라진 사람들, 이들을 향한 찬찬한 응시는 우리가 잃어버린 공동의 선을 회복하는 첫 출발점이 아닐까 싶다.

전당포 안에서 아직도 뛰고 있는 심장을 만나는 일은 그러므로 이 세계에서 우리가 빗진 힘없는 생명의 자리들을 하나씩 어루만지는 일이다. 그 손길 안에서 이 세계는 승자들만의 화려한 무대가 아니라 작고 힘없는 존재들이 함께 더불어 나아가는 평화와 공존의 터가 될 수 있을 것이다. '빛을 저장한 열매'처럼 그 희망을 소중하게 다시 품는 계절, 찬란한 7월이다. (2013.7)

다른 모든 것을 잊더라도

성공은 한 번도 성공해보지 못한 이에게
제일 달콤하게 여겨지는 법,
꿀맛을 제대로 알려면
제일 극심한 갈증을 겪어야 한다.

오늘 승리의 깃발을 잡은
자주빛 군단의 그 누구도
승리의 참뜻을
그처럼 분명히 말하진 못하리.

싸움에 져 죽어가는 자,
그의 금지된 귀에
멀리서 울리는 승리의 노랫가락이
괴롭고도 또렷하게 들리듯이!

에밀리 디킨슨

도시의 8월은 무더위 속에서 불쾌지수가 올라가는 달이지만, 자연 속에서 누리는 8월은 그저 풍성한 달인가 보다. 아메리카 인디언들은 8월을 넘치는 햇살 속에서 '모두 다 익어가는 달'(크리크족), '기분 좋은 달'(모호크족), '많이 거두는 달'(무스코키족), '새끼 오리가 날기 시작하는 달'(크리족), '옥수수가 은빛 물결을 이루는 달'(퐁카족)이라고 불렀다. 쇼니족은 '다른 모든 것을 잊게 하는 달'이라고 불렀는데 그만큼 8월의 풍요로움은 어떤 걱정이나 빈곤, 결핍의 그림자를 최면처럼 싹 가시게 하는 효과가 있는 것 같다. 자연보다 기계 문명에 더 밀착된 삶을 사는 우리에게 8월은 에어컨이 없으면 견디기 힘든 무더위의 날들이며, 아슬아슬한 전력수급에 마음이 조마조마한 계절이다. 풍요로움은 자발적인 나눔과 가난의 마음이 함께 있을 때 모든 이에게 적절히 돌아가는 선물인데 우리는 자주 이 점을 잊는다.

8월의 시는 풍요로움과 결핍, 승리와 패배, 승자와 패자의 마음에 관한 시다. 고적한 삶을 살면서도 세상과 생의 비밀스런 뜻을 갈파하는 시를 많이 쓴 시인은 세속적인 삶을 사는 보통의 사람들이 가장 큰 관심을 갖는 '성공'에 대해 곰곰이 생각한다. 성공을 정의하는 법은 여러 가지가 있지만 시인은 성공한 자의 환희나 기쁨 대신 한 번도 성공해 보지 못한 비참한 자의 마음 안으로 들어가 본다. 성공이란 것은 한 번도 성공을 경험하지 못한 자에게 가장 달콤하게 다가온다니 말이다.

가장 쓰라린 갈증을 겪고 나서야 천상의 신이 마시는 꿀맛을 제대로 알 수 있다고. 찬란한 보라빛 승리의 깃발을 잡고 있는 군대의 어느 누구도 죽어가는 패자의 마음을 제대로 알지 못한다고. 승리의 참뜻은 분명하게 정의하기 힘든 것이지만 승리의 노랫가락은 승리한 자의 귀가 아니라 패하여 죽어가는 자의 귀에 제대로 들리기에 어쩌면 승리는 싸움에서 이긴 자보다 진 자만이 그 의미를 제대로 아는 것이 아닌지, 시인은 이 질문을 통해 승리와 패배의 의미를 묻는다.

이 시는 이기는 것만이 참이고 진리라는 승자 독식의 사회를 살아가는 우리에게 많은 것을 되짚어보게 한다. 시를 다시 읽어보면 단순히 승리를 말하는 시가 아니라 진정으로 가치 있는 승리를 얻기 위한 방법을 말하는 것도 같다. 극심한 갈증을 겪어보지 못한 자는 꿀맛의 진정한 의미를 알지 못한다는 말은 곧, 꿀맛의 진정한 의미를 알기 위해서는 극심한 갈증을 겪어봐야지 된다는 뜻이겠고, 승리의 노래 또한 패자의 자리에 있어봐야 제대로 들을 수 있다는 뜻이다. 그 말은 곧, 결핍을 겪고 난 사람만이 풍요로움의 의미를 제대로 안다는 뜻이 아닐까. 건강을 잃어본 자만이 건강의 의미를 알고, 패배를 아는 자만이 승리를 알고, 절망과 좌절을 아는 자만이 희망을 알고 사랑을 잃은 자가 사랑을 알 듯이 말이다.

삶의 길은 승리와 패배가 늘 함께 하는 길이다. 그 싸움에서는 다른 누군가와의 비교, 즉 내가 누구를 제치고 이겼는가가 중요한 것이 아니라, 내가 그 굴곡진 길을 얼마나 굳건히 걸어왔는가, 지금도 묵묵히 걷고 있는가가 중요하다. 승자의 입장에 놓였을 때 승리의 노랫가락에 취하기보다는 그 노래가 금지된 패자의 귀에 어떻게 들릴지를 한 번쯤 생각해 봐야 할 것이고, 패자의 굴욕을 맛볼 때는 위로 승승장구 올라갈 때는 보지 못하고 듣지 못한 삶의 다른 가락에 눈을 뜰 수 있을 것이다. 함께함의 소중한 의미는 진정 홀로 되어 본 사람만이 알 수 있을 것이고. 이것이 삶이 우리에게 선사하는 비의가 아닐까 한다.

'다른 모든 것을 잊게 하는 달' 8월, 우리 삶이 늘 위로만 향해 있는 계단이 아니라 내려가는 길도 있다는 것을, 심한 갈증 뒤에 맛볼 수 있는 꿀맛처럼 패배와 갈증, 결핍, 인내와 기다림의 시간 뒤에 작은 열매를 맺는 일이란 것만은 잊지 않는 달이 되면 좋겠다. 세상이 규정하는 승리 대신 패배한 자가 굴욕과 좌절을 딛고 다시 걷는 길에 진정한 기쁨이 있다는 것을, 그것이 구원의 바람임을 잊지 말기를. 하여 힘겨운 땀 속에서도 묵묵히 정진하는 낮은 길 위의 은총을 빌어본다. (2013.8)

가족이라는 순례의 길

밖에선
그토록 빛나고 아름다운 것
집에만 가져가면
꽃들이
화분이

다 죽었다

「가족」 진은영 , 『일곱 개의 단어로 된 사전』, 문학과 지성사 (2003)

옆은 보라색 감자꽃이 지평선 끝까지 피어 있다
낮달이 꽃향기를 맡느라 하늘 한가운데 멈추어 섰다
그곳까지 가기엔 멀지만 괜찮다

지평선 끝에서 기다리는 하늘
색색의 사리를 입은 아낙들이 바구니 가득 갓 캔 감자를 이고
태양 속으로 난 붉은 길을 걸어간다
그곳까지 가기엔 멀지만 괜찮다

「적빈 4」 곽재구, 『와온 바다』 창비(2012)

9월은 거두어들이는 달. 옥수수를 거두고 도토리묵을 해먹고 어린 밤을 따고 쌀밥을 해먹으며 "다 거두는 달"(호피족)이라고 한다. 그래서 "아주 기분 좋은 달"(모호크족)이라는 이름도 있다. 그 옛날, 자연 속에서 사계절의 흐름에 온전히 내맡긴 삶을 살았던 인디언과 달리 현대를 살아가는 우리에게 9월은 다소 어수선한 달이다. 아직 곡식은 채 여물지 않았고 큰 명절 추석을 앞두고 있어서 가족을 만나는 설렘 속에서 괜히 또 마음이 분주해지니까 말이다.

작은 나라가 통째 들썩이는 귀향길, 가족을 만나러 가는 먼 길은 어떤 점에서는 순례의 여행길과 닮아 있다. 바쁜 이들은 입석 기차를 탄다. 몇 시간을 선 채로 이리 밀리고 저리 밀리며 가야 하는 고향길. 대학생 때 추석 귀향길 기차 안에서 파리한 얼굴이 쓰러질 것만 같다고 내게 자리를 양보한 어떤 분은 지금도 고맙다. 어렵게 찾아가는 귀향길이건만 집이란 공간이 늘 행복한 것만은 아니다. 닮아있는 서로를 보며 혈육의 정을 뜨끈하게 확인하기도 하지만 또 서로 닮았기 때문에 밖에서는 잘 참아지는 인내심이 바닥나기도 한다. 그동안 나누지 못했던 정담을 나누는 것이 아니라 밀린 서운함이나 뾰족한 말, 고함을 주고받는 것도 명절의 일이다.

9월을 앞에 둔 이런 저런 생각 끝에 시 두 편을 함께 읽으니 가족과 귀향을 둘러싼 여러 이야기들이 떠오른다. 마음 속 일렁이는 무늬를 어떻게 그려야 할지 잘 모르겠지만 첫 번째 시를 보자. 「가족」의 화자는 아마 십대 후반이나 이십대 초반에 가족 안에서 지독한 단절을 느낀 것 같다. 밖에서는 빛나고 아름다운 것들이 집에만 가져가면 다 죽었다니, 이 얼마나 서늘하고 처참하고 또 뼈아픈 고백인가. 날마다 가족을 먹여 살리느라 애쓰는 부모님이 들으시면 자못 서운하고 기가 찰 일이지만 스무 살 안팎의 청년들이 들으면 마음 뭉클해지는 구절이다. '아, 나만 그런 게 아니구나!' 싶을 생생한 고백이다.

"꽃들이 / 화분이 // 다 죽었다"라고 연 구분까지 해놓은 이 명확한 선언은 가족이라는 평화로운 터, 완벽해 보이는 보호의 테두리 안에서 저마다 얼마나 외롭게 자기만의 고투를 하고 있는지 보여준다. 그 마음을 읽고 또 말을 들어줄 누군가가 한 명이라도 있다면 집의 꽃들이, 화분이, 그렇게 다 고스란히 죽지는 않았을 텐데. 사랑에서 출발하여 세상에서 가장 조화로운 공동체를 꿈꾸는 가족은 하나의 이상일 뿐, 그 이면에 가장 폭력적이고 강도 높은 소외와 오해가 일어나기 쉬운 관계다. 서로를 잘 안다고 생각하지만 아버지는 아버지대로 어머니는 어머니대로 딸은 딸대로 아들은 아들대로 자기 몫의 고투와 씨름한다. 가장 가까이 있지만 가장 먼 관계가 가족이다. 따로 또 같이 세월을 먹고 성장하고 다투고 화해하며 그렇게 한 가족의 역사에는 드러난 성취와 드러나지 않은 눈물이 공존한다.

부모님이 헤쳐오신 긴 세월의 고단한 땀과 깊은 번민을 자식은

다 알지 못한다. 어린 아들 딸이 성장하는 과정에서 돌아누워 홀로 눈물 훔치는 그 서러운 시간의 자락을 부모는 다 헤아리지 못한다. 그렇게 서로를 아는 듯 모르는 듯, 서로의 마음을 짐작으로 헤아려 눈물 짓기도 하고 오해의 골을 쌓기도 하며, 각자의 몫으로 살며 긴 세월 엮어가는 길, 그게 가족이다.

다른 한 편의 시 「적빈 4」에서는 지독한 가난 속에서 먹거리를 구하는 인도의 여인들이 등장한다. 시인은 머나먼 땅 인도에서 매일 매일 딱 하루치의 양식으로 살아가는 가난한 이들을 만나고 이 시를 썼다고 한다. 척박한 현실을 그리는 시선이 담담하고 절제된 어조로 나타난다. 감자꽃은 배고픔의 꽃이다. 감자를 이고 붉은 길을 걷는 가난한 이들의 모습은 어쩌면 젊은 날의 우리네 어머니 아버지를 닮아있다. 태양 속으로 난 붉은 길, 그 먼 길 너머에는 굶주린 배를 움켜쥐고 엄마를 기다리는 아이가 있겠지.

"그곳까지 가기엔 멀지만 괜찮다"라는 말은 가난한 사람들을 바라보는 시인의 낭만적인 시선이기보다 현실에 대한 맵찬 시선에 가깝다. 그 먼 길이 흙먼지 이는 너무도 힘겨운 길인 동시에 결국 사랑의 힘으로 한 걸음 한 걸음 나아가는 길이기 때문에 말이다. 집에 와 힘없이 돌아 누운 딸, 세상 앞에서 좌절하고 상처 입은 아들, 감자를 이고 먼 길을 걸어가는 아낙. 각각의 시에 투영된 가족의 모습을 보면 가장 가깝고 살가운 존재이면서 또 가장 멀리 있는, 각자의 고적한 자리에서 자기 몫의 삶을 이어가는 우리네 어제 오늘의 상처와 사랑이 얼기설기 보인다.

'다 거두는 달' 추석을 앞두고 가족이라는 순례의 길을 한 번 생각해본다. 내가 몰랐던 가족의 아픔 속으로 들어가고 그 아픔을 만져주는 것. 괜찮다. 괜찮다. 다 괜찮다고 말해주는 것. 나도 몰랐던 내 어머니 아버지의 외로운 땀, 나도 몰랐던 내 딸, 내 아들의 절망과 두려움, 고투를 헤아리는 것. 너무 달라서 혹은 너무 닮아서 다투고 또 화해하는 그 굽이굽이에서 미처 다 헤아리지 못했던 서로의 아픔과 서로의 기쁨을 찬찬히 더듬어 가는 길. 그리고 그 길을 가족 너머 내 이웃으로, 나와 멀리 있는 이들의 삶 속으로 확장하는 것. 하루치의 양식과 하루치의 위안으로 이어가는 가파른 세상의 날들이지만, 그 나눔의 기쁨 속에서 가족이라는 순례의 길이 더 넓고 깊어지기를 바래본다. (2013.9)

바람을 보는 일과 바람이 되는 일

누가 바람을 본 적이 있나요?
나도 당신도 아니랍니다.
하지만 나뭇잎들이 살랑살랑 흔들릴 때면
바람이 그 사이로 지나는 중이지요.

누가 바람을 본 적이 있나요?
당신도 나도 아니랍니다.
하지만 나무들이 고개를 수그릴 때면
바람이 그 곁을 지나는 중이지요.

「누가 바람을 본 적이 있나요?」 크리스티나 로제티

'더워죽겠다'라는 말을 입에 달고 살던 계절이 바로 어제였던 것만 같은데, 어느새 '추워서 견딜 수 없는 달'(키오와족)이 되었다. 아메리카 인디언들에게 10월은 '잎이 떨어지는 달'(수우족), '양식을 갈무리하는 달'(퐁카족)이며 '큰 바람의 달'(쥬니족)이다. '내가 올 때까지 기다리라고 말하는 달'(카이오와족)이라는 낭만적인 이름도 있고, 단풍이 물드는 계절이라 그런지 '산이 불타는 달'(후치놈족)이라는 눈 맑은 아이의 시선으로 붙여진 이름도 있다. 그 가운데 '큰 바람의 달' 10월의 의미를 새롭게 일깨우는 시를 읽어보려 한다.

영국 시인 로제티(Christina Rossetti, 1830-1894)는 간결하고 쉬운 언어로 인생과 자연에 대한 아름다운 시를 많이 남겼다. 이 시는 내 산책길에서 자주 노래처럼 읊조리는 시. 시인은 "누가 바람을 본 적이 있나요?" 묻는다. 바람은 색이 있는 것도 아니고 형체나 냄새가 있는 것도 아니어서 만져지지도 않고 볼 수도 없다. 해서 시인은 나도 당신도 바람을 보지는 못했다고 먼저 고백한다. 그러면 우리는 어떻게 바람을 보고 또 느낄 수 있을까?

시인은 나뭇잎들이 살랑살랑 흔들릴 때면 바람이 지나고 있는 것이라고 하고, 또 나무들이 고개를 수그릴 때면 바람이 그 곁을 지나는 것이라고 한다. "누가 바람을 본 적이 있나요?"라는 단순한 질문을 각 연의 첫 줄에 반복하고, "나도 당신도 아니"라는 대답을 두 번째에는 "당신도 나도 아니"라며 살짝 바꾸어 되풀이하면서, 시는 두 연이 똑같은 순서로 바람을 보는 법을 묻고 또 답하는 방식으로 구성되어 있다. 아무도 보지 못하는 바람에 대해 시인은 바람 자체가 아니라 바람이 지나는 길 주변의 나뭇잎들과 나무의 일렁거림을 통해 바람을 보는 법을 일러준다.

볼 수 없는 바람을 보는 눈을 기발한 감각으로 틔워주는 로제티의 시를 읽으니 오래 전 어느 하루가 생각난다. 지금은 성인이 된 조카가 네 살 정도 되었을 무렵 함께 집 뒤 낮은 산을 오른 적이 있다. 내 손을 꼭 잡고 아장아장 걸음을 옮기던 아이가 하는 말, "이모, 이게 바람이에요? 산이 깊어요." 아이에게 "수영아, 저기 저 푸른 나뭇잎들 좀 봐. 막 춤추는 것 같지 않아?"라고 말을 걸고 난 직후였다. 짧은 문장 겨우 몇 마디 구사하던 아이의 입에서 나온 말이 그대로 시가 되는 순간이었다.

바람을 느끼는 아이의 감각이 그대로 바람을 보는 눈이 되고 또 그 정직한 시선이 시의 언어로 탄생하던 그 가을날 오후의 경이는 지금도 생생하다. 형체나 냄새, 색이 없는 바람을 보고 만지는 일은 바람 자체가 아니라 바람이 몰고 오는 변화를 느끼고 호흡하면서 가능해진다. 뭔가를 안다는 것 또한 그 자체의 개념이나 정의로 아는 것이 아니라 뭔가와 함께 하는 경험으로 그걸 내 것으로 만들 때 비로소 가능하다. '사랑한다'는 말이 아니라 사랑이 만드는 구체적인 행위를 통해서 사랑을 느끼고 나눌 수 있는 것처럼 말이다.

일제 강점기의 척박한 현실에서 시를 쓰다 옥사한 시인 윤동주는 "죽는 날까지 하늘을 우러러 / 한 점 부끄럼이 없기를 / 잎새에 이는 바람에도 / 나는 괴로워했다"라고 노래했다. 별이 바람에 스치는 밤, 시인은 "별을 노래하는 마음으로 / 모든 죽어가는 것을 사랑해야지"라며 자신에게 운명처럼 주어진 길을 묵묵히 걷겠노라 다짐한다. 시인에게 바람은 현실의 질곡과 고통을 마주하며 느끼는 갈등과 괴로움이기도 하지만, 동시에 작고 힘없는 존재를 껴안으며 묵묵히 먼 길을 건게 하는 힘이 되기도 한다. 바람은 잎새에 일기도 하지만 별을 스치고 지나기도 하니까. 잎새에 이는 작은 바람에도 괴로워할 줄 아는 마음의 움직임이 새로운 변화를 가지고 오는 첫 걸음이 되고, 궁극에는 별에 가닿는 힘이 된다. 그러고 보면 바람을 보는 일은 먼저 바람을 느끼는 일이고, 이 감응이야말로 곧 스스로 바람을 만들고 바람이 되는 길이다.

바람을 느끼면서 우리는 바람을 보고, 봄으로써 또 우리는 바람이 되는 꿈을 품는다. 잎새를 떨게 만드는 바람이 되는 일은 곧, 아무런 변화 없이 썩어가는 고인 물을 흔들어 물결을 만드는 일이겠다. 아메리카 인디언들에게 10월은 '변화하는 달'(오글라라 라코타족)과 '가난해지기 시작하는 달'(모호크족)이기도 하다. 형체 없는 바람을 보는 일이 우리 앞에 놓인 현실을 당연한 듯 보지 않고 새롭게 질문하고 탐색하는 다른 시선을 통해 얻어진다면, 이는 곧 일렁이는 바람을 느끼는 감각을 키우면서 스스로 바람이 되는 일과 닿아 있지 싶다.

이 가을, 나무들이 풍성한 잎을 떨구고 조금씩 가난해지기 시작하는 10월, 우리도 가난을 좀 더 적극적으로 껴안아보는 것은 어떨까? 나 혹은 내 가족만을 위한 이기적인 욕심과 겉치레를 떨치고, 하루하루, 작은 바람을 일으키며 나 아닌 것들을 위해 몫을 나누고 나를 내어주며 변화하는 날들, 그러다보면 우리 각자가 만드는 작은 몸짓, 작은 바람들이 하나 둘 모여서 어느 날에는 답답하게 굳은 것 같은 이 현실을 뒤흔들 큰 바람, 큰 변화를 만들 수 있지 않을까?

(2013.10)

이름 없는 당신께 바치는 찬미가

착하지 않아도 괜찮아.
사막 건너 백 마일을 참회하면서
무릎으로 걷지 않아도 괜찮아.
너는 다만 네 몸의 그 보드라운 동물이
사랑하는 걸 사랑하면 되지.
내게 말해줘, 네 절망을. 나도 내 절망을 네게 말할 테니.
그러는 사이 세상은 돌아가지.
그러는 사이 태양과 또렷한 빗방울들은
저 풍경을 가로질러 움직이지.
저 너른 초원과 저 깊은 수풀 너머로,
저 산과 강들 너머로.
그러는 사이 기러기들은 맑고 푸른 대기 드높이
날아 집으로 돌아가고 있지.
네가 누구든, 얼마나 외롭든

이 세상은 네 상상대로 세상을 보여주지,
꽥꽥 즐거운 기러기처럼 네게 소리치지,
사물의 무리 안에서 네 자리를
다시금 일깨우면서.

「기러기」 메리 올리버

바람이 몹시 부는 아침에 이 글을 쓴다. 가을날의 하루하루는 조금 서늘한 기운을 띤 맑은 햇살과 투명한 바람으로 가득한데, 이 날들이 얼마나 빨리 지나갈지 잘 알기에 하루를 잘게 쪼개어 저 햇살과 바람을 아껴가며 나누고 싶다. 11월은 한 해를 마감하기 직전의 달이라 그런지 늘 좀 마음 아득해지는 애잔함이 스며드는 달이다.

아메리카 인디언들에게 11월은 '산책하기 좋은 달'(체로키족) '많이 가난해지는 달'(모호크족) '기러기 날아가는 달'(키오와족), '만물을 거두어들이는 달'(테와푸에블로족)이라고 한다. 내 마음에 가장 와 닿는 11월의 이미지는 '모두 다 사라진 것은 아닌 달'(아라파호족)과 '이름없는 달'(주니족)이다. 여름 내내 푸르게 무성하던 나뭇잎이 붉게 물들었다가 그마저 바람에 쓸려 떨어지고 맨 가지만 남게 되는 11월, 거두어들여 정리하고 사라지는 것들을 묵상해야 할 이 달에 이름 없는 모든 존재를 위한 시를 하나 골라본다.

메리 올리버(Mary Oliver, 1935-)는 이즈음 미국인들이 가장 좋아하는 시인이다. 산책을 즐겨하는 시인은 집 근처 산책길에서 만나는 풀과 나무와 늪, 그 안에 깃들어 사는 동물들, 작고 보잘 것 없는 것들에 따뜻한 시선을 두면서 존재의 의미를 되짚는 시들을 많이 썼다. 긴 세월 함께 했던 사랑하는 짝을 잃은 최근에는 삶과 죽음의 의미를 헤아리며 이 지상에서의 삶의 의미를 밝히는 영성적인 시를 많이 썼다. 메리 올리버의 시 중에서 가장 유명한 「기러기」는 시의 첫 행 때문에 읽자마자 내가 반해버린 시다.

시인은 독자에게 조곤조곤 말을 건넨다. 너는 착하지 않아도 괜찮다고, 무릎 꿇어 참회하며 먼 길 걷지 않아도 괜찮다고. 다만 네 안의 본성이 가는 그대로 하면 된다고. 백 마일은 160킬로미터에 해당되는 먼 거리인데, 그 멀고 힘든 수행을 하지 않아도 된다고 한다. 이 구절만 봐도 고맙습니다, 절하고 싶다. “You do not have to~”라는 간결하고 단호한 어조로 ‘괜찮아’ ‘괜찮아’라고 말을 건네는 시인은 ‘착한 사람’ 콤플렉스에 가까운 도덕률과 의무에 매여 살아가는 우리 마음을 단번에 무장해제 시킨다. 어떤 일을 하면 잘 했는지 못했는지, 바른지 그른지를 늘 되짚어 고민하는 버릇이 있는 나도, 착하지 않아도 괜찮고 벌서지 않아도 괜찮고 그저 본성에 따라 살면 된다는 시인의 말에 큰 위로를 받는다.

그런 다음 시인은 절망을 말해보라고 권한다. 그러면 내 절망도 말해주겠다면서. 이는 상처 입어 아프고 힘든 자가 너만이 아니라는 것을, 나도 그러하니 너와 나는 같이 절룩이며 걷는 아픈 존재라는 사실을 일깨운다. 서로의 상처를 나누는 동안 세상은 늘 그렇듯 그대로 돌아간다. 산과 들에 해가 비추고 비가 내려 그 영롱한 빗방울들이 대지를 적시면 나무는 잎을 틔우고 무성한 나무들로 초원은 푸르러진다. 착해야 한다는 정언명령에 짓눌린 삶을 살아가는 사람들에게 시인은 있는 그대로 자연스럽게 굴러가는 세상사 자연의 이치를 가지고 와 네 모습 그대로 살라는 말을 다정히 건넨다.

기러기 날아가는 11월의 밤하늘을 떠올려보자. 차가운 바람을 가르면서 기러기들은 꽥꽥 자기 목소리로 울며 웃으며 떼 지어 날아간다. 시인은 "네가 누구든, 얼마나 외롭든" 세상은 결국 네가 그리는 방식으로 그렇게 드러난다고 이야기를 한다. 제 멋대로 날아가는 것 같지만 계절의 흐름을 정확히 인지하고 자연 속에서 그 삶의 방식 그대로 집으로 다시 돌아가는 기러기의 힘찬 날갯짓, 날 것인 울음. 시인은 말한다. 네가 누구일지라도, 지금 얼마나 외롭고 힘들더라도 너만의 보폭으로 세상을 건너가라고, 너만의 상상력으로 세상을 그리고 초대하라고. 사물의 무리 안에 네 자리는 늘 있는 것이라고.

그러고 보면 이 시는 기러기를 통하여 이름 없는 모든 존재를 애틋하게 아껴 부르는 노래다. 이 세상에 와서 눈에 띄지 않는 보잘것 없는 자리를 차지하고 온갖 세상사에 시달려 힘겨워하는 이들의 안간힘을 보듬는 노래, 그 모든 삶에 바치는 찬미가다. 외부에서 강요된 도덕률에 익숙해진 우리가 저만의 본성을 회복하는 일이 물론 쉽지만은 않을 것이다. 자신을 찬찬히 응시하고 자신만의 삶의 속도를 긍정하면서 그 안에서 믿음을 찾을 때 제 보드라운 본성, 세상 속에서 자신의 자리를 어렵게라도 찾을 수 있다.

잎 지는 계절, 사라지는 것들이 많지만 모두가 다 사라지는 것은 아닌 달 11월, 잊고 있던 내 보드라운 본성, 내 안의 생명력에 다시 불을 지펴 이 보잘 것 없는 삶의 터를 따뜻하게 껴안아야겠다. 11월이 그러하듯 이름 없는 우리 각자는 가장 위대한 하나의 세계, 무수한 별 밝히는 하나의 우주다. 나도 당신도. (2013.11)

침묵이 당신을 굳건하게 해주길

별들이 당신의 슬픔을 가져가 주길 기도합니다.
꽃들이 당신의 마음을 아름다움으로 가득 채우길 기도합니다.
희망이 당신의 눈물을 영원토록 씻어주길 기도합니다.
그리고 무엇보다 침묵이 당신을 굳건하게 해주길 기도합니다.

- 댄 조지 추장의 말

12월이다. 좋아하는 시를 같이 읽으며 지금 여기 삶의 자리를 묵상하는 시간이 감사하고 행복하다. 하지만 그 마음 한 구석에는 혹시라도 글로 누군가의 마음에 상처를 주거나 빗금을 친 적은 없는지 더듬는 조심스러움도 늘 있다. 새벽에 일찍 깨어 한 해를 마무리하는 12월을 묵상하니 마음이 더욱 그리 되어 떠도는 말 대신 침묵에 관한 시를 하나 골라 본다. 우연처럼 아메리카 인디언 달력으로 12월을 불러보면, '다른 세상의 달'(체로키족), '나뭇가지가 뚝뚝 부러지는 달'(수우족), '큰 곰의 달'(위네바고족), '무소유의 달'(퐁카족) 등 많은 이름 가운데 '침묵하는 달'(크리크족)이 눈에 띈다. 12월은 침묵하는 달이다.

침묵에 관한 아름다운 말을 남긴 댄 조지 추장(Chief Dan George, 1899-1981)은 평생토록 다양한 직업을 전전한 북미 인디언 추장이다. 캐나다 밴쿠버 북쪽, 브리티시 콜롬비아 지역에서 수천 년을 뿌리내리고 산 '트슬레이 와투스 인디언 국가'(Tsleil-Waututh Nation)를 1951년부터 1963년까지 다스린 적도 있지만 문명 세계에서 인디언 추장의 삶이 얼마나 팍팍했을지 짐작이 쉽지 않다. 통학버스 운전기사, 건설 노동자로도 일하면서 시인이자 작가로 책도 쓰고, 육십이 넘은 나이에 연극배우, 영화배우로도 활약했다. 아카데미상 후보로도 이름을 올린 배우라고 하면 얼핏 화려해 보이지만 수많은 직업을 전전하며 다양한 얼굴로 살아온 그의 일생 자체가 아메리카 인디언들이 내몰린 척박한 삶을 대변한다.

다른 글에서 조지 추장은 "백인들이 왔을 때, 우리는 땅이 있었고 그들은 성경책을 가지고 있었다. 하지만 지금 그들은 땅을 가지고 있고 우리는 성경책을 가지고 있다" "침범하는 자가 없는 곳에서는 누구든지 조화롭게 살 수 있다"라는 말로 북미대륙에서 인디언들이 겪은 멸절의 역사를 아프게 반추하기도 한다. 그럼에도 여전히 자연이 선물처럼 우리 인간에게 주는 힘, 어떤 회복력을 믿는 그는 위의 시에서 "별들이 당신의 슬픔을 가지고 가길, 꽃들이 당신 마음을 아름다움으로 가득 채우길" 기도한다.

별과 꽃 다음에 기대는 것은 바로 희망이다. 희망은 우리가 가장 힘들고 절망적인 상황에서도 꿈을 꿀 수 있고, 무에서 유를 만들어 낼 수 있는 가장 가난하고 또 끈질긴 뿌리가 아닐까. 그러기에 인디언 추장 시인은 희망이야말로 우리 눈물을 씻어줄 수 있는 거라고 말한다. 단 한 번이 아니라 영원히 씻어줄 수 있다고. 그 다음 댄 조지 추장이 길어 올린 단어는 바로 침묵이다. "무엇보다 침묵이 당신을 굳건하게 해주리라"는 구절은 무성한 말의 소음에 둘러싸인 우리 일상을 찬찬히 돌아보게 한다.

매 선거 때마다 우리는 표를 달라며 질세라 서로 앞 다투어 전하는 약속의 말을 듣는다. 사랑에 빠질 때마다 우리는 달콤한 맹세의 말을 주고 또 받는다. 어떤 사건이 생길 때마다 우리는 다음에는 다를 거라는 다짐을 듣는다. 선거를 통해 권력을 거머쥔 다음, 사랑을 얻은 다음, 사건이 무마된 다음에는 모두 돌아보지 않는 약속이고 맹세고 다짐이다. 실로 가벼운 질량의 말이고 글이다. 잘 할게, 사랑해, 다음엔 안 그럴게, 나만 믿어. 이 모든 무의미하고 무성의한 말들과 약속이 매일 의미 없이 되풀이되는 하루하루, 우리는 모두 번지르르한 말과 글의 노예가 된다. 말을 한 사람도 그 말을 들은 사람도 이 말의 무게를 재지도 묻지도 않고 다음 단계에 필요한 더 센 말을 만드는데 골몰한다.

마더 데레사는 「침묵의 기도」에서, 스스로 기도하는 법을 배울 때 가장 중요한 것이 바로 침묵을 배우는 것이라고 했다. 불안과 소음 속에서는 자신을 똑바로 응시할 수 없기 때문에 침묵을 통하여 스스로를 꿋꿋이 붙박는 노력이 필요하다는 것이다. 영혼의 고요함, 눈의 고요함, 입술의 고요함이 어린 마음의 침묵에서 바로 기도가 탄생할 수 있다는 말이다. 그러므로 무의미한 약속과 회의, 잡담으로 가득한 일상에서 벗어나 침묵 속에서 스스로를 온전히 응시하는 물러섬의 시간이 꼭 필요하겠다.

12월의 달력은 각종 송년회, 가족모임, 동창회 등으로 알록달록 빼곡하다. 약속이 가득 찬 자리에서 서로의 안부를 반갑게 묻기도 하겠지만 대개는 상대적인 빈곤감이나 겉치레의 인사만 되풀이할 뿐 나를 바로 볼 수 있는 성찰은 마주하기 어렵다. 진정으로 새로워지고 거듭나기 위해서는 침묵을 통해, 침묵이 주는 가난하고 정직한 응시를 통해 스스로를 돌아보는 시간이 꼭 필요하다. 밖에서 주고받는 의미 없는 칭찬이나 쓸데없는 비교에 웃고 우는 그런 소모적인 만남 대신 하루라도 침묵하며 나를 돌아보자. 정말이지 침묵은 우리를 굳건하게 한다. 허울과 허욕을 떨치고 자기 안으로 돌아가는 그 시간의 차분한 성찰이 우리에게 단단한 힘과 용기, 실천력을 준다.

2010년 밴쿠버 겨울 올림픽 개막식에서 캐나다 배우 도널드 서더랜드가 댄 조지 추장의 시를 낭송했다. 「내 마음 날아오르네」(“My Heart Soars”)의 한 구절, “나무의 아름다움, 대기의 부드러움, 풀의 향기가 내게 말을 거네. 그러면 내 마음 날아오르네”라고. 나무와 대기, 풀의 향기가 전하는 말을 듣는 것도 침묵 속에서 비로소 가능한 일. 별과 꽃을 보고 거기서 희망을 읽는 것도 침묵 속에서 가능한 일. 댄 조지 추장의 겸손한 기도를 낮은 목소리로 되뇌어본다. "희망이 당신의 눈물을 영원히 씻어주기를, 또 무엇보다 침묵이 당신을 굳건하게 해주기를." 나도 모르게 타인에게 준 상처도 침묵 속에서 떠오를 것이고 언젠가 누군가에게 받은 상처도 침묵 속에서 치유될 것이다. 침묵을 통해 우리는 두려움 없이 현실을 직시하는 힘도 얻는다. 희망으로 눈물을 거두고 침묵으로 더욱 굳건해져 뚜벅뚜벅 새 길 걸을 수 있기를 빌어보는 세밑이다. (2013.12)

2부

보다 품어보다

길 / 하루 / 마음 / 씨앗 / 인내 / 무덤 / 사랑 / 인간 / 수확 / 가난 / 노래 / 산산조각

바람의 길

강하게 때론 약하게
함부로 부는 바람인 줄 알아도
아니다! 그런 것이 아니다!

보이지 않는 길을
바람은 용케 찾아간다.
바람길은 사통팔달(四通八達)이다.

나는 비로소 나의 길을 가는데
바람은 바람길을 간다.
길은 언제나 어디에나 있다.

「바람에게도 길이 있다」 천상병

내를 건너서 숲으로
고개를 넘어서 마을로

어제도 가고 오늘도 갈
나의 길 새로운 길

민들레가 피고 까치가 날고
아가씨가 지나고 바람이 일고

나의 길은 언제나 새로운 길
오늘도… 내일도…

내를 건너서 숲으로
고개를 넘어서 마을로

「새로운 길」 윤동주

새로운 해가 밝았다. 새로운 해라고 해도 날들은 똑같이 이어지고 우리는 같은 길을 분주히 걷는다. 새해 첫 시작으로 마음이 설레는 1월은 겨울의 매서운 추위 한 가운데 자리하기에 시골집 뒷마당의 우물처럼 깊고 아득한 달이다. '마음 깊은 곳에 머무는 달'(아리카라족)이라는 1월의 다른 이름은 아마 그 깊이를 응시하라는 뜻일 게다. '바람 부는 달'(체로키족)이나 '바람 속 영혼들처럼 눈이 흩날리는 달'(아라파호족)이라는 이름도 있는데 그러고 보면 1월은 매

서운 바람 속에 머물면서 그 바람을 잘 응시하고 또 통과하라고 말하는 달, 어려운 시절의 과제가 새해 1월에 고스란히 담겨 있다. 눈이 흩날리는 모습을 바람 속 영혼들의 움직임으로 갈파한 그 시선은 자연 속의 살아있는 정령을 우리 안으로 초대하여 그 숙제를 풀어나갈 길을 알려준다.

새로운 해, 새로운 시작 앞에서 바람의 보이지 않는 길을 고민하는 시 두 편을 읽는다. 첫 번째 시는 「귀천(歸天)」으로 유명한 천상병 시몬 시인의 시다. "나 하늘로 돌아가리라 / 새벽빛 와 닿으면 스러지는 / 이슬 더불어 손에 손을 잡고 / 나 하늘로 돌아가리라.... (중략) 나 하늘로 돌아가리라 / 아름다운 이 세상 소풍 끝내는 날 / 가서, 아름다웠더라고 말하리라"라는 아름다운 시는 많은 사람들이 애송하고 있다.

시인은 간결한 어조로 "바람에게도 길이 있다"며 보이지 않는 길을 찾아나가는 신통방통한 바람을 불러와 머뭇거리는 우리에게 적극적으로 새 길을 찾으라고 재촉한다. 시만 보면 얼핏 시인이 행복하고 자족적인 인생을 살았을 것으로 생각하기 쉽지만, 시인의 삶은 우리의 상상을 뛰어넘는 고통으로 점철되어 있다. 서울대 상대를 다닌 앞날 창창한 젊은이가 1967년 동백림 사건에 연루되어 6개월간 옥고를 치르며 만신창이가 된 것. 중앙정보부가 조작하고 부풀린 사건이라는 판결을 나중에 받게 되지만, 이 사건으로 천상병은 전기고문을 당하고 몸과 마음이 무참하게 무너진다.

당시 끔찍한 고문의 고통을 시인은 "이젠 몇 년이었는가 / 아이론 밑 와이셔츠같이 / 당한 그날은... // 이젠 몇 년이었는가 / 무서운 집 뒷창가에 여름 곤충 한 마리 / 땀 흘리는 나에게 악수를 청한 그날은... / 네 살과 뼈는 알고 있다. / 진실과 고통 / 그 어느 쪽이 강자인가를..."라고 시 속에서 그리고 있다. 여기서 '아이론'은 'iron' 즉 다리미를 말한다. 다리미에 눌려 다려지는 와이셔츠같이 전기고문을 당했다는 것이다. 꿈 많고 재기발랄했던 청년의 삶을 처참히 짓밟고 씻을 수 없는 상처를 남긴 국가권력의 잔인한 횡포를 시인은 간결하고 숙연하게 되짚는다.

그 후유증으로 1970년에는 무연고 행려병자로 처리되어 시립정신병원에 갇히기도 했던 천상병 시인은 1972년 친구의 여동생과 결혼한다. 부인 목순옥 여사가 인사동에서 찻집 <귀천>을 운영해 살림을 꾸려갔는데, 인사동 찻집으로 출근하려고 의정부 집을 나서면서 부인은 매일 아침 담배 한 갑, 맥주 한 병 값을 용돈으로 주었다 한다. 그걸로 시인은 담배 사 피고 술을 마시며 몸이 망가진 가운데서도 손상되지 않은 영혼의 노래를 시로 썼다. 소박하고 순수한 언어로 생의 아름다움을 시에 새긴 시인은 1993년 세상을 떠났고, 2010년엔 <귀천>의 안주인 목순옥 여사마저 세상을 떠났다.

천상병 시인과 그가 남긴 시들을 생각할 때마다 보통 사람으로선 상상도 못할 비참과 고난을 납득할 수 없는 이유로 겪은 사람이 어찌 이처럼 맑고 깨끗한 시를 쓸 수 있는지 신기하다. 「바람에게도 길이 있다」는 바로 이맘때 우리가 생각해야 할 것들을 단단하게 일러주는 시이기에 더욱 더 시인의 맑은 눈이 소중하게 느껴진다. 보이지 않는 바람에게도 길이 있는데 우리는 너무 쉽게 시절과 상황 탓만 하며 우리의 길을 찾는 법을 미리 포기하고 있는 것은 아닐까? 바람처럼 나도 나만의 길을 찾아가야겠다는 다짐이 시에 결연하다.

한 해의 마지막 12월이 침묵 속에서 의지를 키워내는 달이었다면, 새로운 해의 시작 1월은 보이지 않는 길을 용케 찾아 나서는 바람처럼 우리도 우리 자신의 길을 찾아 뚜벅뚜벅 나서는 달이다. 길이 막힌 것 같아 보여도 바람의 길을 따라가 보면 길은 어디에나 있어 우리도 우리의 '바람길'을 뚫을 수 있다. 바람(wind)은 바람(소망, wish)이기도 하다. 그러므로 바람길은 곧 소망을 향해 나가는 길이 될 것이다. 인디언들이 부르는 1월의 다른 이름 중에 '중심이 되는 달'(아시니보인족)도 있다. 우리가 바람의 길을 찾아 나설 때 비로소 우리는 진정한 중심이 될 수 있지 않을까 싶다.

그렇다면 그 보이지 않는 바람길을 어떻게 걸어야 할까? 이에 대한 답은 두 번째 시 「새로운 길」이 일러준다. 일제 강점기, 27세의 청청한 나이에 일본에서 옥사한 시인 윤동주는 시대의 아픔에 너무 일찍 꺾인 꽃, 생각만 해도 소슬한 그리움으로 일렁이는 이름이다. 연희전문학교를 졸업한 시인이 학사모를 쓰고 찍은 단정한 사진은 첫사랑처럼 문학소녀 시절 시에 대한 내 염원과 고스란히 겹쳐 있다. 시인은 일본 유학 중 항일운동을 했다는 혐의로 귀국길에 체포되어 후쿠오카 형무소에서 결국 옥사한다. 머지않아 우리나라는 해방되지만 칠흑한 역사가 잇아간 인간 윤동주는 다만 시로 남았다.

그 엄혹한 시절을 잠시 살다 간 시인이 남긴 해맑은 시는 새로운 길을 걷는 자세에 대해 많은 것을 이야기해준다. 새로움은 모든 것이 갖추어진 좋은 조건에서 오는 것은 아니라고, 현실이 힘들고 어려울수록 새로움에 대한 열망도 자라난다고. 그러므로 우리는 어려운 시절일수록 더욱 용기를 내어 새로운 길을 만들어 뚜벅뚜벅 걸어야 한다고. 어제도, 오늘도, 내일도 말이다.

시인이 말하듯, 그 길은 나만 홀로 외로이 걷는 길이 아니다. 그 길에는 민들레가 피고, 까치가 날고, 아가씨가 지나고, 또 바람이 불기도 할 것이다. 내를 건너 숲을 지나, 고개를 넘고 마을로 이르는 길. 그 각자의 바람길을 따로 또 같이 걸으며 우리가 손을 잡는다면 정말 새로운 큰 길을 만들 수도 있을 것이다. 새로운 바람길에 때늦음은 없다. 매일은 늘 새로운 시작, 시작이야말로 우리가 시간에게서 얻는 가장 큰 선물이다. (2014.1)

하루를 두 번씩 살기

그 어떤 사건들보다 나를 가장 신나게 하는 건
바로 '하루'의 탄생이다.
하루의 탄생을 지켜볼 때마다
나는 충만감을 느낀다.
왜냐하면 하루는 24시간 동안 매 순간 깨어나서
자신의 모습을 드러내기 때문이다.
나의 눈에는 하루의 탄생이
어린 아기의 탄생보다 더 감동적으로 다가온다.
내일은 또 다른 하루가 태어날 것이다.
내일 나는 다시 한 번
미래를 내다보는 사람이 될 것이다.

「느리게 산다는 것의 의미」 중에서, 피에르 쌍소

다시 2월이다. 2월은 1년 열두 달 중 가장 짧은 달. 새해가 시작되었다는 기쁨에 새로운 결심들을 수첩에 적어보지만, 첫 한 달을 살고 난 우리는 바로 다시 무료한 일상과 마주한다. 겨울이 정점을 찍었다고는 하지만 그래도 바람은 여전히 차고 하루하루는 시시하게 지나간다. 굳은 결심도 슬슬 허물어진다. 봄 새순이 돋기에 겨울 햇살은 너무 가늘고 얼어붙은 땅이 깨어나려면 아직 한참을 더 기다려야 한다. 그래서 2월은 추위만큼 기다림이 길어지고 절망 또한 깊어지는 아득한 계절이기도 하다

아메리카 인디언들이 2월을 '가득한 눈의 달' '가득한 배고픔의 달'이라 부르는 걸 보면, 혹독한 추위 속 그 막막한 절망이 실감난다. '가득한 눈'(full snow)이나 '가득한 배고픔'(full hunger)이란 말을 통해 극심한 고픔이 비어있음이 아니라 가득한 것임을 2월의 기다림 속에서 알게 되었다. 하지만 2월은 '물고기가 뛰노는 달'(위네바고족)이며 '기러기가 돌아오는 달'(오마하족)이다. '새순이 돋는 달'(키오와족)처럼 생동하는 자연의 움직임을 마음에 돋우는 의지도 있고 '몸과 마음을 정화하는 달'(호피족) 혹은 '홀로 걷는 달'(체로키족)이라는 이름 속에 우리가 오롯이 견뎌야 할 인내와 절제의 방식도 새긴다.

이번에 특별히 마음에 새긴 2월의 이름은 바로 '천천히 가는 달'(모호크족)이다. 열두 달 중에서 가장 짧은 2월, 실제로는 가장 빨리 지나는 달을 '천천히 가는 달'이라 이름 붙인 이유는 굶주림과 혹독한 추위를 인내해야 하는 '겨울나기'의 곤고함을 비스듬히 보여주기 위함이리라. '가득한 배고픔의 달'과 '천천히 가는 달'을 함께 놓고 보면 얼핏 절망이 배가될 것 같지만, 시선을 조금만 달리해보

면 시간의 의미를 새롭게 생각할 수 있다. 삶에서 맞닥뜨리는 어려움을 그처럼 시적인 아름다움으로 바꾸어 깨닫게 해주는 인디언들의 지혜를 나누며 '지금 여기'에서 시를 읽는 의미를 다잡아 생각해 볼까 한다.

앞서 소개한 글은 시가 아니라 피에르 쌍소(Pierre Sansot, 1928-2005)라는 프랑스 철학자가 쓴 에세이의 일부다. 청소년 때 집시생활을 한 적도 있다는 쌍소는 소르본 대학에서 철학을 전공했고 삶에서 마주치는 사소한 경험들 가운데 깨달음을 길는 책들을 많이 썼다. 1998년 출판된 『느리게 산다는 것의 의미』는 전 세계에 느림의 물결을 일으켰는데 느림의 삶을 위해 그가 권한 몇 가지 방식, 한가로이 거닐기, 듣기, 권태, 꿈꾸기, 기다리기, 글쓰기, 포도주, 절제는 지금도 되새기는 덕목들이다.

오늘 하루의 가치를 제대로 아는 일은 바로 느림의 삶을 위한 태도와 연결된다. 현대인들, 그 중에서도 우리 한국인들이 제일 많이 쓰는 말이 아마 '바쁘다 바빠'일 것이다. 늘 시간에 쫓겨 하루하루를 허덕허덕 지나는 우리는 '바빠서'라는 말을 핑계처럼 반복하며 소중한 것들을 밀치고 잊는다. 이 흐름을 바꾸려면 어떻게 해야 할까? 쌍소는 시간을 중단시키거나 시간에게 쫓겨 몰리는 법 없이 시간과 조화를 이루는 방법을 권한다. 이것은 무언가에 구애받지 않는 자유로움을 말하는데, 이 자유로움은 바로 위에서 제시한 느림의 삶을 하나하나 실천하면서 비로소 가능해진다는 것이다.

철학자 파스칼은 "인간은 단 하나 문제가 있는데, 그건 바로 조용한 곳에서 쉬는 법을 알지 못하는 것"이라고 말했다. 쌍소가 권한 한가로이 거니는 일은 나만의 시간을 내어 풍경이 부르는 대로 나를 맡겨두는 것이므로 어쩌면 파스칼이 언급한 인간됨의 유일한 한계를 극복하는 첫 걸음이 될 수 있겠다. 사실 쌍소가 제시하는 느림의 덕목들은 효율과 생산만 앞세우는 경쟁사회의 생존논리와 배치되는 것들이다. 하지만 그 방식들은 우리가 영문도 모른 채 앞만 보고 달리는 일직선의 시간여행을 돌아보게 하면서 함께 상생하는 삶에 한 발 더 다가가게 한다. 신뢰하는 이의 말에 완전히 귀 기울이는 행위라고 할 수 있는 '듣기'라든가 다소는 수동적으로 느껴지는 '기다리기' 등은 반성을 모르고 질주하는 현대인의 삶에서 우리가 무엇을 내려놓아야 할지, 마음의 폭을 어떻게 넓혀야 할지를 묻는다.

짧아서 정신없이 지나는 2월을 '천천히 가는 달'로 바꾸어 충실한 삶의 현장으로 만드는 또 하나의 방법이 생각난다. 그건 바로 '하루를 두 번씩 살기'다. 얼마 전에 <어바웃 타임>(About Time, 시간에 관해)이라는 영화를 봤다. 좀 어리벙벙한 주인공 팀과 그 가족이 있다. 팀이 21살 되는 날 아버지는 가문의 비밀을 하나 들려준다. 그건 바로 아들 팀이 마음만 먹으면 과거로 돌아가 그 때부터 다시 살 수 있다는 것. 그 놀라운 비법은 얼핏 골치 아픈 모든 문제를 해결해줄 것 같지만 영화는 시간 여행을 그리는 판타지에서 멈추지 않는다. 팀이 사랑하는 사람을 만나 결혼을 하고 아이를 낳고 난 후엔 그게 또 맘대로 되지 않기 때문이다. 다시 과거로 돌아가 새 삶을 산다는 것은 아이를 낳기 전으로 돌아가는 건데 그 선택은 더 이상 할 수 없으니까 말이다.

그러다 아버지가 암에 걸리고 시간 여행을 통해서도 아버지의 운명을 바꿀 수 없음을 알고 팀은 절망한다. 죽음을 앞둔 아버지는 그런 팀에게 행복하게 살 수 있는 작은 팁을 선물처럼 알려준다. 하루를 똑같이 두 번 사는 것. 첫 하루엔 의미 없이 놓쳤던 것들을 두 번째엔 여유를 갖고 즐기며 다시 할 수 있는 그 비법. 신기하게도 모든 것이 바뀐다. 그날이 그날 같은 고된 직장생활도, 끝없이 지루한 회의도, 직장상사의 끔찍한 잔소리도, 지하철에서 만나 부딪치는 사람들의 짜증도 재미있는 놀이가 된다. 처음 사랑에 빠졌던 설렘이 고스란히 증발된 지루한 부부관계, 앵앵거리는 아이의 울음도 그렇게 두 번 살아보면 모두 견딜 만하게 되고 심지어 감사한 기쁨이 된다.

영화 <어바웃 타임>에서 우리가 마주한 '시간 여행'의 선물은 컴퓨터 자판의 'Delete'(지움) 버튼을 누르듯 지난 삶을 통째로 바꾸는 로또복권 같은 기회가 아니다. 우리가 미처 감사히 누리지 못하고 의미 없이 되풀이하는 하루하루의 시간, '지금 여기'의 삶을 세심히 살펴 확장하여 작심하고 제대로 잘 살아보라는 가르침이다. 그리고 그 안에 숨은 기쁨과 보람, 관계의 신비를 매일 새롭게 발견하라는 요청이다.

독일의 신비 사상가 토마스 아 켐피스는 "지금이야말로 일할 때다. 지금이야말로 싸울 때다. 지금이야말로 나를 더 훌륭한 사람으로 만들 때다. 오늘 그것을 못하면 내일 그것을 할 수 있겠는가"라고 물었다. 지금 여기, 바로 오늘을 그렇게 일하고 걷고 꿈꾸고 기다린다면, 그리고 내일 또 오늘을 똑같이 한 번 더 살아본다면, 우리는 짧은 시간을 '천천히' 통과하는 기쁨 외에도 삶을 좀 더 알차게 살아내는 기회를 한 번 더 갖게 되지 않을까. 하루 뒤 또 하루가 이어진다는 신비. 매일 아침 눈뜨는 것이 당연한 일이 아니라 하나의 기적임을 아는 것. 그렇다면 지금 여기의 나도 다시 태어나는 것이 아닐까. 천천히, 차곡차곡, 충만하게. (2014.2)

마음을 움직이는 순간들

이런 사람이야말로 성공한 사람.

잘 살고 자주 웃고 많이 사랑한 이

순수한 여인의 신뢰를 누린 이

현명한 이들의 존경과 어린 아이들의 사랑을 얻은 이

자기 자리를 충만히 채우고 맡은 바 일을 다 한 사람

더 나은 양귀비꽃이든 한 편의 완벽한 시 혹은 한 영혼을 구하는 일이든

자기가 태어났을 때보다 이 세상을 좀 더 낫게 만들고 떠나는 사람

이 땅의 아름다움을 늘 잘 알고 그것을 기꺼이 표현하는 사람

타인에게서 항상 장점을 보며 자신의 최선을 그들에게 내어주는 이

그이의 삶은 하나의 영감이었으며

그이의 기억은 하나의 축복이리라.

「무엇이 성공인가」 베씨 앤더슨 스탠리

'어린 봄의 달'(무스코키족) 3월이다. 3월 햇살은 아직 연해서 메마른 겨울 땅에서 새 잎이 나려면 낮고 긴 심호흡으로 더 오랜 기다림이 필요하다. 그래서 '천천히 가는 달' 2월 뒤의 3월을 '더욱 천천히 가는 달'(모호크족)이라고도 부른다니, 겨울에서 봄으로 가는 길은 어디서나 유난히 더디게 느껴지나 보다. 오랜 기다림 끝에 오는 변화는 그 인내만큼 반가울 것인데 3월의 여러 이름들 중에 '마음을 움직이게 하는 달'(체로키족)이 있어서 마음을 움직이는 순간들에 대해 생각해본다. 무엇이 마음을 움직이게 할까? 오늘 우리의 마음자리는 어디에 있었나? 분노? 화? 기쁨? 보람? 순간순간 변화하는 마음의 무늬에서 우리는 무엇을 보고 있나? 수첩에 기록된 오늘의 일들은 무엇을 향해 가고 있는가?

앞의 시는 잘 알려지지 않은 미국의 시인이 쓴 시다. 혹시 웹서핑을 자주 하는 분이라면 이와 비슷한 시를 읽은 적이 있을 것 같은데 이 시는 약간 변형된 형태로 우리에게 널리 알려져 있다. 원래의 저자 베씨 스탠리(Bessie Anderson Stanley) 대신 미국의 대 철학자 에머슨(Ralph Waldo Emerson)이 쓴 것으로 잘못 기입된 채 말이다. 에머슨의 시로 알려져 회자되는 다음 시는 류시화 시인의 번역본인데, 원본과 한 번 비교해 보자.

"자주 그리고 많이 웃는 것 / 현명한 이에게 존경을 받고 / 아이들에게서 사랑을 받는 것 / 정직한 비평가의 찬사를 듣고 / 친구의 배반을 참아내는 것 / 아름다움을 식별할 줄 알며 / 다른 사람에게서 최선의 것을 발견하는 것 / 건강한 아이를 낳든 / 한 뙈기의 정원을 가꾸든 / 사회 환경을 개선하든 / 자기가 태어나기 전보다 / 세상을 조금이라도 살기 좋은 곳으로 / 만들어 놓고 떠나는 것 / 자신이 한때 이곳에 살았음으로 해서 / 단 한 사람의 인생이라도 행복해지는 것 / 이것이 진정한 성공이다" 너무 흡사하다. 사연인즉, 어쩌다 미국 일간지의 인생 상담코너에 소개될 때 시인의 이름이 철학자 에머슨으로 잘못 알려졌다 한다. 이후 정정 보도가 나가긴 했지만 여전히 에머슨의 시로 잘못 유통되어 지금까지 왔다. 이번 기회에 원 저자의 이름을 돌려주고 싶다.

원래 이 시는 어느 잡지사의 에세이 콘테스트에서 일등상을 받은 작품이라 한다. 과제는 '성공이란 무엇인가'를 100단어 내외로 정의하라는 것. 1904년 당시에 250달러의 상금을 받았다 하니 그때로선 무척 큰 상이었던 셈이다. 무심결에 지나치던 이 시를 곰곰이 생각하게 된 계기가 있었는데 바로 한 학생과의 면담 때문이었다.

과연 성공이 무엇일까? 여기 대학교수가 꿈인 학생이 하나 있다. 매학기 학점 만점이 목표인 아이, 공부하느라 친구 사귀기는 시간낭비, 옆길은 절대 돌아보지 않고 가장 효과적인 방식으로 사는 학생이 어느 날 면담을 요청해왔다. 이야기 도중 왜 교수가 되고 싶으냐는 질문을 했더니 그 학생은 최고급 호텔에서 가졌던 가족모임 이야기를 들려준다. 성공하고 싶은데 자기가 보기에 교수가 제일 명예로운 성공이라는 것이다. 살면서 별다른 좌절을 겪지 않은 학생의 꿈에 대해 쉽게 단정내릴 수는 없지만 최고급 호텔에서 밥을 먹는 게 성공의 특징적인 조건이고 만약 그걸 교수직을 통해 이루고 싶다면, 생각만큼 쉽지 않다고 솔직하게 말했다. 교수는 호텔에서 밥을 먹을 일도 거의 없고 연구실에서 늘 책에 묻혀서 공부를 기도처럼 해야 하는 일임을 덧붙였다.

공부길 초입에 선 자신만만한 학생에게 미안한 감도 없지 않았으나 인문학을 공부하는 일은 세상의 가치를 그대로 따라가는 것이 아니라 세상의 방식과 다른 길을 '거슬러' 생각하는 일이 아닐까라는 질문도 조심스레 던졌다. 인문학을 공부한다면 성공과 실패의 의미에 대해 세상의 잣대와는 좀 다른 방식으로 고민해볼 필요도 있음을 덧붙이며 공부와 성공의 의미를 더 진지하게 생각할 것을 요청하고 다음 면담을 약속했다.

모든 욕망과 꿈은 그 나름의 진정성이 있다. 여기서 그 학생이 생각하는 성공과 꿈이 그르다고 얘기하는 것은 아니다. 그 학생의 이야기가 많은 이들이 생각하고 꿈꾸는 성공의 조건과 크게 다르지 않다는 걸 너무나 잘 안다. 하지만 성공이 그렇게 말끔하게 경제적 가치로 정리되는 방식은 여전히 좀 불편했고 그 일을 계기로 무엇이 성공이며 어떤 삶이 성공한 삶일까에 대해 더듬어 다시 생각해보게 된 것이다.

이즈음 세상의 주인은 돈과 자본이다. 관계든, 성취든, 꿈이든, 모든 가치기준에서 돈이 가장 큰 힘을 발휘한다. 마음이나 인정 또한 돈으로 사고 파는 세월이다. 그런데 위의 시에서 시인은 성공, 잘 사는 일의 첫 자리에 웃음과 사랑을 놓는다. 자주 웃고 많이 사랑할 것. 오늘 나는 얼마나 많이 웃었는가? 그리고 마음 안에 얼마만큼의 사랑을 담고 말하고 행하였는가? 시를 읽다 보면 자문하게 된다.

다음으로 시인이 꼽는 성공의 조건은 순수한 여인의 신뢰와 현명한 이들의 존경과 어린 아이들의 사랑이다. 이 모든 웃음과 사랑, 신뢰와 존경은 돈으로는 얻기 힘든 것이다. 돌아보면 우리의 마음을 움직이게 하는 것은 물질적인 무게보다는 소소하게 주고받은 정성과 선량한 행동, 티 없는 웃음이다.

나아가 시인은 자기 자리에서 최선을 다하는 것도 성공의 중요한 요소 중의 하나라고 한다. 지금 내 자리가 얼마나 소중한지를 아는 것, 그리고 거기에서 최선을 다하는 것. 그 다음으로 꼽는 성공의 지표는 자신이 태어났을 때보다 이 세상을 좀 더 낫게 만들고 떠날 수 있는 것이라고. 이게 참 어려운 일 같지만 시인은 한 편의 시를 쓰는 일, 하나의 영혼을 구하는 일, 작은 꽃씨를 개량하는 것도 다 여기에 해당된다고 한다. 이쯤 되면 성공이 잡힐 듯, 한결 가까이 있는 듯 느껴지지 않나.

이 땅의 아름다움을 항상 느낄 수 있고 또 그것을 표현하는 이도 성공한 사람이라고 한다. 시의 원문에서 이 땅은 내가 사는 작은 땅 뿐만 아니라 지구 전체(earth)를 의미한다. 그렇다면 아메리카 인디언들이 자신들의 존재조건을 대지와 나란히 놓고 바라보던 묵상을 따라 변화하는 계절을 마음에 새기는 일 또한 성공의 조건이 될 수 있겠다. 우리에게도 참 반가운 것이, 어제의 바람과 오늘의 햇살을 말하는 게 헛된 일이 아니라고 하니 성공 참 쉽다.

성공의 또 다른 조건은 타인에게서 최선을 보는 것, 또 내 가장 좋은 것을 타인에게 기꺼이 내어주는 일이다. 무엇 하나라도 더 품고 더 가지기를 원하는 우리에게 이 구절은 큰 울림으로 다가온다. 더 많은 돈, 더 넓은 집, 더 높은 지위, 매 순간 우리는 더 가지기를 열망한다. 많을수록 좋다. 그래서 감사를 잊은 채 상대적 빈곤감과 끝없는 경쟁에 시달린다. 하루하루가 충만함과는 거리가 먼 배고픔의 연속이다. 배고픔은 굶주린 자들만의 것이 아니라 우리네 마음 안에 도사린 욕망의 다른 이름이다. 그런데 시인은 '내 가장 좋은 것'을 타인에게 기꺼이 내어주라고 한다. 어쩌면 시인이 말한 성공은 가장 많이 가진 자가 아니라 가장 많이 내어준 자에게 주어지는 훈장 같은 것이 아닐까 싶다.

새로운 계절 3월은 '잎이 터지는 달'(푸에블로족)이며 '바람이 속삭이는 달'(호피족)이다. 눈에 선명하게 보이지는 않지만 땅은 싹을 틔우기 위해 부지런히 햇살과 바람을 받고 있다. '한결같은 것은 아무 것도 없는 달'(아라파호족) 3월은 그렇게 쉼 없는 변화 속에서 움직이고 있다. 오늘 우리는 무엇에 따라 움직였는가? 웃음과 사랑, 최선, 내어줌, 어제보다 오늘 좀 더 나은 모습으로 부지런히 걷는 길. 마음을 움직이는 순간들을 기쁘게 응시하며 세상의 젖은 자리에서 타인들과 함께 하는 것, 그것이 바로 성공이요 영감으로 가득 찬 삶이다. '영감'(inspiration)은 창조적 자극의 다른 말. 그런 당신을 기억하는 일 또한 분명 '축복'(benediction)이다. (2014.3)

머리맡에 씨앗을 품고 잠드는 시간

꽃씨 속에 숨어 있는
꽃을 보려면
고요히 눈이 녹기를 기다려라

꽃씨 속에 숨어 있는
잎을 보려면
흙의 가슴이 따뜻해지기를 기다려라

꽃씨 속에 숨어 있는
어머니를 만나려면
들에 나가 먼저 봄이 되어라

꽃씨 속에 숨어 있는
꽃을 보려면

평생 버리지 않았던 칼을 버려라

「꽃을 보려면」 정호승

재의 수요일 지나고 맞은 사순시기 첫 주일 새벽에 눈이 내렸다. 논문 심사며 번역이며 원고며 밀린 일이 많아 잠을 설치고 일찍 눈 뜬 이른 아침에 봄눈을 그냥 보낼 수 없어서 뒷산에 올랐다. 하얗게 눈꽃이 피어 겨울 세상이 된 봄의 산. 자욱한 산을 한 바퀴 돌 즈음에는 맑은 햇살이 쨍하고 사방에 퍼진다. 산에서 내려와 11시 미사를 다녀온 후 점심을 먹고 문득 다시 올려다 본 뒷산. 아침을 고요하게 덮었던 하얀 눈은 그만 자취도 없이 사라지고 다시 연한 흙빛의 봄산이다. '봄눈 녹듯 스르르 화가 풀린다'는 말의 의미가 몸으로 체감되는 그런 신비로운 하루의 변화였다.

겨울에서 봄으로 가는 긴 기다림 속, 천천히 가는 2월과 더욱 천천히 가는 3월이 지나고 나면 땅은 굳었던 얼음을 풀어 눈과 바람을 맞으며 질척질척, 얼음과 햇살을 뒤섞어 씨앗을 품을 준비를 하나 보다. 아메리카 인디언들의 4월은 그래서 더욱 다채롭고 생생하다. '얼음이 풀리는 달'(히다차족), '거위가 알을 낳는 달'(샤이엔족), '만물이 생명을 얻는 달'(동부 체로키족), '큰 봄의 달'(무스코키족) 등 여러 이름들이 있는데 이번에는 '머리맡에 씨앗을 두고 자는 달'(체로키족)에 오래 머물렀다.

내 머리맡에는 이즈음 어떤 씨앗들이 놓여 있을까 생각하다 '씨앗을 뿌린다'는 직접적인 표현 대신 '머리맡에 씨앗을 두고 잠든다'는 완곡하고 고운 표현을 쓴 아메리카 인디언들의 마음결을 더듬어본다. 그 마음을 맞춤으로 닮은 시가 바로 정호승 시인의 「꽃을 보려면」이다. 예전부터 봄이 되면 자주 읊곤 하던 익숙한 시인데, 얼마 전 부산에서 이른 아침 호젓한 산책길에 동백꽃을 만나 다시 이 시를 읊조렸다. 쌀쌀한 바닷바람 속을 아무 생각 없이 걷다가 문득 만개한 붉은 동백꽃을 가만 들여다보다 신기하게도 그동안 무심히 읽고 지나치던 시가 입 안에서 다른 음절로 생생하게 되살아나는 거다. '봄눈 녹듯'의 의미를 제대로 체득한 오늘 하루의 신비로운 경험처럼 말이다.

시인은 꽃씨 속에 숨어 있는 꽃을 보려면 먼저 기다림이 필요하다고 한다. 그 기다림이 짧은지 긴지 아무도 알지 못한다. 고요히 눈이 녹기를 기다려야 한다니 이 눈은 하루치 햇살에 스르르 사라지는 봄눈일 수도 있고 겨우내 녹지 않고 꽝꽝 얼음이 되어버린 고집 센 겨울눈일 수도 있다. 기다림은 순간이 될 수도 기약 없는 긴 시간이 될 수도 있다. 두 번째 연의 기다림은 더 혹독하다. 꽃씨 속에 숨어 있는 잎을 보려면 흙의 가슴이 따뜻해지기를 기다려야 한다니, 겨우내 꽁꽁 얼어있던 흙의 가슴이 따뜻해지기를 기다리는 일은 지축을 품은 온 대지의 꿈틀거림, 그 변화와 움직임을 기다리는 일이다. 그 기다림은 아마 지금까지의 어떤 일보다 더 큰 인내를 필요로 할 것이다.

다음 연에서는 더 어려운 경지가 나온다. 꽃씨 속에 숨어 있는 어머니를 만나는 일이 그것이다. 꽃씨 속에 어머니가 숨어있다는 상상도 절묘하지만 그 어머니를 만나려면 들에 나가 먼저 봄이 되라고 한다. 어머니는 어떤 존재인가? 어머니는 품어주는 이, 기다리는 이, 감싸주는 이다. 서럽게 눈물 뚝뚝 떨구던 어린 아이는 엄마 품에 안겨 서러운 울음을 단박에 그치고, 사르르 아파오던 배도 엄마 손에서는 언제 아팠냐는 듯 금방 낫는다. 품어주고 치유하고 달래는 엄마의 사랑 또한 기다림 속에서 완성된다. 엄마는 늦되는 자식, 곁길로 새 방황하는 자식을 사랑에 기대어 오직 기다리는 존재다. 꽃씨 속에서 꽃이 자라는 시간을 시인은 어머니의 시간에 비유한다.

그 어머니를 만나는 일은 가만히 절로 되는 일이 아니다. 들에 나가 먼저 봄이 되어야 비로소 가능한 일. 어쩌면 우리 모두는 우리 안에 어머니를 닮은 모습, 기다림, 품어주는 사랑, 감싸고 달래고 낫게 하는 치유의 힘을 가지고 있는 존재가 아닐까. 들에 나가 먼저 봄이 되라고 하니, 그 적극적인 '되라'는 앞서 재차 반복한 '기다려라' 만큼이나 간결하고 단호한 정언명령이다. '되라'에 깃든 단호함은 기다림 또한 그저 가만히 있는 수동적인 몸짓이 아니라 어떤 적극적인 의지의 행위, 사랑의 행위임을 일깨운다.

꽃을 보기 위해 시인이 마지막으로 들려주는 말은 '칼을 버려라'다. 기다림이나 고운 봄맞이가 아닌 버림을 이야기하는 마지막 연은 앞서의 분위기와 사뭇 다르다. 가만히 자박자박 일깨우는 말이 따뜻한 위로보다는 엄숙한 명령에 가깝다. 두 단계의 다른 '기다림'을 지나 우리는 더 어려운 '되기'를 거쳐서 마지막으로 '버리기'에 이르렀다.

이쯤에서 생각해본다. 칼을 버리는 일은 일차적으로는 고집불통의 내 아집, 내 편벽, 절대 굽힐 수 없던 내 원칙을 버리는 일이겠지. 이는 어쩌면 좀 쉬운 단계의 버리기인지도 모른다. 평생 버리지 않았던 칼을 버리라니, 그 칼은 자기를 지켜줄 수 있는 마지막 무기, 보호책 혹은 마지막 자존심일 수도 있고, 나를 살게 하는 최후의 수단일 수도 있는데, 시인은 어찌하여 이것을 버리라고 하는가. 평생 버리지 않았던 칼을 버리는 일은 어쩌면 나를 버리는 일이 될지도 모르는데 꽃을 보기 위해 이마저 해야 할까?

이 어려운 질문은 우리 삶에서 나를 살게 하는 것들이 바로 나를 죽게 하는 역설을 이해할 때 비로소 풀린다. 사람은 제일 소중하게 생각했던 것 때문에 좌절하고 절망하고 때로는 파멸한다. 이 기막힌 역설 앞에서 울컥한다. 나를 곧추 세웠던 것들, 나를 으쓱하게 했던 것들, 내 자존심, 내 학식, 내 재산, 내 명예, 내 자랑, 나를 지켜주었던 이 단단한 것들, 버리고 싶지 않다. 하지만 이것들이 어쩌면 내 몸을 상하게 하고 내 마음을 괴롭히고 멀고 가까운 내 가족이나 이웃을 아프게 하는 칼이 될 수도 있다는 사실. 그것을 버리는 일은 또 얼마나 아프고 힘든 과정일까? 내가 간절히 매달리고 추구해 온 것들, 나를 살게 한 것을 버리는 일은 상상하기 힘든 고통을 동반한다.

나를 살게 한 것이 나를 죽게 만드는 생의 역설. 하지만 삶이 우리에게 선사하는 역설과 비의는 거기서 끝나지 않는다. 그 힘들고 뼈아픈 버림 뒤에 비로소 꽃을 볼 수 있다고 하니까. 혹독한 겨울 해풍을 이겨낸 자리에 붉게 피어 있던 동백꽃을 보며 비로소 알겠다. 꽃이 피고 지는 일이 그저 되는 것이 아닌 것처럼, 우리가 그 꽃을 보는 일 또한 그저 되는 일이 아니란 것을. 기다림, 먼저 다가가 껴안기, 다른 존재가 되는 일, 또 자신을 버리는 일.

우리는 매일 밤 저마다의 씨앗을 품은 채 잠이 든다. 그 씨앗은 소중한 꿈과 희망일 수 있고 아픈 십자가일 수도 있다. 꿈과 아픔, 희망과 십자가는 다른 것이 아니라 자웅동체 한 몸이다. 지금 나를 가장 기쁘게 하는 것이 어느 순간 가장 큰 아픔이 되고, 가장 큰 고통이 어느새 가장 영광스런 환희가 되기도 한다. 이것이 생이 우리에게 허락하는 가장 큰 신비다. 지금 우리 머리맡의 씨앗은 줄곧 낙방하는 시험일 수도, 기억을 잃어가는 병든 부모님일 수 있고, 아픈 몸일 수도 있고, 씻기지 않는 분노와 도저히 용서할 수 없는 미움일 수도 있다. 이 씨앗이 언제 어떻게 무엇으로 발아할지 우리는 잘 알지 못한다. 분명한 것은 씨앗을 품고 있다는 사실, 그리고 그 씨앗이 꽃으로 피어나려면 먼 기다림과 적극적인 되기, 더 적극적인 버림이 필요하다는 것.

쌀쌀한 겨울 아침 산책길에서 문득 깨우친 느낌이 소중해서 이 시를 친구들에게 보내주었다. 한 친구가 답을 금방 보내왔다. 마음의 문을 꼭 닫아버린 사춘기 아이 때문에 속이 너무 상해 막막히 산길을 오르는 중이라 한다. 긴 투병 후 아내를 먼저 떠나보낸 아픔을 앓고 있는 친구는 혼자 씨름하는 아비의 말을 듣지 않는 자식을 그만 버리고 싶단 생각이 들었단다. 단단히 화가 났던 거다. 하지만 분노와 막막함 속에서 이 시를 읽으며 기적처럼 기다림의 자세를 곧추 세웠다고 한다. 씨앗을 머리맡에 두고 자는 시간, 간절한 기다림, 껴안기, 뼈아픈 버림의 시간을 지나서 꽃을 만나는 일은 그만큼 아프고 그만큼 환하다.

산에 들에 꽃봉오리 올라오는 4월은 그래서 '생의 기쁨을 느끼게 하는 달'(블랙푸트족)이요 '강한 달'(피마족)이다. 강함은 물리적인 무게가 아니고 그저 얻어지는 것이 아님을 알겠다. 하나라도 더 취하고 더 얻고 더 쌓음으로써 강해지는 것이 아님을 알겠다. 생의 기쁨 또한 성공의 절정에서 오는 환희가 아님을 알겠다. 사순시기 동안의 기다림의 시간, 버리고 비워나가는 이 낮은 시간이 더욱 큰 기쁨의 시간임을 알겠다. 다시 일어서는 날이 이슥고, 예기치 않은 순간 만나는 구원처럼, 바람처럼, 꽃잎처럼, 그렇게 올 것이기 때문이다.

(2014.4)

이런 인내, 이런 행복

예를 들어 나무들이 무얼 하는지
번개 폭풍이 휘몰아칠 때나
여름밤 축축한 어둠 속에서나
겨울의 흰 그물 아래서만이 아니라
지금, 또 지금, 또 지금—언제든지
우리가 보고 있지 않을 때. 분명 당신은 상상도 못할 거야.
나무들은 뿌리부터 온 몸으로 춤추지 않고 있다는 걸,
조금만 여행하길 바라며, 몸을 뒤틀며
더 나은 경치, 더 많은 햇살, 더 많은 그늘을
원하지도 않으면서, 분명 당신은 상상도 못할 거야.
나무들은 그저 거기 서서
매 순간을 사랑할 뿐이란 것을,
새들 혹은 텅 빔을, 천천히 소리 없이 늘어나는 세월의
검은 나이테를, 바람이나 제 기분 외엔

아무 것도 달라질 게 없음을 사랑한다는 걸,
분명 당신은 상상도 못할 거야.
그런 인내, 그런 행복을.

「상상할 수 있나요」 메리 올리버

'머리맡에 씨앗을 두고 잠드는 달' 4월 지나고 5월은 자연스럽게 '구멍에 씨앗을 심는 달'(체로키족)이다. '말이 살찌는 달'(샤이엔족), '큰 잎사귀의 달'(모호크족)이라는 이름 속에 쑥쑥 자라는 생명의 푸른 기운을 느낄 수 있다. '들꽃이 시드는 달'(오사지족)이라는 말은 여름날의 강렬한 햇살을 앞당겨 상상하게 한다. 해서 성성한 에너지 속 5월은 '게을러지는 달'(아시니보인족), '씨앗과 물고기와 거위의 달'(벨리 마이두족)이라고도 하니, 빠르게 또 느리게 각자의 방식으로 자유롭게 흐르는 생명의 움직임이 눈에 선하게 그려진다.

메리 올리버는 그 유명한 「기러기」의 시인, 시집이 잘 팔리지 않는 미국에서 제일 인지도 높은 시인, 언젠가 비행기가 취소되어 난처한 상황에서 대체 비행기로 급히 갈아타고서 만난 캐나다 아주머니가 내 불안을 잠재우면서 메리 올리버의 시를 보여주신다. 반가운 마음에 미국시를 전공했고 올리버에 대해 논문도 썼다 했더니 너무 좋아하시던 기억. 비행기에서 시를 같이 읽으며 당혹감과 걱정을 잊었다. 앞의 시는 겨울에서 봄으로 가는 길목에서 매일 만나는 나무들의 묵묵함, 한결같은 기다림을 생각할 때 절묘하게 맞는 시다. 때마침 5월의 다른 이름이 '기다리는 달'(호피족)이라고 하니 이맘때 읽기에 맞춤이다 싶다.

나무를 생각하면 “나무야, 나무야! 서서 자는 나무야, 나무야, 나무야! 다리 아프지? 나무야, 나무야! 누워서 자거라”라든가, “나무야 나무야 겨울나무야 눈 쌓인 응달에 외로이 서서 아무도 찾지 않는 추운 겨울을 바람 따라 휘파람만 불고 있느냐”라는 동요가 생각난다. 모두 같은 자리에서 평생 움직이지 못하는 나무의 생리를 아이의 눈으로 곱게 살피고 있는 동요다. 앞의 시에서 시인은 나무를 그처럼 천진하게 달래지 않는다. 대신 상상해보라는 적극적인 질문으로 독자를 이끈다. 얼떨결에 ‘나무-되기’에 초대받은 우리. 정말이지 나무들은 사시사철 한 자리에서 무엇을 하고 있을까?

폭풍이 휘몰아치는 밤, 나무들은 짐을 꾸려 다른 곳으로 도망을 칠 수 없다. 여름날 습기어린 축축한 열기가 온 몸을 감쌀 때도 나무는 그저 가만히 서서 그 열기를 견딘다. 가끔 새가 머물며 둥지를 틀기도 하지만 그것도 잠시, 나무는 어느새 혼자가 된다. 푸른 잎으로 제 몸을 감싸다가 때가 되면 잎을 다 떨구고 새들마저 날아가 버린 공허를, 차가운 겨울바람을, 나무는 맨 몸으로 견디고 또 버틴다. 시인의 눈을 따라서 ‘나무-되기’를 해보니 조금은 알 것 같다. 나무는 우리에게 그늘을 만들어주지만 막상 스스로는 큰 그늘, 많은 햇살, 좋은 경치를 바라지 않는다는 걸. 그저 그 자리에서 매 순간을 사랑하며 서 있다는 것을. 가끔 다녀가는 새들의 재잘거림, 새가 떠난 후의 텅 빈 적막마저 사랑하며 “그저 서 있다”는 것을. 바람 외에는 어떤 것도 오지 않는 세월, 그저 조용히 불어나는 나이테를 음미하며 말이다.

오롯이 한 자리에 서서 견디는 나무. 시인은 그 긴 기다림이 곧 어떤 결실을 가져다주는지 구체적으로 말하지 않는다. 다만 “그런 인내, 그런 행복"을 당신은 상상도 못할 거라며 시를 끝맺는다. 당돌하게까지 느껴지는 확신이다. 그 인내, 그 행복은 그러므로 읽는 이의 마음에 새로운 질문으로 고스란히 남는다. 그런데 신기한 것은, 시인이 가르쳐 주지 않지만 그 인내, 그 행복이 주는 울림이 커서 이 시를 읽고 나면 그만 나무에 기대어 나무처럼 살아보고 싶어진다는 점이다.

나무처럼 산다는 것, 나무가 된다는 것은 무엇일까? 그건 바로 지금 이 자리의 현실을 야무지게 받아들이는 마음이다. 자기에게 주어진 존재조건을 벗어날 수 있는 이는 아무도 없다. 지금의 누추한 현실을 벗어날 수 있도록 단번에 우리를 끌어 올려줄 마법의 동아줄은 없다. 죽음 외에는. 그러므로 지금 내가 딛고 선 이 현실을 받아들이는 것은 '나무-되기'의 쉽지 않은 첫 단계다.

나무를 좋아하는 은사님에게 들은 이야기인데 나무들이 그냥 저절로 자라는 것처럼 보이지만 실은 나무들도 자기 터와 주변 환경이 좋지 않을 때 살아남으려고 힘들게 몸부림친다고 한다. 나무의 그 안간힘이 우리가 이어가는 하루치의 노곤한 삶과 비슷하다 싶다. 그처럼 고독한 자리이건만 나무는 한 자리에 서서 하늘을 향하고 있다. 아래로는 현실에 두 발을 단단히 딛고 위로는 하늘을 향하는 시선. 한결같음. 언제든 품어주는 너그러움. 흔들리면 흔들리는 대로 상처가 나면 나는 대로 품으며 견디는 것. 나무처럼 산다는 것은 느림이요 품음이요 견딤이다. 수긍, 느림, 품음, 견딤, 기다림은 앞서 나가는 적극적인 행위가 아니라 다소 수동적인 행위처럼 보인다. 하지만 그 수동성이 패배나 뒤처짐이 아니라 혹 다른 차원의 은총이요 지혜는 아닐지 시인은 무심한 듯 슬쩍 그렇게 우리 마음의 길을 틔워준다.

"지금, 또 지금, 또 지금 — 언제든 우리가 보고 있지 않을 때"라는 말은 사랑의 방식에 대한 질문이기도 하다. 나무는 우리가 보고 있지 않을 때 자기만의 느린 성장과 보이지 않는 사랑을 한다고 들었다. 변화와 경쟁, 보여주기, 속도가 다른 어떤 때보다 최고의 가치가 된 시절을 사는 우리가 나무처럼 '보이지 않게 사랑하기'란 쉽지 않다. 결과가 빨리 드러나지 않는 일을 좇는 것은 어리석게만 보이는 이즈음, 나무의 성장법과 사랑법은 비현실적인 시대착오처럼 느껴지기도 한다. 하지만 그런 나무의 보이지 않는 사랑법은 허울 좋은 겉치레에 매달리는 우리의 어리석음을 돌아보게 한다. 보고 있지 않을 때 기도하며 견디기, 받들기, 지금 또 지금, 또 지금... 슬픔 많은 이 세상에서 이처럼 보이지 않는 사랑, 비움, 견딤은 비록 그 품은 작아 보이더라도 세상이라는 고해(苦海)를 건너게 하는 묵직한 힘이 될 것이다.

상처와 고투를 거듭하며 보이지 않게 사랑하며 작은 잎을 틔우는 나무의 인내가 마침내는 작은 그늘을 만들 6월의 기적을 상상해본다. 그렇지, 5월은 아무래도 더 '기다리는 달'인가 보다. 기적은 단번에 오지 않으니. 우리에게 남은 숙제도 여전히 보이지 않게 사랑하며 기쁘게 기다리는 일. 평생을 살아가도 늘 한자리인 나무가 말없이 존재 자체로 보여주는 모습은 고단한 우리네 삶을 또 하루 견디게 해준다.

5월은 '오래 전에 죽은 이를 생각하는 달'(아라파호족)이기도 하다. 나무처럼 한 자리에서 비에 젖고 바람에 흔들리며 우리가 머물고 있는 지금 여기, 우리 곁을 떠난 이들도 사라진 것이 아니라 어쩌면 나무처럼 그 자리에 머물러 있는 것이 아닐까. 흙 속에 누워 계신 선생님, 그 곳에서 매 순간을 여전히 사랑하며 계시겠지요. 훌쩍 바람이 된 친구는, 너무 애쓰지 마, 은귀야, 좀 쉬어가며 천천히...라고 말을 건넬까. 더 많은 그늘, 더 많은 햇살, 바램과 욕심은 내려놓고 오로지 기쁘게 지금을 사랑하며 사는 법. 물론 쉽지 않다는 것 잘 안다. 하지만 주어진 환경에서 안간힘으로 메마른 줄기에 물길을 틔우는 나무처럼, 이런 인내, 그리고 마침내는 이런 행복, 혹 당신은 아시는지? (2014.5)

전환점에 서서

내 무덤에 서서 울지 마라.
나는 거기 없단다. 나는 잠들지 않았단다.
나는 천 개의 바람이 되어 날고 있단다.
나는 눈 속에서 찬란히 빛나는 다이아몬드.
나는 잘 익은 낱알에 깃든 햇살.
나는 부드러운 가을비란다.
아침 고요 속에서 네가 눈을 뜰 때면
나는 빙글빙글 힘차게 비상하는
조용한 새의 날개짓.
나는 한밤에 빛나는 부드러운 별들.
내 무덤에 서서 울지 마라.
나는 거기 없단다. 나는 죽지 않았단다.

「내 무덤에 서서 울지 마라」 메리 엘리자베스 프라이

"나의 사진 앞에서 울지 마요, 나는 그곳에 없어요, 나는 잠들어 있지 않아요, 제발 날 위해 울지 말아요, 나는 천개의 바람 천 개의 바람이 되었죠, 저 넓은 하늘 위를 자유롭게 날고 있죠." 이 노래를 눈물을 흘리며 다시 듣게 될 줄은 몰랐다. 팝페라 테너 임형주가 부른 <천개의 바람이 되어>("A Thousand Winds"). 고 김수환 추기경, 고 노무현 대통령의 추모곡으로도 알려진 이 노래는 원래는 어느 평범한 무명 시인의 시였다. 미국에서는 9·11 테러 1주년 추도식 때 아버지를 잃은 소녀가 이 시를 낭독했다고도 하는데, 원저자는 1932년 미국 볼티모어에 거주하던 메리 엘리자베스 프라이(Mary Elizabeth Frye, 1905-2004)다.

당시 프라이는 유태인 여인 마가렛 슈바츠코프(Margaret Schwarzkopf)와 함께 살고 있었는데 슈바츠코프의 어머니가 독일에서 목숨이 위독한 상황이었다 한다. 어머니가 아픈데도 나치의 반유대 정책으로 독일에 갈 수 없었던 딸. 결국 슈바츠코프의 어머니는 돌아가셨고, 장례식은커녕 어머님의 무덤에 가서 울 수도 없었던 슈바츠코프의 슬픈 현실을 위로하기 위해 프라이가 시를 지었다고 한다.

그러므로 이 시의 화자 "나"는 돌아가신 어머니다. 어머니가 슬퍼하는 딸에게 건네는 말이 시의 전부를 이루고 있다. 엄마의 당부가 여러 단계의 개사를 거쳐서 <천개의 바람이 되어>라는 노래로 다시 태어나 전 세계적으로 유명해진 것이다. 한동안 잊고 있던 노래인데 이번 '세월호' 참사 추모곡으로 임형주가 헌정한 노래를 듣다가 시가 노래가 된 역사도 짚어볼 필요가 있다 싶었다.

'나뭇잎이 짙어지는 달'(테와 푸에블로족) 6월은 풍요로 가는 길목에 있다. '곡식이 익어가는 달'(모호크족), '황소가 짝짓기를 하는 달'(오마하족), '옥수수 모양이 뚜렷해지는 달'(체로키족) 6월은 사람도 밝은 기운을 같이 받는지 '수다 떠는 달'(푸트힐 마이두족)이라고 한다. 하지만 올해 우리의 6월은 수다는 고사하고 저마다 말을 잊고 슬픔에 잠겨 있다. 세월호 참사가 드리운 우울과 불안, 무기력, 탄식이 이 땅에 가득하다. 승무원들은 가라앉는 배를 탈출했고 학생들은 "가만히 있으라"는 안내방송을 착실히 따르다 죽었다. 그 전언은 세월호 뿐만 아니라 대한민국호 국민들에게 하는 말처럼 들리기도 한다.

습관처럼 되뇌던 엘리엇의 시구 "4월은 가장 잔인한 달"(April is the cruelest month)이 이토록 맞춤으로 2014년 4월 대한민국의 현실이 될 줄 몰랐다. 이어지는 5월, 서서히 드러나는 사건의 발단과 기가 막힌 전개 과정은, 파릇파릇 연두 새순 같은 304명의 목숨을 고스란히 수장시킨 실체가 탐욕의 시절이 낳은 타살이라는 점을 분명히 보여준다. 누구도 이 책임에서 자유로울 수 없지만, 어느 누가 책임을 진들 사라진 그들이 돌아오지는 않는다. 그 와중에 통치권자는 회의 중 단원고 정차웅군의 아버지가 싼 수의를 아들에게 입힌 예를 세금 절약의 모범 사례로 언급했다 한다. 아이를 잃은 아비에게 지금 할 수 있는 말은 아니지 싶다.

사라진 것은 죄 없이 맑은 아이들만이 아니다. 가난했지만 행복했던 가정에서 아이가 떠나니 가난만 남았다는 어느 실종자 가족의 뼈아픈 고백처럼, 이 어이없는 참사 후에 남은 가족들과 생존자들이 겪어야 할 고통은 기약이 없다. 생명의 가치를 보듬는 대신 신보다 더 위대해진 자본과 권력 앞에서 머리 조아리며 대충 살다가 우리는 그렇게 많은 아이들을 무참히 잃었다. 한 번이 아닌 반복적인 참사다.

프라이가 시를 지었을 당시보다 많은 것이 나아졌지만 실상 더 중요한 것들이 사라진 시절, 야만의 세월이다. 훨씬 더 정교하게 조직화된 채 자본과 이익을 내세워 거리낌 없이 법 앞에서 생명을 죽이는 야만. 다시 시를 읽고 노래를 듣는다. 시 속의 나는 죽었다. 나는 죽어서 슬피 우는 이들에게 울지 말라 당부하고 위로한다. 나는 죽지 않았노라고. 나는 천 개의 바람이 되어 네 곁을 날고 있다고. 겨울눈 속에 반짝이는 빛이 바로 나라고. 여름날 곡식의 낱알에 깃든 햇살이 바로 나라고. 부드러운 가을비가 바로 나라고. 아침 창가에 왔다가 하늘로 날아오르는 새가 나라고. 밤하늘에 떠있는 별이 바로 나라고. 그러니 내 무덤에 서서 울지 말라고.

자세히 살펴보면, 시인은 별 하나, 바람 한 줄기만을 이야기하고 있지 않다. 천 개의 바람처럼 별도 여러 별이요, 반짝 빛나는 눈 결정체도 무수한 다이아몬드다. 빗방울 하나가 아니고 빗줄기이며, 한 줌 햇살이 아니라 아주 작은 곡식 낱알에도 속속들이 스미는 햇빛이다. 죽은 이는 그렇게 이 세상, 이 대기의 모든 생물과 무생물의 모습으로 전면적으로 항상 우리 곁에 머문다.

그렇게 곁에 계속 머물러 주는 것은 사실 살아있을 때도 힘든 일이다. 가족이란 이름으로 같이 살면서도 우리는 각자 너무 바빠 서로의 안위를 물어볼 시간이 없다. 늘 시간에 쫓기는 각자의 생활에서 꼭 필요한 일은 짧은 문자로만 교환한다. 시인은 이들 보상이라도 해 주듯 떠난 어머니의 목소리를 빌어 삶과 죽음의 경계를 넘어선 다른 차원의 만남을 상상한다. 어디를 가나 함께 있을 것이라고.

비가 되고 바람이 되고 햇살이 되고 별이 되어 너를 지킬 테니 슬퍼하지 말라고, 울지 말라고. 죽은 이의 너그러운 위로가 산 이의 눈물을 닦고 우리를 간신히 일으켜 세운다.

싱싱하고 찬란한 꿈이 중도에 꺾인 수많은 아이들을 묻고 돌아서며 우리는 저마다 자기 몫의 죄책감을 느낀다. 이익과 자본의 노예가 되어 부정과 불의를 못 본 척한 죄, 생명을 소홀히 하는 그 수많은 반생명적인 법과 정책들, 눈가림, 거짓말, 타협에 눈감은 죄, 남은 가족들이 겪을 회한과 아픔, 죽음보다 더한 고통의 나날을, 나는, 우리는, 감히 상상도 할 수 없다. 감히 상상도 할 수 없다는 이 고백이 오로지 아프고 미안할 뿐이다.

시를 다시 읽고, 노래를 다시 들으며 떠난 이의 목소리를 상상한다. 저 하늘 위에서 아이들은 재잘재잘 여전히 침착하게 서로를 챙기며 위로를 건네고 있을 것 같다. 친구들과 함께 올라온 지금 이곳도 그리 나쁘지는 않다고, 별이 되고 비가 되고 햇살이 되고 바람이 되어 엄마, 아빠, 동생 곁에 머무를 테니 울지 말라고. 이 위로는 남은 자를 간신히 살아있게 하는 마지막 호흡일 것이다. 책임을 회피하기 바쁜 권력 있는 자들의 말보다 떠난 이가 전하는 바람의 목소리가 더 큰 위로가 된다. 천근만근 무겁게 이어가는 목숨이지만, 부모는 이 위로에 기대어 떠난 아이들의 몫까지 더해서 살아낼 힘을 간신히 얻는다.

6월은 '전환점에 선 달'(주니족)이다. 이 참사 앞에서 우리는 무엇을 해야 할까? 어떤 새로운 길을 상상하고 틔워나가야 할까? 이 질문은 살아있는 우리가 감당하고 물어야 할 최소한의 책임이요 윤리다. 살아있는 이가 지금부터 답해야 할 질문과 감당해야 할 책임을 떠난 아이들이 묻고 있다. 비가 되고 바람이 되고 햇살이 되어 머물면서 떠난 아이들이 우리를 지켜보며 묻는다. 유치원을 다니다, 수학여행을 가다가, 신입생 환영회를 가다가, 해병 훈련을 하다가, 군인이 되어 나라를 지키다가 타살당한 아이들, 그 아이들의 묻힌 꿈들. 이 세계의 가장 연약한 가장자리에서 죽어간 아이들이 살아있는 우리를 지켜본다. 도대체 무엇을 하고 있느냐고? 쉽게 합리화하고 빨리 잊어버리고 뻔뻔하게 책임을 방기하는 부끄러운 어른들에게 그 아이들이 천 개의 바람이 되어 우리 곁을 스치며 한 번 더 말한다. 울지 말라고. 울 힘으로 눈 크게 뜨고 세상을 바꾸어보라고. 그래서 다시는 이런 참극이 없게 해 달라고. 오늘보다 더 나은 세상을 보고 싶다고. 진실이 밝혀지고 아이들의 그 염원이 이루어지지 않는 한, 우리는 계속 그 질문을 받게 될 것이다. (2014.6)

열매가 빛을 저장하듯

살다가 살아보다가 더는 못 살 것 같으면
아무도 없는 산비탈에 구덩이를 파고 들어가
누워 곡기를 끊겠다고 너는 말했지

나라도 곁에 없으면
당장 일어나 산으로 떠날 것처럼
두 손에 심장을 꺼내 쥔 사람처럼
취해 말했지

나는 너무 놀라 번개같이,
번개같이 사랑을 발명해야만 했네.

「사랑의 발명」 이영광, 『나무는 간다』 창비(2013)

어느 저녁의 일이다. 회의며 강의며 겹겹이 쌓인 일들로 하루치의 에너지를 저녁 다섯 시 경에 몽땅 소진한 날, 저녁에 약속된 특강이 있었다. 그날따라 차가 몹시도 막혀 약속장소에 도착했을 때는 이미 사십 분이 지나 있었다. 생전 처음 있는 일이었다. 머리가 하얘진 채 강의실 문을 열고 막 들어설 때 숨은 턱에 닿았고 몹시 지쳐 왜 사나 싶은 마음이었다. 학교에서 시달린 일의 여파가 컸다. 기다림에 지친 얼굴들을 마주하리란 예상과 달리 학생들의 얼굴은 평온했다. 강의실 칠판에 시 한 편이 또박또박 적혀 있고 나를 초청하신 선생님께서 학생들과 시를 읽고 있었다. 바로 이 시다. 지쳐 흐릿했던 눈이 반짝 떠졌고 기운이 돌아와 번개같이 발명된 명랑의 힘으로 뚝딱 90분 강의를 무사히 마칠 수 있었다.

시절이, 주위의 여러 상황이, 딱 이처럼 "살다가 살아보다가 더는 못살 것 같"은 느낌이 드는 잔인한 봄을 보내고 이제는 완연한 여름, 7월이다. 7월은 생명력이 가장 왕성하게 뻗치는 달, 성성한 한 여름의 달이다. '나뭇가지가 열매 때문에 부러지는 달'(주니족)이며 '사슴이 뿔을 가는 달'(키오와족), '산딸기 익는 달'(수우족)이라고 하는데 나는 7월을 '열매가 빛을 저장하는 달'(크리크족, 아파치족)로 기억한다.

살다가 살아보다가 더는 못살 것 같은 느낌이 드는 시절에 참으로 생경한 7월의 주문들. 주위를 둘러보면 다들 나보다는 더 행복한 것 같은데, 그래도 또 가만 큰 숨을 쉬고 돌아보면 나보다 더 힘들고 지친 사람도 눈에 띈다. 내 피로와 절망이 자못 부끄러워지는 때, 열매가 빛을 저장하는 마음으로 사랑에 대해 생각해보려 한다.

"나라도 곁에 없으면"이라는 말, 무겁고 막중한 책임을 일깨우는 말이다. 나라도 힘을 내야 할 것 같다는 말, 그래서 아픈 아이를 둔 엄마는 죽지도 못한다는 말이 있는가. 그게 바로 사랑인가. 사랑의 발명은 이렇게 누군가의 숨이 턱에 닿는 순간에 가능한 일인가. 나보다 더 큰 절망, 더 큰 상처, 더 큰 억울함에 숨도 제대로 쉬지 못하고, 심장을 꺼내 쥔 사람처럼 지쳐 있는 사람들이 너무 많은 터라, 누워 곡기를 끊을 심정인 이들이 너무 많은 터라, 지나는 계절에 힘든 티를 잘 내지 못하고 지냈다.

이 시는 내가 알고 있는 사랑시 중 그 절절함에 있어 으뜸이다. 사랑이 출발하는 그 지점의 절체절명의 상황이 그러하다. 사랑은 그렇게 숨을 쉬지 못하는 누군가의 곁에 있어주는 일인가 보다. 이영광 시인의 다른 시들 중 '유령' 연작시가 있는데 이 시절의 잔혹과 절망을 선연하게 비추는 절창 중 「유령 3」의 첫 구절은 이렇게 시작한다. "조간은 부음같다. / 사람이 자꾸 죽는다. // 사람이 아니라고 여겨서 죽였을 것이다. / 사람입니다, 밝히지 못하고 죽었을 것이다"라고. 시는 어려운 한자말을 써가면서 계속된다. 시의 뒷부분이다.

> "計劃的으로 / 卽興的으로 / 合法的으로 / 사람이 죽어간다 // 戰鬪的으로 / 錯亂的으로 / 窮極的으로, 사람이 죽어간다 // 아, 決死的으로 / 總體的으로 / 電擊的으로 / 죽은 것들이, 죽지 않는다 // 죽은 자는 여전히 失踪中이고 / 籠城中이고 / 投身中이다 // 幽靈이 떠다니는 玄關들, / 朝刊은 訃音 같다"
>
> (「유령 3」 부분)

계획적이고, 즉흥적으로, 합법적으로 사람이 죽어가는 세상, 전투적으로, 착란적으로, 궁극적으로 사람이 죽어가는 현실, 결사적으로 총체적으로 전격적으로 죽은 것들이 죽지 않고 있는 날들, 여전히 실종중이고, 여전히 농성중이고, 여전히 투신중인 사람들, 사람들. 용산 참사라는 아픈 역사의 현장도 여전하고 "조간은 부음 같다"는 현실이 더욱 실감나는 것을 보니 세상이 어디로 치닫고 있는지, 더 좋아지리란 희망으로 알뜰히 사는 날들이 허방을 딛는 듯 아슬아슬하다.

지금 우리 사회가 직면한 사건 사고와 위기의 국면을 냉정하게 더듬어 보면 사고는 언제 어디서나 생길 수 있다는 전제는 필요하다. 사고 예방을 위해 필요한 일들이 순서대로 잘 지켜져 미리 막는 것이 제일 중요하지만 그럼에도 사고가 불가피하게 발생할 수 있다. 그래서 사고에 어떻게 대처하는가가 더 중요하다. 어쩔 수 없는 희생이 있다손 치더라도, 그 희생을 제대로 애도하고 똑같은 일이 발생하지 않기 위한 법이 잘 정비된다면 그 희생은 무용하지 않다. 그러한 때만이 그 죽음은 다른 이의 새 삶이 될 수 있다. 그렇게 되어야만 뼈아픈 누군가의 희생과 죽음은 간신히 애도되고 견뎌지고 남은 이들에게 작은 위로와 큰 의미가 될 수 있다.

"사람이 아니라고 여겨서 죽였을 것"이라는 시인의 말은 아프지만, 지금 우리 현실을 정직하게 비춘다. "사람입니다, 밝히지 못하고" 죽었을 것이라고 한다. 예나 지금이나 사고 뒤에는 숭고한 희생자들이 있다. 배 안에서 정신없이 학생들을 구하느라 식구들과 작별인사도 못하고 자기 목숨을 바친 선생님들, 친구를 위해 구명조끼를 양보한 아이들, 세월호에서 건져내 복원된 휴대전화 메시지들은 마지막까지 생생한 '사람'의 목소리를 전한다. "엄마 아빠 사랑해, 미안해"라고 울먹이는 아이들. 마지막 순간까지도 아이들은 사람임을 잊지 않고, 너무나도 귀하고 귀한 사람임을 끝까지 밝히며 그렇게 처참하게, 환한 빛으로 가라앉아 우리를 부끄럽게 비춘다.

이 봄을 지나며 우리는 저마다 실의에 빠지고 지쳐 있다. "살다가 살아보다가 더는 못 살 것 같은" 마음인 이들이 한둘이 아니라 전 국민이다. 곡기를 끊고 싶게 힘들고 지친 누군가의 곁을 지키고 그 곁에서 사랑을 발명해야 한다는 책임이 우리가 아니라 아이들을 통해 발해진다. 그것도 천천히, 논리적으로가 아니라 번개 같이, 신속하게 발명된다. 사랑이다. 사랑은 매 순간 발명하는 것이다. 발견이 아닌 발명. 이미 존재하고 있으나 미처 찾아내지 못했던 것, 드러나지 않았던 것을 찾는 발견이 아니라 지금까지 없던 새로운 것을 만드는 발명. 너무 놀라 사랑이 발명되기도 한다니, 어느 한 편의 절망이 다른 한 편의 사랑을 지펴 올리기도 하나 보다.

이처럼 어려운 시절에 누군가의 절망을 곁에서 지켜주고 싶다는 갑작스러운 깨달음은 하나의 의지가 되어 사랑으로 변화한다. 그 환한 기적을 시인은 노래한다. 누군가의 절망에 손이 미쳐 사랑을 새롭게 발명할 때 지금 우리 곁을 드리운 무기력은 새롭게 일어서는 힘으로 바뀔 것이다. 열매가 빛을 저장하는 달 7월이다. 열매가 태양빛을 담뿍 받아들이는 일 또한 사랑이겠다. 미국의 시인 휘트먼이 태양이 무기력한 것들 주변에 떨어지듯 그렇게 과감하고 너른 폭으로 빛을 전하는 이를 시인이라고 했는데, 사랑을 발명하는 일 또한 그렇게 과감하게, 계산하지 않고, 너른 폭으로 해야 한다고 고백하는 시인이 우리 곁에 있어 다행이다. 살다 지쳐 절망하여 숨이 넘어갈지도 모를 누군가의 곁에 있어주는 일, "나라도 곁에 없으면" 하는 마음으로 그렇게 절망을 함께 나누는 일. 사랑의 발명이 시급한 계절. 우리는 이 여름, 누군가의 곁에 서게 될까? (2014.7)

지금 여기의 삶과 인간됨을 위하여

당신은 우리를 알아보는가? 우리는 게토의 어린 양들.
천 년 동안이나 떠돌며 서러움과 핍박을 받아온.
우리는 십자가 그늘에서 시들어 죽어가는
재단사와 복사 담당자, 성가대 선창자들.
이제 우리는 미로 같은 숲속 길도 알고
총 쏘는 법도 배워 정확히 조준하여 맞춘다네.
  내가 나를 위해 살지 않는다면 누가 나를 위해 살아줄까?
  이 길이 아니면 어떻게? 지금이 아니면 언제란 말인가?
수많은 우리 형제들이 하늘나라로 올라갔다네.
소비부르 수용소와 트레블린카 수용소 좁은 굴뚝을 타고.
하늘에다 무덤을 파고 자기네들을 묻었다네.
우리 몇 명만이 살아남아
수몰된 우리의 죽은 자들을 기리네.
그네들의 복수와 증언을 위해.

내가 나를 위해 살지 않는다면 누가 나를 위해 살아줄까?
이 길이 아니면 어떻게? 지금이 아니면 언제란 말인가?
우리는 다윗과 마사다 요새의 영광스런 후손들.
우리의 주머니에는 골리앗의 이마를 깨트린
다윗의 돌들이 들어있다네.
무덤 천지 유럽에서 멀리 떨어져 있는 형제들아,
우리는 다른 이들 속에서 인간으로 살아갈
그 땅을 향해 함께 올라갈 것이라네.
내가 나를 위해 살지 않는다면 누가 나를 위해 살아줄까?
이 길이 아니면 어떻게? 지금이 아니면 언제란 말인가?

「게달레 대장의 노래」 프리모 레비

성하(盛夏)의 계절 8월이다. 쨍한 햇살을 받아 만물이 자라고 무르익는 계절이라 8월은 온통 풍요롭다. '기분 좋은 달'(모호크족), '많이 거두는 달'(무스코키족)이라는 이름이 그 풍요로움을 잘 말하는 듯하다. '다른 모든 것을 잊게 하는 달'(쇼니족)이라는 이름은 풍요로 인해 오히려 잊어버리는 많은 것들, 망각의 무게를 새삼스레 일깨워준다. 우리는 건강할 때 건강의 소중함을 모르고, 평화로울 때 평화를 모르고, 기쁠 때 기쁨을 모르고, 사람이 곁에 있을 때 그 사람의 가치를 모르고 산다. 사랑이 진 자리에서 사랑의 의미를 알고, 소중한 사람이 떠난 후에야 그 사람의 소중함을 알고, 실패했을 때 성공의 의미를 알고, 넘어졌을 때 일어나 다시 서는 법을 간신히 배운다. 이렇듯 깨달음은 늘 한 발 늦게 오기에, 더욱 더 고통과 슬픔의 뿌리, 망각, 남은 자의 몫에 대해서 생각해보게 된다.

앞의 시는 프리모 레비(Primo Levi, 1919-1987)라는 이탈리아 시인의 시다. 국내에 「게달레 대장」이라는 제목으로 번역, 소개된 시는 행이나 연 구분, 내용도 조금 다르다. 부정확하게 발췌 번역된 부분이 많아서 영역본 시집에서 우리말로 옮기는 것이 더 충실하겠다 싶어서 그리 했다. 레비는 원래 시와는 거리가 먼 사람이었다. 1941년 토리노 대학 화학과를 최우등으로 졸업한 촉망받는 화학도였던 레비는 2차 세계대전 말 파시즘에 저항하는 지하운동에 참여했다가 나치에 체포되어 아우슈비츠로 이송된다.

아우슈비츠는 평균 생존 기간이 3개월이었던 곳. 나치가 세운 강제 수용소 중 가장 큰 규모로 약 600만 명 정도 살해된 곳이다. 그 엄혹한 곳에서 살아남은 후 레비는 『휴전』, 『주기율표』, 『지금이 아니면 언제』, 『익사한 자와 구조된 자』 등 많은 저서를 남겼다. 특히 세계 10대 회고록의 하나로 꼽히는 『이것이 인간인가』에서 레비는 죽음의 수용소에서 겪었던 일을 객관적인 증언의 언어로 생생하고 차분하게 들려준다. "젊은이들과 이야기하는 게 점점 힘들어진다. 우리는 그것을 일종의 의무로, 동시에 위기로 본다. 시대착오적으로 보일 위기, 귀 기울여지지 않을 위기, 사람들은 우리 이야기를 들어야 한다." 이렇게 강변하는 것은 과거에 이런 일이 벌어졌고 그러므로 그런 일은 다시 일어날 수 있음을 말하고자 함이라고 힘주어 말하는 레비. 이 문장을 쓴 다음 해, 1987년 4월 11일 프리모 레비는 토리노의 자택에서 자살로 생을 마감한다.

죽음의 수용소에서도 가까스로 살아남은 사람이 자살로 생을 마감하는 비극적 아이러니를 어떻게 설명해야 할까? 언제 검은 굴뚝 연기로 사라질지 알 수 없는 끔찍한 나날을 보내면서도 레비는 늘 옷을 단정히 입고 몸을 꼿꼿이 세워 걷고 침도 함부로 뱉지 않았다 한다. 그 와중에 독서도 게을리 하지 않아 동료들과 토론도 즐겨 했다 하니, 자신과 타인의 존재의 의미를 묻는 일은 가장 비인간적인 공간에서 유일하게 기댈 수 있는 인간적인 투쟁, 아니 초인적인 투쟁이 아니었을까 싶다. 아우슈비츠에서 굴뚝의 검은 연기로 사라지는 타인의 죽음은 곧 나의 죽음이었을 터, 타인의 고통은 곧 나의 고통이라는 각성이 프리모 레비의 글에서 절절이 전해진다.

"오늘도 저녁이면 따뜻한 집으로 돌아와/ 다정한 가족들과 맛있는 음식을 나누며/ 언제나 즐겁고 행복한 삶을 누리는 당신.// 하지만 바로 그 순간에도/ 행복이라는 말조차 모른 채 진흙탕 속을 뒹굴며/ 오직 빵 한 조각을 위해 싸우다가/ '예스, 노'라는 말 한마디 때문에 생사가 오가는/ 그런 사람들이 있다./ 생각해 보라, 이것이 과연 인간인지…"(「이것이 인간인가」 부분) 그렇게 안간힘으로 살아남아 증언하고 기록하는 일을 하면서 죽은 자들의 생을 대신 살아낸 사람이 결국 생을 스스로 버렸다는 것. 그것은 그가 목도한 아우슈비츠 이후 인류의 삶이 '인간됨'에 대한 질문을 저버렸다는 뼈아픈 지각을 몸소 증명한 것이 아닐까.

'무엇이 인간인가'는 바꾸어 말하면 과연 '무엇이 인간을 인간답게 하는가'에 대한 질문이다. 시의 제목에 등장하는 게달레 대장은 『지금이 아니면 언제』에 등장하는 주인공이기도 하다. 이 시에서 시인은 농부, 재단사, 문서를 배포해서 뿌리는 임무를 맡은 사람들 등, 시대의 어둠에 저항했던 보통 사람들을 일일이 호명하면서 그들이 어떻게 십자가의 죽음을 택했는지를 기록한다. 그 죽음이 헛되지 않은 것은 "이 길이 아니면" "지금이 아니면"이라는 질문 속에서 죽음이 저항의 원동력으로 다시 살아나기 때문이다. 밭을 갈다가 레지스탕스가 된 사람들, 죽어간 사람들, 그리고 죽은 자들을 딛고 간신히 살아남은 사람들은 그리하여 하나가 된다.

어느 누구도 대신 살아줄 수 없는 생을 인간답게 사는 일은 지금 이 곳의 삶에 충실한 것에서 시작된다. 또 이는 내가 아닌 다른 이의 삶과 죽음, 고통과 아픔을 함께 느끼고 앓고, 증언하는 일로 확장된다. 아우슈비츠에서 살아남은 시인이 몰두했던 기록과 증언의 작업은 보이지 않게 묻혀버린 진실을 드러내는 일이었고, 그 드러냄 속에서 죽은 자들은 목소리를 얻는다.

시중에 떠도는 시의 한글번역본에는 다른 구절이 더 있다. "내가 나를 위해 살지 않는다면 과연 누가 나를 위해 대신 살아줄 것인가? 내가 또한 나 자신만을 위해 산다면 과연 나의 존재의미는 무엇이란 말인가? 이 길이 아니면 어쩌란 말인가? 지금이 아니면 언제란 말인가?" 아마 누군가가 의미를 덧입혀서 설명했나보다. 여기선 타인으로 확장되는 사유가 더 직설적으로 드러나면서 인간임을 자각하는 일이 나를 넘어 다른 생의 의미를 함께 묻는 일임이 강조된다.

꽃보다 고운 수많은 아이들을 바다에 묻고 아직도 찾지 못한 아이들을 기다리는 잔인한 계절이다. 우리 시대의 야만이 낳은 죽음들이 헛되지 않으려면 사건을 둘러싼 진실을 밝히는 목소리가 힘을 얻어야 한다. 하지만 억압과 침묵과 의문 속에서 여전히 사건은 물음표이고, 그 두터운 알 수 없음이 우리를 막막하게 한다. 수몰된 우리의 죽은 자들을 위해서 남은 우리는 무엇을 해야 할까. 레비가 살아남았던 20세기 초반의 역사적 암흑을 지나왔지만, 21세기 지금 여기에서도 모두 어디가 아픈지도 모르게 더 지독한 병이 들었다.

"모두 병들었는데 아무도 아프지 않았다"고 시인 이성복이 「그날」이라는 시절의 고통을 증언한 때가 1980년이었던가. 그로부터 한 세대가 넘게 흘렀는데 그 참담함은 한층 배가되었다. 우리는 어떤 말로, 어떤 시선으로, 어떤 양심으로, 우리의 '인간됨'을 깨우치고, 기억하고, 또 증명해야 할까. '다른 모든 것을 잊게 하는 달' 8월, 다른 모든 것을 잊게 되더라도, '인간됨'이라는 그 사실 하나만이라도 잊지 않고 끝까지 붙잡고 그 힘에 기대어 묵묵히 쓰고 묵묵히 걷고 묵묵히 불의와 싸우며 '지금 여기'의 삶을 잘 살아내고 싶다. 우리 각자는, 인간으로 태어난 우리는 시작도 끝도 끝끝내 인간이어야 한다.

(2014.8)

무엇을 거두어들일 것인가

폭격을 멈춰라
학살을 멈춰라
오늘 밤 소녀를 죽이지 마라

너흰 오늘 내 가슴의 지도에서 지워질 것이다
너흰 오늘 내 눈물의 역사에서 기억될 것이다

영혼이 없는 머리가 무슨 일을 저지를 수 있는지
정의를 잃은 믿음이 무슨 일을 저지를 수 있는지
사랑이 죽은 힘들이 무슨 일을 저지를 수 있는지

나는 결코 잊지 않을 것이다
그렇게 나는 갚아줄 것이다

내 눈물로 피어나는 올리브 새잎으로
내 분노로 살아나는 다윗의 돌멩이로
내 상처로 일어서는 사랑의 저항으로

폭격을 멈춰라
학살을 멈춰라
오늘 밤 소녀를 죽이지 마라

「오늘밤 소녀를 죽이지 마라」 일부 박노해

제일 먼저 그들은 공산주의자를 잡으러 왔다.
나는 아무 말도 하지 않았다.
나는 공산주의자가 아니었으므로.

그리고 그들은 노동조합원을 잡으러 왔다.
나는 아무 말도 하지 않았다.
나는 노동조합원이 아니었으므로.

그리고 그들은 유대인을 잡으러 왔다.
나는 아무 말도 하지 않았다.
나는 유대인이 아니었으므로.

마지막으로 그들은 나를 잡으러 왔다.

나를 위해 말해줄 사람은
아무도 없었다.

「그들이 왔다」 마틴 니묄러

수확에 감사하며 즐거운 기분에 젖어야 할 9월, 가을이 시작되는 9월은 '아주 기분 좋은 달'(모호크족)이며 '즐겁게 춤추는 달'(클라마트족)이고 '다 거두는 달'(호피족)이라고 한다. 어린 밤을 따고 쌀밥을 먹고 옥수수를 거두어들이면서 새 계절을 맞이하는 이맘때지만, 나라 안팎으로 도처에 죽음이 난무하는 시절이라 그런지 마음이 수확의 풍성함으로 그득해지기는커녕 한없는 빈곤함으로 자주 아득해지곤 한다.

해서 이 달에는 기분 좋게 춤추며 다 거두는 달 9월을 통하여 거두는 것의 의미에 대해 묵상해보려 한다. 거두어들인다는 것은 일의 시초와 과정을 모두 지나고 난 후의 결과적인 단계에 해당된다. 무언가를 거두어들이기 위해서는 한참 전에 무언가를 뿌리고 가꾸는 노력이 선행되어야 한다. 사계절을 놓고 볼 때 봄에 씨 뿌리고 여름에 부지런히 물을 주고 키워서 가을에 거두어들이는 이 원리가 우리 사람살이에도 고스란히 적용된다.

대개 무언가를 '거둔다'고 할 때 이 거두어들임은 짧은 시간의 노력을 의미하기보다는 긴 시간의 정성과 노력을 쏟아야만 가능한 일이 많다. 가령 여러 계절의 땀과 햇살과 비바람을 지나 수확하는 곡식이나 열매처럼 긴 시간 정열과 정성, 온갖 지혜를 모아 도전하고 가꾼 끝에 이룬 결과 말이다. 많은 경우 거둠은 물질적인 성취나 획득에 더 주안점을 두지만 눈에 보이지 않는 노력의 몫과 쉽게 수량화하여 셈할 수 없는 거둠도 많다.

앞서 소개한 두 편의 시 중 첫 시는 거두는 걸 아주 잘하는 유대인들에게 질문하는 시다. 유대인들이 누구인가. "세계에서 가장 많은 노벨상을 탄" 민족이자 "세계에서 가장 오랜 유랑자"다. 대량 학살이라는 현대사에서 유래를 찾기 힘든 핍박과 눈물의 역사를 지나 온 사람들에게 시인은 그 많은 고난 끝에, 그 아픈 기억으로, 그 좋은 머리로 지금 무얼 하고 있는지 묻는다. 끔찍한 역사를 간신히 지나온 이들이 지금 다시 눈물의 역사를 직접 만들고 있으니 말이다.

이 글을 쓰는 지금 전운이 감돌던 이스라엘과 팔레스타인 사이에 72시간 휴전이 선포되었다는 소식이 들리지만, 최근 벌어진 가자지구의 무차별 폭격으로 1900명 정도의 팔레스타인 민간인들이 목숨을 잃었다. 학살과 유랑, 긴 고난의 시간 뒤에 거두어들이는 것이 평화가 아니라 또 다른 죽음이라면 먼저 죽어간 생명들은 아무 의미가 없을 것이다. 그래서 시인은 "무얼 하는가"라는 반복된 질문을 한다. 다음엔 얼굴을 가리고, 울부짖고, 별들도 눈을 감는 어두운 현실에 대한 보고가 잇따른다.

시인은 단호하게 명령한다. 폭격을 멈추라고, 학살을 멈추라고, 오늘밤 소녀를 죽이지 말라고. 꽃 같은 소녀가, 아기를 가진 임산부가, 아직 채 걸음마도 배우지 못한 아기가, 한 늠름한 가장이, 자유를 잃고 고립되어 갇힌 채 죽어가고 있다고. 시인은 분명하게 선언한다. 이 학살의 고리를 끊지 않는다면, "내 가슴의 지도"에서 이스라엘은, 유대인은 지워질 것이라고, "내 눈물의 역사"에 새로운 자리를 차지하여 기억될 것이라고. 20세기 가장 끔찍하고 잔인한 학살의 피해자가 다시 가해자가 되어버린 역사. 그 고리를 반드시 끊으라고, 시인은 선언한다.

시인의 전언은 폭력이 발생하고 계속되는 방식에 대하여 질문과 통찰을 가능하게 한다. 비단 이스라엘-팔레스타인 분쟁에 국한된 이야기가 아니다. 가정에서, 학교에서, 군대에서, 전쟁에서 폭력은 대개 피해자가 다시 가해자가 되는 방식으로 악순환 된다. 뿌리고 거두는 것의 가장 끔찍한 형태인 셈이다. 미움이 다른 미움을 낳고, 폭력이 다른 폭력을 낳고, 죽음이 다시 다른 죽음을 낳으면서 폭력은 우리 일상을 돌고 돈다. 끔찍한 사건의 가해자를 보면 거기 한 괴물이 있는 것이 아니라 평범한 보통 사람의 얼굴이 있는 이유다.

한나 아렌트(Hannah Arendt)가 남긴 말 '악의 진부함'(banality of evil)이 생각난다. 아렌트는 나치를 피해 미국으로 망명해 대학교수를 역임한 독일계 유대인 정치철학자다. 아렌트는 유대인 학살을 주도한 아돌프 아이히만에 대한 재판에 참여한 후 『예루살렘의 아이히만 – 악의 진부함에 대한 보고』(*Eichmann in Jerusalem: A Report on the Banality of Evil*, 1963)라는 책을 낸다. 홀로코스트와 같은 역사적 악행이 광신자나 반사회적 인격 장애자들이 아니라 국가와 지배가치에 쉽게 순응하고 자신들의 행위가 보통에 지나지 않는다고 여기는 반성 없고 기계적인 사유의 결과라는 점을 밝히면서 '악의 진부함'이란 말을 남긴다.

이 때 '진부함'은 우리가 일상에서 크게 비판적으로 생각하지 않고 따르는 타협과 순응의 가치들이다. 우리도 모르는 사이에 그 가치를 의심 없이 행하면서 사회와 국가가 저지르는 불의와 부정에

부합하게 된다는 것. 그런 의미에서 '악의 진부함'은 너무 만연해서 별로 가책조차 없는 비루한 불의에의 동조다. 이 세계는 그처럼 반성을 모르는 기계적인 사람들이 눈 감고 행하는 악행으로 가득 차 있다.

두 번째 시는 독일의 목사 마틴 니묄러(Martin Niemöller)의 연설문의 일부다. 니묄러는 처음엔 민족주의자로서 히틀러를 지지했지만 후에 반나치주의자가 되어 평화주의자, 반전운동가로 활동했다. 니묄러의 시를 박노해의 시와 한나 아렌트의 '악의 진부함'과 함께 읽으면 더 큰 울림이 있는 이유는 유대인의 역사 때문이기도 하겠지만 악의 성격에 대한 고찰 때문일 것이다. 이 시에서 '그들'은 나치당원들을 의미하며, 세 번째 연 '유대인'은 '가톨릭신자'로 옮겨지기도 한다. 독일어나 영어 버전을 찾아보면 두 번째 연에 '사회주의자' 부분을 더 넣어 총 5연으로 소개되기도 한다. 니묄러가 연설이나 설교를 할 때 그 때 그 때 상황에 맞춰 변형을 했기 때문에 문장의 정확성을 다투기보다는 글의 전체 의미를 생각해보는 것이 도움이 될 것이다.

이 시 또한 반복법을 사용하여 "~가 아니었기에"를 되풀이하면서 '그래서' 아무런 말을 하지 않았던 상황을 계속 보여준다. "~가 아니었기에" 나는 아무런 말을 하지 않았고 내가 아닌 사람들은 차례로 희생된다. 사라지는 것이다. 내 일이 아닌 남의 일이기에 강 건너 불구경 하듯 바라보다 마침내 맨 마지막에 이르러 나만 남게 된다. 하지만 이제 나를 위해 말해줄 이가 아무도 없다. 내가 눈감고 못 본 척 하며 아무런 말도 못하는 사이에 먼저 죽어간 타인들. 이제 나를 위해 말해주고 싸워줄 사람은 없고 나는 오롯이 홀로 죽어간다.

1960년대 미국의 사회운동가들이 널리 인용했다고 하는 이 시는 오늘날 한국사회에도 곰곰이 되새겨 볼 만하다. 나만 혼자 성실하게 살면 다 잘 될 것이라고 믿었기에 우리는 어제도 오늘도 나만 혼자 열심히 살았다. 그 결과 고립되고 적막한 경쟁의 쳇바퀴 속에서 모두가 무언가의 노예가 되어 왜 사는지 그 의미도 제대로 못 찾고 살고 있다. 나만, 내 가족만, 내 울타리만 생각하다가 결국 공동체의 구성원 모두가 죽게 되는 비극을 지금 우리는 뼈아프게, 아니 처절하게 겪고 있다. 이러한 때 나 혼자가 아니라 우리를 먼저 생각하는 '연대'는 감성적인 온정주의의 차원이 아니라 살아가기 위해 꼭 필요한 공기와도 같은 가치다.

그 '연대'를 제대로 잘 상상하고 실천하기 위해서는 니묄러의 시처럼 때늦었지만 뼈아픈 반성과 현실인식이 필요하고 박노해의 시에서처럼 맵고 다부진 꾸짖음도 필요하다. 오늘 우리가 겪고 있는 아픔과 슬픔, 고통은 지난 날 우리가 무심하게 뿌린 씨앗이 드러난 결과다. 그러니만큼 오늘의 슬픔과 고통, 폭력의 고리를 끊고 먼저 사랑을 뿌리고 행한다면 그 사랑이 내일은 소중한 열매로 거두어질 것이다. 폭력과 상처, 죽음이 돌고 돌듯, 사랑과 도움, 자비와 자선도 돌고 돈다. 그렇게 생명과 죽음은 함께 간다. 껴안고 품고 용서하는 마음은 다른 껴안음, 다른 사랑을 낳는다.

얼마 전에 교황님이 우리 땅을 다녀가셨다. 몸소 낮은 곳으로 달려와 먼 이방인의 발을 씻어주신 교황님은 국가나 체제가 하지 못하는 폭력의 악순환을 끊는 일에 앞장서신다. 그 분은 한국사회의 무엇을 보고 무엇을 위해 기도하셨을까. 눈앞의 안위에 만족하여 우리가 그간 놓치며 지나온 것들을 헤아려 현재의 참담한 고통의 원인을 응시하고 새겨볼 때다. 심은 자리를 살피는 것은 거둘 자리를 예비하기 위한 첫 걸음이기 때문이다. 해서 하루하루가 거두어들이는 가을이고 하루하루가 새로운 씨앗을 심는 봄이다. 매 순간이 물을 주는 여름이요 매 순간이 겸허히 준비하는 겨울이다.

(2014.9)

나의 가난은

오늘 아침을 다소 행복하다고 생각는 것은
한 잔 커피와 갑 속의 두둑한 담배,
해장을 하고도 버스값이 남았다는 것.

오늘 아침을 다소 서럽다고 생각는 것은
잔돈 몇 푼에 조금도 부족함이 없어도
내일 아침 일도 걱정해야 하기 때문이다.

가난은 내 직업이지만
비쳐 오는 이 햇빛에 떳떳할 수가 있는 것은
이 햇빛에서도 예금통장은 없을 테니까….

나의 과거와 미래
사랑하는 내 아들딸들아,

내 무덤가 무성한 풀섶으로 때론 와서
괴로웠을 그런 대로 산 인생 여기 잠들다, 라고,
씽씽 바람 불어라 ……

「나의 가난은」 천상병

계절이 바뀌었다. 투명한 햇살과 푸른 하늘, 그림처럼 떠있는 하얀 뭉게구름에 절로 기분이 가뿐해진다. 산길을 걷다보면 벙긋벙긋 벌어져 땅에 떨어진 잘 익은 밤송이를 만나기도 한다. 조금만 눈을 돌리면 온통 참으로 좋아 보이는 세상을 자연은 그렇게 잊지 않고 우리에게 선사한다. 하지만 또 보이지 않는 곳에는 여전히 죽음이 드리우고 있고, 죽음의 문화와 싸우는 뭇 생명들의 간절한 몸부림이 여전하다. 좋은 것을 보면서 '아, 좋다!'라고 느끼는 이 자연스러운 마음마저 때 이르게 먼저 떠난 이들을 생각하면 죄책감과 연결되니 시절의 무게가 참 무겁다 싶다.

그래도 가을. 푸른 하늘이 참 좋은 달, 아침에 길을 나설 때면 상큼한 바람과 함께 살아있음이 축복처럼 느껴지는 계절, 10월이다. 이 계절이 보여주는 다양한 얼굴 때문에 10월을 일컫는 이름도 가지각색으로 많다. 10월은 '큰 바람의 달'(쥬니족)이요, 지난 달 수확한 '양식을 갈무리하는 달'(아파치족)이요, '새들이 남쪽으로 날아가는 달'(크리족)이며, '잎이 떨어지는 달'(수우족)이다. 그래서 10월은 "가난해지기 시작하는 달"(모호크족)이기도 하다.

'내가 올 때까지 기다리라고 말하는 달'(카이와족)이란 이름을 붙이는 사람들은 어떤 마음을 지니고 살까? 이 계절이 선사하는 그리움의 색깔이 선연히 느껴진다. 10월은 푸른 하늘 아래 색의 변화가 참 많은 달이기도 하다. 여름 내내 무성했던 초록이 노랗고 붉게 물들어 마지막 찬란한 빛을 발한 다음에 하나 둘씩 떨어지기 시작하는 계절에 겨울을 준비하는 숲의 나무를 생각하며 가난해진다는 것의 의미를 묵상해볼까 한다.

가난은 무엇인가. 가난은 궁핍이다. 원하는 것을 가질 수도 배불리 먹을 수도 없다. 가난을 바라는 이는 아무도 없을 것이다. 가난은 결핍이요 불안이니까. 그렇다면 가난의 반대인 부유함은 어떨까. 2000년대 초반 '모두 부자되세요'란 말을 TV 광고에서 들었을 때 귀를 의심했다. 어떻게 돈 얘기를 저렇게 적나라하게 하지? 돈이나 부유함을 좇는 것은 양반답지 못하다는 가정교육을 받은 내 개인적인 환경 탓도 있겠지만, 과거엔 돈이나 부유함의 가치가 지금처럼 적나라하게 추앙받지 못했다. 하지만 이 가치는 어느새 의심의 여지없이 큰 축복이 되었다. 권력이 곧 진실이 되어버린 세상에서 가장 큰 권력은 바로 돈에서 나온다 한다. 돈이 만물의 주인이고 어른이요 판단의 기준이 된 지 이미 오래지만, 그럴수록 더욱 '가난해지기'는 우리에게 절실히 요청되는 윤리이고 책무다.

'마음이 부자여야 한다, 늘 너그러이 어려운 사람을 도와라'라는 이야기를 많이 듣고 자란 나는 성경을 읽을 때 가장 이해가 되지 않은 구절이 "마음이 가난한 사람은 행복하다"였다. 마음이 부유하고 몸은 청빈한 삶에 대한 무의식적인 지향이 있었기에 마음이 가난하다는 것이 뭔지 의아했다. 그 의미를 깨치게 해준 것이 바로 앞의 시다. 시를 찬찬히 읽어보면 마음이 가난한 사람이 어찌하여 행복할 수 있는지 그 뜻을 알 것 같고, 의미를 알고 보니 나의 지향과 성경의 가르침은 같은 곳을 보고 있다.

시인 천상병은 세상의 가치에서 보면 참 불행한 사람이었다. 똑똑한 청년이 억울하게 동백림 사건에 연루되어 고문을 당했고 긴 옥고 끝에 정신과 몸이 상해서 정상적인 삶을 살지 못했다. 그래도 시인이 노래하는 아침의 행복과 아침의 서러움을 들여다보니 천상병 시인이야말로 가장 가난했기에 가장 행복했던 사람이란 생각이 든다. 커피와 담배, 걱정, 햇살, 떳떳함, 시인의 행복과 서러움을 만들고 있는 것들을 손꼽아본다.

가난은 시인의 직업이지만 비쳐오는 햇빛에 떳떳할 수 있다니, 무슨 말인고 하니 햇빛에는 예금통장이 없기 때문이란다. 우리는 늘 축적하고 쌓아두려고 하고 하나라도 더 내 주머니에 모으려고 한다. 하지만 시인은 예금통장 필요 없는 햇살 아래 떳떳하다. 시인의 맑은 마음은 그처럼 욕심 없이 비워나가는 마음이기에 가난하다. 마음이 가난하다는 것은 그처럼 낮게 겸허히 내려놓는 마음이다. 채움이 아니고 비움을 지향하는 가난이 왜 행복한지 알 것 같다.

이즈음 나는 '떳떳하다'는 말의 의미를 자주 생각해본다. 더 가진 사람, 더 높이 있는 사람은 낮은 자리의 사람을 보듬는 것이 책무이자 윤리일 텐데, 떳떳하지 못한 권력의 자리에서 더 움켜쥐고자 무리수를 두는 사람들을 제법 본다. 중요한 결정의 순간에 사심 없이 떳떳한 결심을 할 수 있는 용기를 가진 이는 둘러보면 실상 많지 않다. 자신의 이익보다 떳떳한 가난을 자발적으로 택할 수 있는 이가 과연 몇이나 될까. 떳떳함은 정직한 자부심이다. 많이 쌓아누지 않고 비우고 낮아지는 가난. 가난한 자의 행복과 떳떳함은 함께 가는 덕목이다. 떳떳하게 하늘을 우러를 수 있는 가난의 행복은 부정과 불의, 욕심에 대한 반성 없이 하나라도 더 취하고 싶은 세상의 진창길에서 너무 어려운 삶의 방식이다.

하지만 세상이 우러르는 권력과 금력이 아니라 한 줌 햇살에 떳떳할 수 있는 나의 가난, 그 자족의 마음은 동시에 참된 믿음의 원천이 된다. 믿음은 아는 것을 향해 있는 것이 아니라 아는 것의 너머를 보는 일, 너머를 응시하는 마음은 현실의 한계를 넘어서는 어떤 것을 상상하게 한다. 그래서 가난 때문에 행복하고 가난 때문에 서럽고 가난 때문에 떳떳한 시인은 시의 말미에 자신의 과거와 미래, 자신의 아들과 딸들을 불러온다. 자신의 죽음마저 미리 상상할 수 있는 시인의 환한 눈이 믿음이고, 그래서 그는 죽음 앞에서 "씽씽 바람 불어라"라고 호방하게 외칠 수 있다.

평탄보다는 굴곡, 기쁨보다는 고통이었을 인생, 그 길에서 씽씽 바람 부는 무덤가를 상상하는 시인의 마음은 가난이 주는 선물을 진정으로 이해하고 있다. 고통의 바다인 우리 인생에서 행복은 어떻게 오는지, 현실의 한계 너머를 바라본다. 시인의 가난과 행복, 서러움과 떳떳함, 죽음과 죽음 너머를 응시하는 시선을 보는 우리는 과연 우리의 가난을 상상할 수 있을까? 우리가 가진 무엇을 내어놓고 무엇을 비울 수 있을까? 그리고 그 비운 자리에는 다시 무엇이 채워질까?

'가난해지기 시작하는 달' 10월은 한 해의 마무리를 향해 나아가는 달이기도 하다. 잊을 만하면 안부를 전하는 제자가 메시지를 보내왔다. 시를 좋아하는 제자는 심보선 시인의 「청춘」이라는 시를 읽고 있다 한다. 청춘, 지나고 나서야 알게 되는, 그 때는 알지 못하는 어떤 아련한 이름. 그 학생을 보며 나는 청춘이라고 부르고, 그런 나를 보면서 나의 선생님은 청춘이라고 하신다. 문득 청춘의 어느 날 '나의 가난'을 떠올려본다. 주머니 속 단돈 만 원을 두고 책 한 권과 밥 두 끼 사이에서 골똘히 고민하던 때. 과외수업을 마치고 돌아오던 늦은 밤의 피로. 그땐 청춘의 가난이 힘겨워 그 빛남을 몰랐는데 이제야 알겠다, 그 '찬란'을. 두려움 없이 일직선으로 희망과 믿음을 찾아 걷는 그 발걸음, 비가 새는 구두를 신고 모래내 철길 굴다리를 첨벙첨벙 건던 그 길이 그대로 '찬란'이었다.

고맙게도 이제 나는 더 이상 책과 밥 사이에서 고민하지 않게 되었다. 며칠 전에는 삼각 김밥으로 저녁을 때우며 공부하는 한 빛나는 청춘에게 밥을 사주었다. 지갑은 두둑해졌지만 세계는 더 나빠진 것 같이 느껴지는 것은 나이든 탓일까? 시절 탓일까? 시인 심보선은 자신의 시에 대해서 이렇게 말한 적이 있다. 세계는 점점 나빠지고 있는 것 같고 자신도 행복해질 것 같지 않지만 그래도 살아야 하고 그럴 때 어떻게 살아야 할 것인가를 고민하는 그 "어찌할 수 없음"이 바로 자신의 시라고. 이 글을 쓰는 지금의 나도 딱 그런 마음이다. 우리 생이 선사하는 그 어찌할 수 없는 난감을 시와 함께 지난다. 시에 기대어 그 곤란을 버틴다.

어쩔 수 있었다고, 피하고 막을 수 있었을 거라고 통곡하게 되는 수많은 슬픔과 불행들이 이 세계엔 너무 많다. 꼭 풀어야 하는 문제를 외면하면서 굳은 불통의 벽을 쌓아올리는 무감(無感)의 두터운 철옹성도 여전하다. 그 무감 너머, 이 계절이 선사하는 햇살과 바람의 선물 속에서도 어쩔 수 없는 세상의 아픔과 생채기들을 함께 공감(共感)하려 이 글을 쓴다. 조금이라도 더 비우고 더 나누는 가난의 마음이 더 나은 세계를 만들 수 있을 거란 믿음. 하나 더하기 하나, 또 하나를 더하는 마음으로. 하여 이 계절, 나의 가난을, 우리의 가난을 꿈꾸어 본다. 아니 믿어본다. 믿는다는 것은 아는 것이 아니라 그 너머를 응시하는 것이기에. 씽씽 바람 분다. 변화하는 달, 10월이다. (2014.10)

시인-되기

나는 그 친구들을 만나고 싶네
또또또 만나고 싶네

기억할 방법이 없을까?
할머니도 몰라
할아버지도 몰라
엄마도 몰라
아빠도 몰라
정말 궁금하네

추억의 상자 그게 있었네
이제 기억을 할 수 있겠네

생일파티한 것

미술한 것
영어한 것
발레한 것
체육한 것
모든 것들이 있네

나중에 또 거기 갈래
추억 속으로

「추억의 상자」 정연수

가쁜가쁜 사쁜사쁜
멀리서도 표 나는 모습

중얼중얼 홍얼홍얼
가까이 가면
신타령도 들리네

그러나 꽂꽂이 앞만 보고
가는 그 모습

「無題」 정근식

가을볕이 한창 좋은 10월에 '만물을 거두어들이는 달' 11월을 앞당겨 상상한다. 글을 쓰면서 계절을 미리 준비하는 마음은 다른 계절의 설렘을 먼저 느끼고, 생각을 다듬어 가지치기를 하게 한다. 푸른 5월을 먼저 상상하면서 마음이 부풀어 오는 4월의 연두 같은 시간도 기쁨이고, 적막한 11월의 밤을 생각하는 10월의 새벽 아침도 기쁨이다. 청소하듯 마음을 차분히 정돈하고 쓸데없는 미련과 기대와 허상을 깎아내리며 반성할 수 있어 고마운 시간, 글을 시작하기 전의 망설임까지 모든 것이 기쁨이다. 한 해를 마감하는 12월이 큰 의미로 다가온다면 11월은 그다지 큰 특징이 없다. 그래 그런지 '이름없는 달'(주니족)이라 한다. 하지만 '산책하기 좋은 달'(체로키족), '기러기 날아가는 달'(키오와족), '만물을 거두어들이는 달'(테와푸에블로족), 그리고 '모두 다 사라진 것은 아닌 달'(아라파호족) 등 다양한 11월의 의미를 새겨보면 특징 없어 시시해 보이는 11월도 참 좋은 달이구나 싶다.

'이름없는 달' 11월에 이름없는 두 시인을 소개하려 한다. 이 시인들은 문학을 전공하지도 않았고 등단을 한 적도 없다. 사실 시를 써본 적도 거의 없다. 어느 날 스며든 시의 마음을 골똘히 종이에 적더니 시인이 되었다. 시인지 시 아닌지도 모르는 이 이야기가 내겐 시의 선물로 다가왔기에 함께 나누지 않을 수 없다. 어느 기성 시인보다 맑은 눈으로 쓴 시라서 더욱 그렇다.

첫 번째 시의 주인공은 질녀 정연수 어린이다. 막내 동생의 큰 아이. 어느 날 올케가 보내주어 읽게 되었다. 초등학교에 들어가서 유치원 친구들을 더 이상 만날 수 없게 된 아이는 친구들이 너무 그리웠던 모양이다. "또또또 만나고 싶네"라는 말에 이 친구들을 얼마나 그리워하는지, 얼마나 만나고 싶은지, 옛날로 돌아가고 싶은 마음이 생생하게 절감된다.

초등학교에 진학하면서 헤어진 친구들이 보고 싶은 아이는 추억을 간직하고 기억하는 법을 묻는다. 하지만 엄마도 아빠도 할머니도 할아버지도 모른다고 한다. 아이는 그리움이란 감정이 오롯이 혼자의 것이고 기억하는 법을 찾기도 쉽지 않음을 배웠을 것이다. 반복되는 구절에서 혼자 그리움을 삭이고 추억을 더듬는 애타는 마음결이 고스란히 전해진다.

혼자만의 간절한 그리움 끝에 생각나는 게 있다. 바로 추억의 상자다. 그 추억의 상자에는 생일파티 하던 때, 미술, 영어, 발레를 같이 배우던 날들이 고스란히 들어있다. 모든 지난 시간이 들어 있는 추억의 상자 속에서 시간을 함께 했던 친구들도 있다. 그래서 홀로 힘들었던 아이의 그리움은 추억 속에서, 추억의 상자로 인해서 풍성하게 다시 채워진다. 돌아갈 수 있는 추억 상자를 가진 아이는 더 이상 그리움으로 울지 않는다. 혼자 속을 끓이다가 터득한 추억 상자의 마법! 따뜻한 마무리에 읽는 우리도 마음 흐뭇해지고, 상실의 아픔이 추억으로 인해 치유되는 과정을 배운다. 시인 윌리엄 워즈워스가 "아이는 어른의 아버지"라고 말했는데 정말 그렇다.

다음 시는 제목이 없다. 어느 아침 아버지가 문자로 보내오셨는데 그 어떤 기성 시인의 작품보다 더 좋은 시로 눈에 확 들어왔다. 시를 읽자마자 나는 '아, 산책 중인 엄마 뒷모습을 보고 쓰신 거구나'라고 단번에 알아챘다. 먼 남쪽 바닷가 도시에 계시는 부모님은 매일 아침 해변의 솔숲을 한 시간 가량 산책하신다. 흔히 상상하듯 다정히 손잡고 사이좋게 걷는 노부부의 산책이 아니다. 부모님 세대가 대개 그렇듯 두 분은 나란히 걷지 않으신다. 보통은 보폭이 큰 남편이 앞서고 아내가 뒤를 따르지만, 우리 부모님은 반대다. 걸음이 빠른 엄마가 앞서 걸으시고, 천식이 있으신 아버지가 몇 걸음 뒤에 걸으신다.

흥이 많은 엄마는 "이렇게 걸을 수 있는 두 다리가 있어 얼마나 행복하니" "이렇게 맑은 하늘과 상쾌한 바람을 맛볼 수 있으니 얼마나 행복한지" 자족하시며 산책길에 노래를 즐겨 부르신다. 흥얼흥얼, 엄마의 나지막한 노래는 봄에는 "봄이 오면 산에 들에 진달래 피네 / 진달래 피는 곳에 내 마음도 피어"에서부터 "연분홍 치마가 봄바람에 휘날리더니 / 오늘도 옷고름 씹어가며 산제비 넘나드는 성황당 길에" 등 봄, 여름, 가을, 겨울, 다양한 레퍼토리를 자랑한다. 이즈음에는 아마 "코스모스 한들한들 피어 있는 길 / 향기로운 가을길을 걸어갑니다"를 부르고 계실 거다. 맑은 음색에 노래를 유난히 좋아하시는 엄마의 노래 레퍼토리는 사계절의 변화에 맞추어 끝도 없다. 정말이지 우리 엄마처럼 노래를 많이 알고 계시는 분을 나는 아직 만나지 못했다.

아버지는 다감한 말이나 칭찬을 자식에게 거의 하지 않으시는 엄한 경상도 아버지시다. 그나마 편리한 통신 서비스 덕에 최근 들어 아버지와 딸의 대화가 훨씬 깊고 다정해졌다. 내가 하루의 일상을 담은 사진이나 글을 보내드리면 아버지는 그 감상을 글로 적어 보내시는데 시조처럼 격조 있고 리듬감 있는 언어가 특징이다. 다소 어색한 기운이 흐르던 경상도 부녀 사이를 카카오톡이 구해준 셈이랄까.

문자메시지로 이 시를 받은 아침은 좀 뜻밖이었다. 간결한 언어에 담긴 아버지의 지극한 사랑시를 읽은 느낌에 그만 눈이 환히 떠졌다. 바로 전화를 걸어 여쭤봤더니 전화를 받은 엄마는 내 예상과 달리 아버지가 그 시를 쓰셨다는 사실조차 모르고 계시는 것 아닌가. "엄마는 참 좋으시겠어요"라며 호들갑스레 감동하는 딸에게 "흥, 입상 영감쟁이, 시는 무슨 시"하시는 거다.

알고 봤더니 술 좋아하시는 아버지의 과음으로 며칠 전에 부부싸움을 하셨고 그 속상함이 채 풀리지 않은 거였다. 화해도 않고 여느 때와 같이 나선 노부부의 아침 산책길을 떠올려본다. 아마도 그날따라 엄마 발걸음이 유난히 빨랐나 보다. 걸을수록 거리가 멀어졌겠지. 뒤에서 멀찍이 바라보며 따라 걷는 아버지. 멀리서도 남편의 눈에는 아내의 뒷모습이 단박에 들어오나 보다. 흥얼흥얼 들릴 듯 말 듯 한 엄마 노랫가락을 "신타령"이라고 표현하신다. 평소의 엄마는 산책길에 뒤처지는 아버지가 걱정이 되시는지 자주자주 뒤를 돌아보시는데, 아직 화가 가시지 않은 엄마는 직선으로 내달리셨나 보다. "그러나 꼿꼿이 앞만 보고 / 가는 그 모습"이라니.

아하, 이제야 딸은 그 정경과 상황이 눈에 환하게 그려진다. 건강 생각해서 술 그만 마시라고 평생 얘기해도 듣지 않는 아버지께 잔소리 한보따리 풀어놓았을 엄마. 그래서 오십 년을 넘게 함께 산 부부는 또 토닥투닥 말로 서로 삐치셨나 보다. 며칠 지나 화는 어느새 슬그머니 풀렸겠지만 풀린 내색도 못 하고 앞서 걸었을 엄마. 바람과 햇살에 행복한 엄마의 아침 산책길에 노랫가락이 빠질 리가 없지. 흥얼흥얼 걷는 엄마와 그 뒤를 멀찍이 멋쩍게 따라가며 어떻게 화를 풀어줄까 생각하셨을 아버지. 노년의 부부가 앞서거니 뒤서거니 걷는 아침 풍경이 눈에 선하다.

이 두 시는 시인이라는 이름을 갖지 못한 보통의 평범한 이들이 보내온 세상에서 가장 생생하고 활달한 시의 목소리다. 아이는 아이대로, 어른은 어른대로 자기만의 세계를 간결한 말로 버무린 솜씨가 참으로 멋지지 않은가. 교실에서 학생들과 '시란 무엇인가' 이야기 나눌 때, 나는 '시는 새로움'이라고 자주 이야기한다. 그 새로움은 지상에서 없었던 것의 새로움일 리 없다. 알고 있었으나 채 깨닫지 못했던 익숙한 것에 대한 새로운 감각. 시는 그렇게 익숙하고 무뎌진 감정들을 새로 확인하고 일깨우는 길, 익숙한 것의 재발견이요, 알던 느낌을 새롭게 하는 일, 깊은 생각과 관찰을 통해 우리의 가려진 눈을 환히 틔우는 언어, 그게 시의 힘이다.

그래서 이 지면에 시인이 되지 못했으나 누구보다 훌륭한 시를 쓴 두 사람, 할아버지와 손녀의 어느 날 아침저녁의 언어를 초대한다. 평범한 날에 길어 올린 목소리는 우리로 하여금 삶을 새롭게 바라보게 이끈다. 아이의 시선에서 그리움이라는 힘든 감정과 그 그리움을 새기며 이겨내는 법을 배운다. 토닥투닥 오십 년을 함께 살며 하나도 새로울 것 없이 익숙한 부부의 일상, 그 틈새에서 환해지는 뭉근한 사랑의 시선을 본다. '이름없는 달' 11월에 이름없는 시인들이 빛나는 시간을 선물했다. 그 선물을 나누며 독자들도 지나는 일상의 나날에 '시인-되기'를 시도해보면 어떨지 조심스레 권유해본다.

'시인-되기'는 멀리 있지 않다. 떠오르는 생각과 느낌의 물결에 우리가 늘 하는 말의 리듬을 살짝 얹어보는 것으로 충분하다. 시를 쓰는 마음은 어떤 전문적인 지식이 필요한 것이 아니라 내가 평소에 느끼는 여러 갈래 헝클어진 마음의 가닥들을 정돈하는 것. 그런

점에서 시는 우리가 걷는 산책길의 걸음과 비슷한 호흡으로 온다. 많이 걷고, 깊이 호흡하고, 높고 또 낮게 응시하는 눈으로 이 달을 찬찬히 보내야겠다.

11월이다. 떠나는 시간, 사라지는 것들이 못내 아쉬운 계절, 더욱 가난해지는 달, 사라지는 가을의 빛, 하지만 모두 다 사라지는 것은 아니라는 점을 일깨우는 달 11월. 무엇을 훌훌 떠나보내고 무엇을 끝끝내 간직할 것인지 가늠하며 숨 가쁘게 촘촘히 엮어온 날들 사이로 많은 것들을 떠나보낸다. 시간 앞에서 속수무책으로 때로는 내일을 위한다는 명분으로 망각을 강요당하기도 한다. 그렇게 각자 어지럽고 완강하고 속절없는 시간을 걷고 있지만 우리는 혼자가 아니다. 쉬이 잊히지도 않는다. 이름없는 날들의 이름없는 시들이 새롭게 눈 밝히는 공간 속에서 함께 살아있기 때문이다. 시의 힘, 사랑의 눈으로. (2014.11)

살자, 산산조각으로

룸비니에서 사온
흙으로 만든 부처님이
마룻바닥에 떨어져 산산조각이 났다
팔은 팔대로 다리는 다리대로
목은 목대로 발가락은 발가락대로
산산조각이 나
얼른 허리를 굽히고
무릎을 꿇고
서랍 속에 넣어두었던
순간접착제를 꺼내 붙였다
그때 늘 부서지지 않으려고 노력하는
불쌍한 내 머리를
다정히 쓰다듬어주시면서
부처님이 말씀하셨다

산산조각이 나면
산산조각을 얻을 수 있지
산산조각이 나면
산산조각으로 살아갈 수 있지

「산산조각」 정호승

12월이다. 한 해의 마지막 달은 '침묵하는 달'(크리크족), '다른 세상의 달'(체로키족), '무소유의 달'(퐁카족) 등 뜻깊고 서늘한 이름들이 우리를 맞는다. 마지막에 대한 묵상, 침묵과 죽음, 소유와 무소유에 대한 생각을 하다가 한 달 전 어느 저녁 학생으로부터 받은 시가 생각났다. '산산조각'이라는 제목부터 좀 놀랍다. 물건이든 관계든 성취든 가장 원하지 않는 일이 아마 산산조각일 것이다. 그 저녁, 학생이 문자로 보내준 시를 읽고 나는 그만 마음이 울컥해져서 아무 것도 못하고 한참을 시의 행간에 다독다독 머물러 있었다.

대학에서 시를 가르치는 선생의 나날이 밖에서 보면 평화롭고 순조로울 것 같지만 여러 사건사고가 생기기 마련인 학교에서 책임 있는 선생으로 사는 일은 쉽지 않다. 작년부터 교육자로서의 사명감을 잊지 않는 선생의 자리가 얼마나 힘든 일인가를 실감하는 시간을 보냈다. 법적인 문제까지 수십 건이 발생, 공교롭게도 내가 학과장이어서 그 모든 행정적, 법적인 절차에 경찰과 검찰을 상대해야 했다. 피해 학생들과 동료 교수들 등 주변을 다독이다가 지쳐 있던 어느 날, 가장 정성으로 다독여야 하는 사람은 남이 아니라 바로 나 자신이라는 걸 깨달았다. 별 것 아닌 이 깨달음에 이르기까지도 쉬운 시간이 아니었다.

10월 막바지 어느 날 예년처럼 라디오에서 흘러나오는 '10월의 마지막 밤'을 따라 부를 기운도 없이 일에 몰두하던 시간. 문득 몸과 마음이 가루가 되어가는 것 같다는 생각을 했다. 그 밤에 이 시가 내게로 왔다. 어쩌면 마음결 유난히 고운 그 학생은 선생의 지친 마음을 짐작했던 것일까. 부끄러움과 고마움과 미안함이 일렁이는 위안 속에 함께 교차했다.

시인은 아무렇지 않은 듯 무심한 어조로 먼 여행에서 공들여 사온 부처님이 조각난 이야기를 들려준다. "팔은 팔대로 다리는 다리대로 목은 목대로 발가락은 발가락대로" 산산조각이 났다 하니, 흙으로 만든 부처님은 순간접착제로도 잘 붙지 않을 것 같다. 언젠가 남편이 여행길에 앙증맞은 크리스털 인형을 사다 주었는데, 청소하다 그만 떨어뜨려 한쪽 팔과 목이 댕강 떨어져 나간 적이 있다. 그걸 버리지 못하고 안타까운 마음에 서랍 속에 고이 모셔두었더랬다. 비슷한 경험을 하고서도 시인은 어쩌면 이렇게 차원이 다른 깨달음을 보여주는가.

살다보면 아뿔싸, 곱씹어 후회를 해도 어쩔 수 없는 일이 너무 많다. 십 분 전으로, 한 시간 전으로, 하루 전으로, 한 달 전으로 시간을 되돌려 놓고 다시 살고 싶은 날이 얼마나 많은지. 너무 많은 후회와 책망과 자책에 시들시들 야위어가는 것이 우리네 삶이다. 우리 사는 일이 어쩌면 하나도 다치지 않고 조각나지 않으려고 평생 안간힘으로 몸부림치는 과정인 것만 같다. 아이는 아이대로, 학생은 학생대로, 직장에 들어가면 또 직장인으로, 엄마는 엄마대로, 아버지는 아버지대로, 선생은 선생의 몫으로, 다들 온전히, 다치지 않으려고 아등바등한다. 조각나지 않으려 부서지지 않으려 애쓴다.

생각하면 우리 사회는 다른 어떤 사회보다 불완전과 결핍에 대한 용인의 폭이 좁고 완전함이나 조화에 대한 지향이 높다. 세상이 요구하는 완벽함의 틀을 갖추려고 생의 마디마디가 턱없이 고단하다. 각각의 나이테에 이르면 그 나이테가 요구하는 정형화된 모습이 있고, 저마다 그 모양에서 조금이라도 어긋나면 큰일 날 듯 위기감을 안고 산다. 조금 부서지고 조금 뒤떨어지는 것이 용납되지 않는다. 모두가 1등으로 도달하는 것도, 모두가 예쁘게 잘 사는 것도 애당초 불가능한 세상인데 완벽함을 좇는 저마다의 꿈속에서 각자는 바쁘고 외롭다. 어쩌다 예상치 못한 시간에 생각지도 못한 사건이나 사고를 만나 어디 한 군데 부서진 이들은 그 상처를 마음껏 드러내어 치료받지 못하고 섣불리 감추기를 요구받는다. 아픔은 속으로 숨어 병이 된다.

시인은 먼 여행지에서 흙으로 만든 부처님을 모셔오면서 부처님의 온전한 몸을 책상이나 방에 두고 깊은 가르침을 얻고자 했을 것이다. 하지만 꿈은 깨진다. 산산조각으로 부서지는 부처님. 순간접착제로 붙여지는 부처님. 어이없는 상황 아닌가. 하지만 산산조각이 난 몸으로 부처님은 다정히 시인을 쓰다듬어 주신다. 불쌍한 것은 산산조각이 난 부처님의 몸인데, "불쌍한 내 머리를" 다정히 쓰다듬으시며 말씀하신다. "산산조각이 나면 산산조각을 얻을 수 있지. 산산조각이 나면 산산조각으로 살아갈 수 있지."

이 말씀이 그만 나를 울게 했다. 세상 낮은 자리에서 곤경과 비참을 통과하고 있는 이들에게 도무지 어찌할 수 없는 이 아픈 생을 어떻게든 버티어내라는 말. 산산조각이 나면 그 산산조각을 가지고 살라는 말. 그 말은 희망하는 것이 절망처럼 들리는 이 시절에 상실을, 죽음을, 패배를, 상처를 여미고 여미며 한 걸음 더 내디디라고 한다. 우리는 어제로 돌아갈 수 없다. 치유 불가능한 상실을 앓고 있는 사람들에게 붙어지지 않는 것들을 억지로 붙이려 말고 바로 그 산산조각으로 살라는 말이 잔인하게 들리지만 그 말이 숨을 쉬게 한다. 붙일 수 있다는 희망조차 버리라는 그 결단이 우리에게 아주 작은 자유를 준다. 그래서 나는, 시를 읽다 말고 그만 울고 말았다.

어릴 때는 바라면 바라는 대로 기도하면 기도하는 대로 다 이루어지는 줄 알았다. 어느덧 아무리 간절히 소원해도 바라는 바대로 이루어지지 않는 곳이 이 세상임을 알게 되었다. 그런 세상을 두려움 없이 건너는 법은 온전함과 완전함을 목표로 사는 게 아니라 불완전함, 온전치 않음, 산산조각을 어떻게든 안고 그 부서진 힘으로 사는 것이다. 바라는 것들과 완벽함의 지향을 버리고, 나를 위해 세상이 돌아가리라는 희망을 버릴 때, 우리 가엾고 힘없는 인간은 비로소 조금 더 자유로워진다. 그 작은 자유야말로 어느 누가 대신 나누어 줄 수 없는 존재의 가장 강력한 힘이 아닐까 싶다. 그래, 산산조각이 나더라도 그걸로 살면 되니, 그럭저럭, 괜찮아. 괜찮고말고.

부서지지 않기 위해 안간힘을 쓰던 어느 날, 부서진들 어떠랴, 부서지면 그 산산조각의 힘으로 살면 되지 싶은 묵묵한 깨달음에 이르게 되었다. 온전한 내 것은 실상 아무 것도 없다는 깨달음 속에 자유로워지고 가벼워지길, 그 가벼움으로 다음 단계의 도약을 준

비할 수 있기를 바래본다. 그것이 바로 다른 세상에 이르는 길. 침묵과 가난을 통해 '다른 세상의 달' 12월을 준비하다보면 새로운 날을 새 기쁨으로 만날 수 있지 않을까. 부서지고 깨진 우리 각자의 상처를 응시하여 그 산산조각의 힘으로 이 궁핍한 시절을 잘 지나길 간구하는 밤, 차가운 바람 분다. 시원한다. (2014.12)

3부

묻다 희망하다

새 출발을 위한 '고별사'

난 알아요, 알고 있어요, 알고말고요, 당연히 알죠, 알고 있어요.
당신에게 이 점을 설득시킬 수 없었다는 걸 말이죠.

하지만 지금의 어두운 시절은 지난 번 어두운 시절과 꼭 같아요.
그래요, 슬픈 나의 지인이여, 각각의 어두운 시절은

또 다른 어두운 시절과 구별할 수 없죠.
어제는 내일과 같이 가혹해요.

이 점에 대해선 어떠한 위안도 찾을 수 없죠.
하지만, 제발, "당신의 슬픔은 최악의 슬픔은 아닙니다."

체호프는 그렇게 썼죠. 위안을 주려고 그랬겠지요.
그리고 나 또한 위안을 주고 싶어요, 하지만 왜

당신은 우리를 믿어야만 하죠? 당신은 우리를 믿지 않았어요.
당신은 자살했어요, 왜냐하면 당신의 마지막 어둠의 시절이

가장 힘들었기에, 아무래도, 어두웠던 많은 시절 가운데.
나의 어떠한 시들도 당신의 목숨을 구할 순 없었어요.

당신은 낯선 이였던 거예요. 당신은 어두웠고 짧았죠.
그리고 나는 당신 슬픔의 크기에 숙연해집니다.

「고별사」 셔먼 알렉시

셔먼 알렉시(Sherman Alexie, 1966-)의 시를 읽는 겨울이 유난히 춥다. 아메리카 인디언 시인 알렉시는 인디언이면서 고유한 부족말을 배우지 못하고 인디언 동화정책의 일환으로 영어를 배워야 했던 시인이다. 억지로 떠밀리듯 영어를 배웠지만 그 덕에 그의 영시가 널리 알려져 《뉴요커지》에서 선정한 '21세기 유망작가 20인'에 뽑히는 등 최근까지 왕성한 작품 활동을 하고 있는 시인이다.

미국 역사에서 인디언은 슬픈 이름이다. 미 대륙의 원주민, 원래 주인이었던 인디언들은 신대륙을 개척한 이들에 떠밀리고 떠밀려, 땅을 잃고, 자기 종족을 잃고, 언어도 잃었다. 간신히 살아남은 인디언들도 전통적인 문화와 명맥을 유지하지 못하고 있다. 그런 상황에서 알렉시의 존재는 특별하다. 인디언 언어가 아닌 백인의 언어인 영어를 배울 수밖에 없었기에 자기 종족의 언어를 상실한 슬픈 운명을 역으로 돌려서 영어로 글을 씀으로써 더 많은 사람들에

게, 더 깊이 파고들 수 있었기 때문이다. 미국 역사에서 인디언은 백인들에 의해 일방적인 관점으로 재현되어 시대에 뒤떨어진 바보 같은 이들, 알콜 중독자 등 고정관념으로 고착되었다. 알렉시는 삶에 밀착된 시를 통해, 자기 종족이 처해 있는 역사와 현실을 정확하게 직시하고 그 위에서 다른 이들과 공감할 수 있는 적극적인 터를 시를 통해 닦아 나가고 있다.

앞의 시는 세상을 등진 친구에게 고하는 작별인사다. 첫 줄에서부터 시인은 "안다"라는 말을 다섯 번 반복합니다. "난 알아요, 알고 있어요, 알고말고요, 당연히 알죠, 알고 있어요. 당신에게 이 점을 설득시킬 수 없었다는 걸 말이죠." 이쯤 되면 과연 무엇을 설득하려고 했을까 궁금해진다. 아마도 세상을 등진 친구는 사는 게 너무 힘겨워 세상을 등지는 선택을 했을 것이고 시의 화자는 지금도 어제와 같이 힘든 시절이니 어쨌든 참고 견디는 게 낫다는 말을 하려 했을 것이다.

"난 알아요"를 다섯 번 반복하는 것은 그만큼 의미를 강화하는 방식이지만, 실상은 아무 것도 알지 못한다는 아픈 고백이기도 하다. 첫 줄에서 "안다"를 반복하면서 던지는 메시지가 워낙 강하여 독자들은 얼떨떨한 느낌을 갖기도 한다. 시인은 그 반복을 통해 친구의 불행 앞에서 사실상 아무 것도 할 수 없었던 무력한 자신을 안타깝게 돌아본다.

안다는 것은 무엇일까? 시에서 "안다"라는 말 외에도 "어두운 시절"이 여섯 번 반복된다. 또 마지막으로 죽은 친구를 떠올리며 "당신은 어두웠고"란 말을 할 때 "어두운"(dark)이란 단어가 한 번 더 반복된다. "어제는 내일과 같이 가혹하다"라는 말은 시 전반에 드리운

이 어두움을 배가시키고 있다. 전반적으로 너무나 절망적인 시.

그런데 이상하게도 그 반복 속에서 미묘한 효과가 발생한다. 절망의 반복을 통해 어떤 위안도 찾을 수 없는 현실을 직시하게 만드는 효과라고 할까. 소설가 체홉의 말을 빌어 "당신 슬픔이 최악의 슬픔이 아니라"고 말하며 누군가를 위로할 때, 절망에 빠진 이는 이 말에 위로받고 현실을 이겨나갈 기운을 얻을 수 있을까?

안타깝게도 시 속의 그는 위로를 받지 못한 듯하다. 마지막 어둠의 시절을 끝내 이겨내지 못하고 죽음으로 건너갔기 때문이다. 힘겨운 현실을 이겨내지 못하고 세상과 작별을 고하는 가여운 결단을 하는 많은 이들이 공통적으로 직면했을 상황, 그 마지막 어둠, 가장 어두웠던 어둠을 이기지 못한다. 그래서 어둡고도 짧은 생을 살다간 친구에 대해 시인은 "당신은 낯선 이"였다고 말한다.

마지막 고백은 실상 자기 자신, 친구와의 관계, 그리고 이 세상에 관한 가장 통렬한 반성이다. 시의 첫 부분에 "나는 알아요"라는 말을 다섯 번이나 반복하면서 결국 친구의 절망에 대해서 어떤 것도 할 수 없었음을 자인하는 것도 결국 친구 앞에서 "낯선 이"로 설 수밖에 없었던 자신의 무지와 무관심에 대한 뼈아픈 자각이 아닐까.

떠난 이의 낯섦을 자각하는 일. 내가 당신의 절망에 대해 잘 알지 못했음을 아프게 고백하는 일. 내 말과 글, 내 시의 무용(無用)함을 자각하는 일. 그것은 큰 용기를 필요로 하는 일이다. 내게는 너무 낯설었던 타인. 이 아픈 자각이 떠나간 자의 절망을 내 것으로 끌어당긴다. 그래서 시의 말미에 "당신 슬픔의 크기에 숙연해진다"는 고백이 가능하고 또 그 고백이 헛되게 들리지 않고 실감나는 진정성을 얻는다.

새로운 길을 찾아나서는 일은 현실의 어둠을 부정하는 것으로 가능하지 않다. 현실의 어둠을 정확하게 직시하고 타인의 고통의 깊이를 그대로 가늠하고 나서야 가능하다. 그런데 어떤 면에서는 타인의 고통을, 그 깊이를 잘 안다고 말하는 것보다는 알지 못함을 정직하게 고백하는 일이 우선이다. 내 공감의 한계를 아는 바로 그 지점에서 공감으로 나아가는 첫 걸음이 시작된다. 알지 못한다는 점을 자각해야만 타인의 고통을 들여다보는 내 시선이 조금이라도 더 낮아질 것이니까. 그 낮아진 시선으로 절망에 빠진 타인과 눈높이를 맞추어 마주 볼 수 있을 테니까 말이다.

괜찮다, 괜찮다, 괜찮다. 내일도 어제처럼 쉽지는 않겠지만 그래도 우리는 함께 걷는다. 내가 너의 어둠 곁에 함께 서 있겠다. 네 아픔을 다 알지는 못하겠지만 그래도 말이다. 그러니 가장 깊은 어둠의 우물에서 제발 좀 걸어 나오렴. 그게 힘들면 내가 키를 낮추어 네 곁에 있을게. 이런 말들이 지금 이 세상에서 가장 무거운 짐을 지고 언제라도 무너질 듯 아슬아슬한 이의 슬픔의 크기를 조금이라도 줄일 수 있지 않을까.

그 점에서 '고별사'를 읊는 시간은 함께 나누고 함께 걷는 새로운 출발을 약속하는 시간이다. 떠난 이 뒤에도 남은 이들이 있다. 어떻게든 그 남은 이들을 보듬어야 한다. 우리 사는 일이 어제와 같이 가혹한 시간을 다시 또 견뎌야 하는 일이겠지만, 그 견딤을 조금이라도 수월하게 해주는 것은 바로 함께 걷는 길에서 나누어갖는 이야기다.

'해가 눈을 녹일 힘조차도 없는 달'(엘곤퀸족) 1월의 짧은 추위가 어떤 이에게는 평생 지나야 하는 이 세계의 가혹한 터로 느껴지기도 할 것이다. 알렉시의 시를 통해 우리는 다시 확인한다. 이 어두운 폐허의 세계를 살아가는 일은 우리가 안다고 생각하는 사람이든 모른다고 생각하는 낯선 사람이든 그 곁에 낮게 눈을 맞추며 안부를 묻고 서로를 끌어당기는 용기를 필요로 함을. 안 그래도 1월은 '서로서로 인사하는 달'(아베나키족)이고, '마음 깊은 곳에 머무는 달'(아리카라족)이다. 낯선 이여, 저 어두운 눈길 끝, 불빛에 가닿을 때까지 함께 걸어요. (2015.1)

성에꽃, 유리창에 그리는 얼굴

새벽 시내버스는
차창에 웬 찬란한 치장을 하고 달린다
엄동 혹한일수록
선연히 피는 성에꽃
어제 이 버스를 탔던
처녀 총각 아이 어른
미용사 외판원 파출부 실업자의
입김과 숨결이
간밤에 은밀히 만나 피워낸
번뜩이는 기막힌 아름다움
나는 무슨 전람회에 온 듯
자리를 옮겨다니며 보고
다시 꽃이파리 하나, 섬세하고도
차가운 아름다움에 취한다

어느 누구의 막막한 한숨이던가
어떤 더운 가슴이 토해낸 정열의 숨결이던가
일없이 정성스레 입김으로 손가락으로
성에꽃 한 잎 지우고
이마를 대고 본다
덜컹거리는 창에 어리는 푸석한 얼굴
오랫동안 함께 길을 걸었으나
지금은 면회마저 금지된 친구여

「성에꽃」 최두석

‘성에꽃’이라, 유리창에 핀 성에꽃을 알지 못하는 젊은 세대도 많을 것이다. 몹시 추운 날 아침이면 밤새 바깥의 찬 공기와 안쪽의 따뜻한 공기를 견딘 유리에 자잘하게 새겨지는 얼음꽃이 핀다. 바로 성에꽃이다. 정교하게 아로새겨지는 예쁜 무늬는 대개 새벽 지나 아침이 와 햇살 속에 호호 입김을 불어 넣으면 서서히 사라진다. 요즘은 성에꽃 보기도 쉽잖아졌다. 난방에 최적인 두꺼운 이중창에는 성에꽃이 피지 않는다. 덜커덕 덜커덕, 겨울 칼바람이 가난한 동네의 좁은 골목을 수시로 휘저을 때, 그 어느 처마 낮은 집의 얇은 유리창에 성에꽃이 핀다. 이른 겨울 새벽, 첫 버스를 타면 창문에 얇게 핀 성에꽃을 볼 수 있다.

그러고 보니 나도 성에꽃을 본 지 꽤 오래된 것 같다. 성에꽃을 실컷 보던 시절이 어린 시절 말고 또 있긴 하다. 고단하던 박사과정 시절, 내가 공부하던 미국 북동부 작은 시골 동네는 폭설로 유명한 곳이었다. 눈이 얼마나 많이 내리는지, 보름이 넘게 눈만 내린 적도 있고, 4월에 함박눈이 내리기도 한다. 눈 치우는 기술이 미국에서 가장 발달된 도시라 해도 과언이 아니다. 두어 달 전에도 엄청난 폭설이 내려서 눈이 녹을 때쯤 도시에 홍수주의보가 발령될 뻔 했다는 이야기를 들었다. 겨울 아침에 학교에 가려고 나서면, 집 뒷마당에 세워놓은 낡은 차에 성에꽃이 피어 있었다. 밤새 혹한을 온 몸으로 견딘 차창에 얇게 핀 그 꽃을 제대로 감상할 시간도 없이 삽으로 조심조심 긁어내고 차에 시동을 켜는 일이 겨울날 반복되는 아침 행사였다. 1초가 바쁜 때였지만 가끔은 성에꽃 자잘한 무늬를 들여다보며 멀리 있는 가족들 생각을 한다. 그 땐 그 시간이 길고 고되다 느꼈는데 지금은 그 어설픈 삽질도, 차창의 자잘한 성에꽃도, 거친 삽질에 흠집이 나던 낡은 차도, 입김 날리던 겨울 아침도 그립기만 하다.

이 시는 1990년에 발표된 시다. 내 기억의 시간으로 그리 멀지 않은 듯싶지만 먼 과거가 되었다. 변화 없는 시절은 없지만 1990년대는 크나큰 변화의 시기였다. 1980년대의 엄혹한 시절을 지나 1990년대에 우리가 느꼈던 변화의 바람을 기억한다. 함께 걷는 길에 대한 믿음이 남아 있던 시절이었다. 권력과 금력에 머리 조아리고 무릎 꿇는 이들이 많아지고 공동보다는 개인이, 가치보다는 돈이, 지위가 누군가의 무릎을 꿇게 하는 시절로 접어들며 세상은 빠르게 변했다. 거짓을 진실로 만들고 사실을 지우라고 명령하는 야만의 세월을 믿기지 않은 듯 살면서 이 땅에 피어나는 성에꽃과 성에꽃을 녹이는 이들을 생각한다.

시를 다시 읽어보니 흐른 세월만큼이나 시에 사용된 몇몇 단어는 시절의 변화가 느껴진다. 성에꽃도 좀 낯선 이름이고 미장원은 요즘 거의 쓰지 않는 말. 머리를 만지는 이도 헤어디자이너라고 하지 미용사라고 하지 않는다. 파출부도 도우미라는 말로 바뀌었다. 온라인 판매가 대중화된 이즈음, 집집마다 열린 대문을 열고 "미싱 있습니까?" "이 화장품 어때요?"라며 들어서던 외판원도 지금은 거의 사라진 직업이 되었다.

시절이 바뀌어 말 또한 변하지만 그래도 변하지 않는 것이 있다. 여전한 사람들의 여전한 삶이다. 그때나 지금이나 하루하루의 삶은 여전히 고되고, 겨울 첫 아침 채 온기 채워지지 않은 차가운 버스를 오르는 사람들의 발걸음은 여전히 숙연하다. 혹한일수록 선연하게 피는 성에꽃, 그 성에꽃을 처음 보고 느끼는 이들은 새벽 첫 아침에 길 떠나는 사람들이다. 겨울 새벽 첫 차를 타고 일터로 나가는 이들의 잰 발걸음이 버스 첫 차를 오르면, 호호 겨울 차창에 입김을 불어보겠지. 그이들의 따뜻한 입김에서 성에꽃은 잠시나마 아름다운 꽃이 된다. 입김에 녹아 사라지는 성에꽃, 그 입김 속에서 누군가는 그리운 이름을 써보기도 하고, 동그란 얼굴에, 눈과 코, 고운 입술을 그려 넣는 재미 또한 여전할 것이다.

그 정성어린 그리움과 염원을 시인은 "막막한 한숨"이며 "정열의 숨결"이라고 표현한다. 입김에, 겨울 햇살에 사르르 녹아 사라지는 성에꽃은 그만큼 찰나의 만남이다. 그래서 시인은 "기막힌 아름다움"이라고 했나 보다. 덜컹거리는 버스에 몸을 싣고 구석자리에 앉아 창을 바라보면 거기 성에꽃이 피어 있고 그 성에꽃을 입김으로 녹이며 창을 마주하면 거기 푸석한 얼굴이 있다. 초라하기 그지없는 자신의 얼굴이다. 이른 아침 집을 나와 어디론가 일하러 가는 피로에 젊은 얼굴에 겹쳐 떠오르는 또 다른 얼굴이 있다. 한 시절 어깨 나란히 같이 걸었으나 지금은 갇힌 몸이 되어버린 친구다. 면회마저 금지된 친구는 아마도 민주화 운동을 함께 하다 잡혀간 친구가 아닐까 싶다.

시를 읽다보니 20세기 말 1990년과 21세기도 한참 지난 지금 시절 세월의 간극이 더욱 크게 느껴진다. 지치고 초췌한 자신의 얼굴에 고스란히 겹쳐 떠올린 친구는 지금 어디에서 무얼 하고 있을까? 푸석한 얼굴에 주름까지 늘었겠지. 두 사람이 함께 누린 젊음의 날들과 호기롭게 걸었던 그 길은 어떤 모습일까? 미처 다 이루지 못한 미완성의 길. 길은 길로 이어지고, 그 길을 걷고 있는 또 다른 사람들, 또 다른 푸석한 얼굴, 주름, 그 주름이 낳고 길러낸 아이들, 또 다른 사람들이 다시 아침 첫 버스에 올라 성에꽃을 보고 입김으로 꽃을 피우고 지우며 다른 이름, 다른 얼굴을 그릴 것이다.

시는 이렇듯 시간의 긴 결을 거슬러 여러 인연이 함께 만들어 온 두꺼운 충적층을 생각하게 한다. 첫 새벽에 나선 길 위에서 찰나의 만남이 만든 아름다움. 안의 온기와 바깥의 한기가 만들어낸 무늬. 자연이, 시간이, 노동하는 인간이 만든 겨울 아침의 성에꽃은 그러므로 고된 하루하루를 뚜벅뚜벅 걷는 우리네 발걸음이요, 푸석하지만 아름답게 빛나는 우리 각자의 얼굴이다. 성에꽃 피어난 시간, 그 하루의 시작에서 누군가의 얼굴과 이름을 떠올릴 수 있다면 그때나 지금이나 당신은 그래도 외롭지 않다.

예나 지금이나 새벽 버스의 바깥은 막막한 어둠. 버스 차창에 저마다 다른 모양으로 피워낸 성에꽃들, 거기 어린 얼굴과 이름들이 오늘 새벽 우리의 첫 발걸음을 이끈다. 변한 것 같지만 변하지 않은 세상 '가득한 눈의 달' 2월에 성에꽃 핀다. 성에꽃과의 그 우연한 마주침이, 정성어린 입김이, 푸석한 얼굴에 생기 돋우며 내일을 만든다. 고단한 길 위에서 한숨도 쉬어보지만 홀로라도 그렇게 가는 것이다. 추위를 녹이며 성에꽃에 어린 얼굴을 지우며. (2015.2)

나는 못된 도둑, 마음이 굽는 일용할 양식

아침은 마시는 것. 묘지의
젖은 흙은 사랑하는 이의 피 냄새.
겨울도시.... 마차는 날카롭게 길을
건넌다. 계속된 굶주림을
겪은 마음이 끌고 가듯.

문이란 문 모두 두드려,
모르는 사람일지라도 안부를 묻고 싶다. 그리고
소리없이 울고 있는 가난한 이들을 돌아보고
모두에게 갓 구운 빵조각을 주고 싶다.
한 줄기 강렬한 빛이
십자가에 박힌 못을 빼내어
거룩한 두 손이
부자들의 포도밭에서 먹을 것을 꺼내오면 좋으련만.

아침에는 제발 눈이 떠지지 말기를!
주님!
우리에게 일용할 양식을 주옵소서!

내 몸의 뼈 주인은 내가 아니다.
어쩌면, 훔친 것인지도 모른다.
아니면 다른 이에게 할당된 것을
빼앗은 것인지도 모른다.
내가 태어나지 않았더라면,
나대신 다른 가난한 이가 이 커피를 마시련만.
나는 못된 도둑.... 어디로 가야 한단 말인가.

이 차가운 시간, 땅이
인간의 먼지로 변하는 서글픈 시간,
문이란 문은 모두 두드려,
누구에게든 용서를 빌고 싶다.
그리고 여기 내 마음의 오븐에서 구워낸
신선한 빵조각을 건네주고 싶다.

「일용할 양식 -알레한드로 감보아에게 바침」 세사르 바예호

한국 독자들에게는 그다지 알려져 있지 않은 스페인 시인 세사르 바예호(César Vallejo, 1892-1938)의 시집 『희망에 대해 말씀드리지요』를 읽고 있다. 19세기 말 페루의 산골마을에서 11남매의 막내로 태어난 바예호는 인디오피가 흐르는 메스티조(유럽인과 아메리카 원주민의 혼혈인)로 평생을 지독한 가난에 시달렸다. 불행했던 삶, 죽음을 많이 묵상한 시인은 언젠가 파리에서 죽어가는 자신을 상상하는 시를 쓰기도 했는데 예언대로 46세에 파리에서 쓸쓸한 생을 마쳤다.

가난과 병으로 고통 받으며 이런저런 직업을 전전한 시인은 광산회사와 대농장에서 일하기도 하고 교사도 했다. 광산촌을 전전하며 만난 수많은 광부들과 산촌 마을의 아름다운 소녀를 시에 그리며 시인은 자기 땅에서조차도 주인이 되지 못하는 이들의 고통을 품어낸다. 단 3권의 시집을 내고 요절한 시인, 고향을 떠나 먼 이역을 전전하며 쓰라린 고통을 감내해야 했지만 인간에 대한 믿음과 희망만은 끝내 버릴 수 없었으니, 지독한 염세주의가 드리운 시에서도 연대에 대한 꿈과 인간에 대한 신뢰를 잃지 않았다.

바예호는 어떤 시에서 "신이 아픈 날" 자기가 태어났다고 읊은 적이 있다. 자신의 탄생을 신의 축복이나 기쁨과 연결하지 못하고 신의 아픔과 연결하는 그 상상은 생에 드리운 근원적인 불안과 아픔을 시인이 집요하게 응시했음을 보여준다. 가진 것보다는 없는 게 많은 사람들을 동류의식으로 품어 안은 시를 읽고 있노라면, 처음에는 잘 와 닿지 않은 구절들이 어느새 리듬이 되어 노래처럼 울린다. 마침내 시를 다 읽고 나면 가슴 한 구석이 뻐근하고 먹먹해진다.

앞의 시도 딱 그랬다. 별 생각 없이 읽다가, "내 몸의 뼈 주인은 내가 아니다. / 어쩌면 훔친 것인지도 모른다."란 말에 이르렀을 때 나는 그만 가슴이 서늘해졌다. 이 시는 나의 굶주림이라는 비참에서 시작하지만 나와 타인의 관계에 대한 새로운 자각으로 독자를 이끈다. 마침 아메리카 인디언들에게는 2월이 '가장 큰 굶주림의 달' 이고 3월은 '연못에 물이 고이는 달'인데 3월에 읽는 이 시는 내 굶주림을 지나 마침내 우리가 함께 일용할 양식을 만드는 신비로운 체험에 독자를 동승시킨다.

서구 역사는 기본적으로 '나'라는 개인 주체가 확장된 역사다. 영어로 대문자 'I' 가끔 소문자로 표현하고 싶어도 자동으로 대문자로 바뀌는 그 단단한 개인 주체. 몸에 대한 고민 또한 마찬가지. 몸은 다른 이와 가장 확연히 분리되는 나만의 영역이라 철저히 개인적인 영역으로 간주된다. 그러한 사유 틀에서 내 몸의 주인은 당연히 나다. 내 몸은 나의 것, 내 인생도 나의 것, 경계가 지나쳐 이기적인 자기애는 이기적인 가족 사랑으로 확장되고 그런 사회에서 정작 '나'로서만 서 있는 우리 각자는 모두 불안하고 고독하다. 경계 지워진 나 혹은 가족의 배타적인 생존을 위해 힘쓰는 나머지 각자 외롭고 결과적으로는 가난해졌다.

내 굶주림에서 나눔으로 이어지는 시의 사유가 돋보이는 지점은 바로 나만의 것인 '나의 몸'이 남의 몸이었을지도 모른다는, 혹은 누군가에게서 훔친 것인지도 모른다는 자각에 이르러서다. 이 시는 사실 첫 연부터 참 아픈 시다. 영어 'breakfast'에 해당되는 단어인 스페인어 'desayuno'(아침 식사)가 부정을 뜻하는 'des'와 금식을 뜻하는 'ayuno'의 합성어임을 이용하여 시인은 일상에서 다반

사로 겪는 굶주림이라는 고통을 들려준다. 4행에서 "계속된 굶주림을 겪은 마음이 끌고 가듯이"라는 표현이 바로 그것이다.

아침이 왔으나 아침식사를 하지 못하는 이들. 굶주림이 어떤 것인지 잘 알기에 시인은 가난한 이들을 초대하여 일용할 양식을 상상에서나마 만들어 낸다. 그러므로 "문이란 문을 모두 두드려 모르는 사람일지라도 안부를 묻고 싶다"는 마음이나, 소리 없이 울고 있는 가난한 이들에게 "갓 구운 빵 조각"을 주고 싶다는 마음은, 자기 몫의 빵이 넘치고 남아서 주고 싶다는 값싼 온정이 아니라, 몸소 겪은 굶주림의 고통을 너무 잘 알아서 자발적으로 싹트는 상상이다. 굶주림은 때로 부자들의 포도밭에서 먹을 것을 훔치는 것도 좋으리란 상상으로 이어지다가(그러면 당연, 잡혀가겠지!) "아침에는 제발 눈이 떠지지 말기를"이라는 자못 극단적인 죽음의 소망으로까지 이어진다.

그처럼 기이하고 도발적인 소망은 일용할 양식을 구하지 못하고 꺼진 배를 움켜쥔 자신과 이웃들의 현실에 대한 참으로 뼈아픈 외침이고 고발이다. 이 시는 하지만 아픈 현실에 대한 고발에 그치지 않는다. 잘못을 만들어낸 것이 인간이라면 우리 인간은 거기에서 빠져나가는 것도 가능할 텐데, 무엇을 통해 어떻게 가능할까? 내 몸의 뼈 주인이 내가 아니라 내가 훔친 것일지도 모른다는 자각, 내가 마시는 커피가 다른 이의 한 모금을 빼앗은 것일지도 모른다는 자각, 자신의 몸을 남의 것으로 확대하는 상상을 통해 시인은 내가 겪는 고통이 단순히 바예호라는 한 개인으로 겪는 것이 아니라는 공감의 확장에 도달한다.

시인은 「희망에 대해 말씀드리지요」라는 산문시에서 이렇게 고백한 바 있다. "지금 나는 이유 없이 아픕니다. 나의 아픔은 너무나 깊은 것이어서 원인도 없지만 그렇다고 완전히 원인이 없는 것도 아닙니다. 그 원인이 무엇일까요? 그 원인이 되다 그만둔 그 중요한 것은 어디로 가버렸을까요? 아무것도 그 원인이 아닙니다만 어느 것도 원인이 아닌 것 또한 없습니다. 내 아픔은 북녘바람의 것이며 동시에 남녘바람의 것이기도" 하다고.

이 시의 말미에서 얻어지는 "일용할 양식"은 그러므로 공감의 확장을 통해 구워내는 따끈따끈한 빵조각이다. 그걸 가능하게 하는 첫 걸음은 바로 "나는 못된 도둑, 어디로 가야 할까요?"라는 고백이자 질문이다. 당연히 여겨지는 "내 것"에 애당초 개입되는 약탈과 경계와 폭력성을 자각하고 용서를 구하는 일이다. 이토록 차갑고 서글픈 시간을 녹이는 것은, 빵을 구워 일용할 양식으로 나누어 먹는 기적과 희망은, 바로 여기서 온다.

햇살이 어느새 겨울 칼바람을 녹이는 2월 오후. 금방 봄이 올 것 같지만, 마음만큼 쉽게 봄이 오지는 않을 것이다. 부활절을 준비하며 사순시기를 보내려면 겨우내 얼음이 녹아 질척한 산책길에서 신발 밑창에 진흙이 달라붙는 것과 같은 혼란을 통과해야 한다. 남에게서 훔쳐왔을지도 모르는 나의 것들을 생각하며 문이란 문은 모두 두드려 용서를 구하는 일. 그 겸허한 용기를 통과하여 마침내 굶주림이 축복이 되는 시간이 올 것이다. 나는, 우리는, 못된 도둑, 어디로 가고 있는지? 우리, 어디로 가야 하는지? (2015.3)

당신은 몇 점

삶의 마지막 순간이 오면
우리가 얼마나 많은 학위를 받았는지,
우리가 얼마나 많은 돈을 벌었는지,
우리가 얼마나 거창한 일을 이루었는지에 의해
우리는 판단되지 않습니다.

그보다는 오히려
내가 배고플 때 당신이 내게 먹을 것을 베풀었는지
내가 헐벗었을 때 당신이 내게 옷을 입혀 주었는지
내가 거리에서 헤맬 때 당신이 나를 안으로 들였는지에 따라
우리는 판단될 것입니다.

배고픔이란 꼭 빵이 없다는 것이 아니라
사랑에 굶주려 있다는 것

헐벗었다는 것은 꼭 옷이 없다는 것이 아니라
인간으로서의 존엄과 배려를 받지 못해 헐벗었다는 것
집이 없는 것은 꼭 벽돌로 지은 방이 없다는 것이 아니라
거절당하여 갈 곳이 없다는 것이랍니다.

\- 마더 데레사

다시 또 4월이다. 사순시기를 보내고 부활절을 맞이하는 4월. '만물이 생명을 얻는 달' 4월. '강한 달' '큰 봄의 달' 4월은 기쁨으로 가득차야 하겠지만, 어김없이 우리에게 4월은 여전히 아픈 상처, 풀리지 않는 숙제다. 4월 16일을 기억에서 지울 수 없다. 기억에서 지우는 것은 아이들을 지우는 것. 우리는 어떻게든 그 날의 진실에 한 발자국 더 다가가고, 그리하여 그 아이들의 죽음이 헛되지 않도록 해야 한다. 가야 할 길 여전히 멀고 멀다. 꽃같이 곱고 예쁘고 환한 나이에 어떤 문학 작품이나 영화도 상상하지 못했던 방식으로 당한 떼죽음은 너무 고통스럽고 기막히다. 그래서 어떤 이들은 죽음을 애써 잊고 죽음에 대해 생각하지 않으려고도 한다. 어떤 이들은 떠난 이는 그냥 사라진 것이 아니고 살아있는 이의 기억과 살아남은 이들이 헤쳐 나가는 앞날의 길목 굽이굽이에 함께 있다고 위로한다. 이래도 저래도 삶이 곧 죽음과도 같은 유가족들의 척박한 현실은 바뀌지 않는다. 마음 갈피가 자주 어수선해진다.

1년이 지나고 돌아보니 다시 또 새롭게 보이는 것들도 있다. 아직도 제대로 애도되지 못한 일이기에 그 날의 무수한 죽음들을 삶의 문제와 연결하는 것이 쉽지는 않지만, 마더 데레사(Mother Teresa,

1910-1997)의 글은 삶과 죽음의 문제를 다시 보게 한다. 가난한 나라 인도에서 평생 고아들을 위해 헌신한 데레사 수녀는 이 글에서 삶의 마지막 순간에 대해 이야기한다. 삶의 마지막이라. 상상의 나래를 아무리 펼친다 한들, 실제 마주하기 전에는 감히 어떤 상상도 어떤 간접 경험도 대체할 수 없는, 오롯이 홀로 감당해야 할 절체절명의 고독한 순간. 우리의 아이들이 마주했을 무서운 순간.

그 때 우리는 무엇에 의해서 판단되고 가늠될까. 수녀님은 말한다. 삶의 마지막 순간에 우리는 학위나, 돈, 혹은 거창한 일로 성과를 인정받는 게 아니라 다른 걸로 그 삶의 무게가 재어진다고. 영어로 'judge'는 조심스럽게 올바름을 가늠하여 의견을 내고 판단하는 일을 말한다. 그래서 판단하고 심판하는 심판관은 섣부르게 단정하거나 부풀리는 눈이 아니라 세심하게 살펴보는 눈을 가져야 할 것이다. 사람은 이름을 남긴다고 많이 이야기하지만, 데레사 수녀는 이름을 세상이 인정하는 학위, 돈과 같은 거창한 업적과 연결하지 않는다.

수녀님이 가장 중요하게 생각하는 삶의 가치는 바로 베풂이다. 배고픈 이에게 먹을 것을 주었는지, 춥고 헐벗은 이에게 입을 것을 주었는지, 방황하는 이에게 문을 열어 주었는지를 묻는다. 이 모든 베풂은 나의 것, 나의 몫을 떼어주는 일. 내가 먹어야 할 것을 나누어 먹이는 것이고, 내 입을 것을 내어주는 일이다. 내가 몸담고 있는 거처의 문을 활짝 열어 누군가를 받아들여 내 자리를 내어주는 일이다.

음식과 옷, 자리. 이는 단지 물질적인 베풂의 의미에 국한되지 않는다. 음식을 나누는 일은 사랑에 굶주린 이를 살피는 일이요, 입을 것을 주는 일은 인간으로서의 존엄과 배려를 받지 못해 헐벗은 자를 덮어주는 일이다. 헤매는 자를 거두는 일은 거절당하여 갈 곳 없는 이에게 손을 내미는 일이다. 이 모든 나눔과 살핌이 결국 내 삶의 끝자리에서 저울질하게 될 가치, 마지막 성적표를 채우는 가치다.

이 성적표는 마지막 한 순간의 실천으로 채워지는 일이 아니다. 평소에 얼마나 나를 내어주고 있는지 물어야 할 일이다. 아들딸, 자손, 내 품의 가족이나 내 이권과 관련된 사람이 아니라 나와 상관없는 타인에게 우리는 무엇을 내어주고 있는가. 인간으로서의 가치와 존엄성을 훼손당하며 떠도는 이들을 얼마나 끌어들여 살피고 나누었는가. 돌려받지 못하는 선행을 얼마나 많이 했는가.

이런 질문을 해보면 삶의 마지막 끝자리에서 좋은 성적표를 받게 될 이는 우리가 잘 알지 못하는 사람들일 것 같다. 세상이 우러러보는 출세한 사람들, 권력의 자리에서 떵떵거리는 정치인, 회장님이라고 불리는 기업인들은 아닐 것이다. 진리를 추구한다고 큰소리치는 학자나 교육자들도 옷깃을 여밀 일이다. 삶의 끝자락에서 좋은 성적표를 받게 될 이들은 영광이 드러나지 않는 낮은 자리, 보이지 않는 자리에서 말없이 희생하고 봉사한 이들일 것이다. 폐허와 같은 참담한 세계에 희생으로 빛을 던지며 다른 이들의 손을 잡아 견디게 하는 이들이다.

다시 또 세월호 아이들을 생각한다. 2014년 4월 16일 세월호 참사 이후 '세월'이란 말의 뜻도 바뀌었다. '만물이 생명을 얻는 달' 4월에 가장 푸른 생명의 빛들이 한꺼번에 꺼졌다. 짧은 생을 살다 갔지만 그 아이들이 삶의 끝자리에서 서로를 챙기고 보듬었을 손길을 생각해본다. 그러고 보면 그 아이들이 통과한 삶의 마지막 순간은 그 어떤 말로도 위로가 안 되는 잔혹과 아픔이지만, 하늘의 별이 되어 받았을 아이들의 최종 성적표는 점수가 아주 높았을 것 같다. 팔십 평생을 안간힘으로 이룬 부나 업적, 명예는 감히 명함도 못 내밀 정도로 아이들은 훌륭했다. 끝까지 서로를 걱정하고 챙기다가 함께 떠났다. 마지막까지 구조를 기다리며 절망을 버티어 냈을 몸짓들, 가엾고 장하다.

4월의 뼈아픈 상실 뒤에도 어김없이 그 상실을 딛고 나아갈 엄중한 삶의 몫이 우리에게 주어졌다. 사랑을 나누고 인간의 가치와 존엄을 질문하는 일. 매일을 제대로 살아내지 않으면 살아있는 삶이 곧 죽음이듯, 죽음을 딛고 마지막인 듯 다시 살아야 할 몫이 남아 있다. 마지막을 사는 일은 곧 새로운 결심으로 첫 걸음을 떼는 일이기도 하다. 패배감에 사로잡혀 절망하지 않고 고단하지만 낙담 않고 그 걸음을 이어가는 일. 얼마를 벌고 쌓았는지가 아니라 굶주려 문을 두드리는 낯선 이를 어떻게 품었는지 사랑이라는 절대 가치로 평가되는 성적표. 우리 각자의 오늘 하루는 과연 몇 점일까?

(2015.4)

맥락 없음의 신비

아무 맥락 없다 없는 맥락이 늘 사람을 잇고 사랑을 떨어뜨리고 세월을 줍는다 맥락 없음의 평화와 신비 저녁이라는 모종삽과 어금니에 바친다 찾지 마라 나라는 맥락 끼울 곳 없어 맥락을 잡아야만 살았다 느끼는 사람들아 나는 아무런 일목요연함도 없어 즐겁다는 것 제때 진심이라는 물 먹지 못해 타드는 혀라는 화분

끝내 목요일에 온 전화 따위는 다 헛말이었다

「맥락 없음에 바치다」 부분, 김경미, 『고통을 달래는 순서』 창비(2008)

그 날 내가 받은 것이 장미였던가, 카네이션이었던가. 2005년에 박사학위를 받고 돌아와 강단에서 선생님 소리를 들으며 10년을 가르쳐도 선생이나 스승보다는 학생의 자리에 더 나를 동일시했다. 그건 아마도 나를 가르치신 선생님들께서 든든한 스승으로 버티고 계셔서 가능했던 일이다. 힘든 일 있으면 쪼르륵 달려가 이런 저런 일들을 고해바치면서 지혜를 여쭐 수 있었으니 말이다.

2015년 5월 15일 스승의 날은 학교가 아닌 행정법원에서 맞이했다. 학교와 교과부 소청위 사이의 행정소송 3차 심리가 열린 날이다. 그 바로 전날에 나는 학과장으로 감당해야 했던 어떤 일의 여파로 북부지검에 불려가 종일 대질 조사를 받았다. 여러 해 학과에서 발생한 어떤 일로 학과 구성원들이 입은 내상과 훼절된 명예는 말로 힘들 정도로 컸다. 학생들을 생각하고 보듬으며 학과장으로서 간신히 수습하며 버틴 시간이지만 그동안 내가 교육자/연구자로서, 아니 그냥 보통의 개인, 한 인간으로서 입은 피해와 상처, 충격과 고뇌는 상상 이상이었다. 복잡하게 꼬인 일들이 잘 마무리되던 늦봄 5월에 난데없는 검찰의 소환 통고를 받았다.

무척 놀랐으나 잘못한 일이 없고 부끄럽지 않았기에 크게 걱정은 안 했다. 다만 이 사실을 알게 되면 마음 잃으실 부모님께 며칠 전화를 못 드렸더니, 매일 안부전화를 하는 딸의 침묵이 이상했는지 아버지께서 문자를 보내셨다. 먼저 잘 보내지 않으시는 문자를 보내신 아버지의 속내, 아마 며칠 걱정하시다가 차마 궁금하여 보내셨을 것이다. 오전 조사를 마치고 기진맥진한 상태에서 점심을 먹는 둥 마는 둥하고 다시 조사실로 올라가야 하는 1시에 그 문자가 왔다. "요즘 바쁜가, 그 가운데 보람도 있겠지. 아부지는 딱하게 생각지 않는다." 문자에 이어 아부지는 사진 파일을 하나 보내셨다. 5월 어버이날을 맞아 엄마가 돌아가신 나의 외할머니 즉, 엄마의 엄마께 쓰신 시 편지였다. 거기서 그만 눈물샘이 터져버렸다.

"어떤 맥락에서 그 일이 여기 들어왔는지요?" 검사였는지 수사관이었는지 오후 조사에서 이 질문을 받았다. '맥락(脈絡), 그래 이게 잎맥에도 쓰이고 맥박에도 쓰이는 '맥'이지? 영어로 하면 context지?' 속으로 생각하다가 난데없이 김경미 시인의 시를 떠올렸다. 검찰에서 대질 조사를 받다가 시 구절을 떠올리는 사람. 시는 내게 무엇인가? '맥락은 관계나 연관이니까 법의 기준에선 맥락은 이치나 일의 논리에 있어서 반드시 닿아야만 되는 것. 맥락이 닿아야 설명이 되는데, 그 닿는 선 안에서 큰 숨을 쉴 수 있겠구나. 그런데 이 일은 그런 맥락이 없는데 어떻게 하지? 애당초 나와는 관련 없는 사람들의 일이었는데.'

지친 마음을 추스르며 차분하게 답했다. 왜 교수 개인의 일탈에 다수의 교수들과 학생들이 함께 연루되었는지, 아무 상관없는 내가 왜 그 자리에 불려왔는지, 명예훼손에다 모욕에다 듣도 보도 못하게 얼기설기 맞춘 죄목의 피의자가 되었는지, 막상 학과와 학교의 명예를 크게 훼손한 자가 왜 나를 고발했는지, 조목조목 말했다. 그 당사자가 바로 옆에 있는 상황에서.

생전 처음 피의자가 되어 받은 검찰 조사는 국가 공권력과 법 집행과 수사 방식, 인권 등에 대해 그 전에는 생각도 못해 본 것들을 알게 한 귀한 경험이었다. 이 경험을 성장이라고 해야 할지 배움이라고 해야 할지 아직도 가늠하기 힘들다. 무고죄로 고소하고 싶은 분노 또한 더는 연루되고 싶지 않은 마음으로 억눌러야 했던 시간이다. 대신 법이 작동하는 원리에 대해 냉정하게 생각하게 된 것은 일종의 배움이라면 배움일까, 울 수도 웃을 수도 없는 불쾌나 쾌, 행/불행 어떤 것으로도 설명할 수 없는 피로한 경험, 긴 시간이었다.

초인적으로 버틴 전날의 힘든 여정에 온 몸 뼈마디가 아픈데도 겨우 추스르고 택시를 타고 그 5월 15일 금요일 서초동 행정법원에 갔다. 택시에서 막 내렸더니 바로 앞에 피켓을 든 학생들이 일렬로 서 있다. 우리 학생들이다. 학교에서 해맑은 웃음으로 만나야 할 학생들이 땡볕 내리쬐는 서초동 대로변에 서 있다. 순하고 착한 아이들이 피켓을 들고 전사처럼 결연한 모습으로 나와 눈도 마주치지 않고 그저 정면을 응시하며 서 있다. 예상 못한 광경에 당혹스럽고 맘이 아파 눈물 그렁거리는 내게 학생들이 "선생님 울지 마세요. 꽃 못 달아드려 죄송합니다" 한다. 스승의 날이었다. 학생들이 왜 죄송하다 하는가. 교수들, 어른들이 죄인인데, 동료의 잘못도 선생인 내가 미안해 죽겠는데. 그 날은 피해자 증인 심문이 있었고 오래 전에 겪은 추행을 용기 있게 증언하는 모습을 보며 우리 모두는 눈이 발갛게 되었다.

나는 요즘 국어 공부를 다시 하고 있다. 교수 / 품위 / 윤리 / 교육 / 선생 / 명예 / 모욕 / 사주 / 복수 / 행위 / 주체 / 책임 / 딸 같아서 / 예뻐서 / 인연 / 맥락 등의 낱말들을 처음 배우는 어린 아이처럼 차근차근 곱씹어 생각한다. 어떤 맥락에서 다르게 쓰이는 말의 서로 다른 무게들을 재면서 다시 배우고 있다. 이참에 법 공부도 많이 하게 되었으니 어쩌면 고마운 일이기도 하다.

온 몸이 얻어맞은 듯 아픈 저녁, 돌아오는 길. 나를 가르치고 길러주신 스승님들 얼굴을 떠올린다. 엄마 편지 속의 나의 엄마는 칠십이 넘어 무릎이 아픈 늙은 할머니가 아니었다. 엄마는 엄마의 엄마의 어린 딸이었다. 돌아가 뵐 수 없는 엄마의 따뜻한 품을 찾는 어린 소녀였다. 스승의 날, 나도 선생님이 계신데, 우리 선생님 너무 걱정하실까 싶어 이번 스승의 날에도 지난 스승의 날에도 은사님들을 찾아뵙지 못했다. 애꿎게 검찰 다녀오고 바로 다음날 제자들과 법원에서 조우한 제자에게 뭐라 하실까. 얼마나 기막혀 하실까. '선생님! 꽃 달아드리지 못해 죄송합니다. 그리고 감사합니다. 저도 어느새 선생님으로 불리는 이 어렵고 엄중한 자리에 서 있습니다. 지켜봐주시고 더 가르쳐주세요.'

아픈 몸을 택시에 몸을 싣고 집으로 다시 돌아가는 저녁. 전 날 검찰 수사관 앞에서 문득 떠올린 질문을, 시를 다시 생각한다. 시인은 이치에 닿는 맥락이 아니라 '없는 맥락'을 말한다. "없는 맥락이 사람을 잇고 사랑을 떨어뜨리고 세월을 줍는다." 닿지 않는 선과 우연, 무관, 이유 없음. 그래서 맥락 없어도, 아무런 일목요연함 없어도 사랑과 평화와 신비를 이야기한다. 어쩌면 내가 여러 해 집요하게 시달린 질문, '나는 왜 여기에 아무 맥락도 없이 나와는 아무 상관도 없는 일에 연루되어 이 자리에 앉아 있는가? 이 문제를 어떻게 하면 슬기롭게 풀어서 학교 학생들을 제대로 대할 수 있을까'하는 질문의 대답이 이 시 안에 있는 듯 했다.

그 날 내가 마주했던, 나를 기다렸던 그 학생들의 결연한 표정과 뜬금없이 툭 날아온 아버지의 메시지도 사실 맥락은 없는 것이었다. 증인석에 선, 한 때 학자를 꿈꾸었으나 포기해야 했던 그 학생은 한 아이의 엄마가 되고 나서야, 그리고 '세월호' 아이들의 비극을 보고 나서야, 예전의 일들을 고할 용기가 생겼다고 했다. 지난날 자신이 겪은 추행을 잊지도 못하고 용서도 못하다가 비로소 공적으로 증언할 용기를 낸 아이. 내내 고민이 많았던 그이는 수 년 동안 편히 잠들지 못한 불면의 고통이 그 증언 이후에 조금 가셨다고 했다. 그게 새로운 날을 만들기 위해 자신이 할 수 있는 최선이라는 걸 알았다 했다.

시와 함께 걸어온 나의 편안한 공부길이 교육 현장과 만나면서 생긴 곤란한 일은 나도 모른 채 내 앞에 떨어진 일이었다. 그걸 내 일이 아니라고 회피하지 않고 대면하게 만든 힘은 시가 내게 준 힘일까, 학생들이 준 사랑일까. 비겁한 변명과 정치 싸움으로 몰고 가는 틈에서 원칙 있는 일처리라는 마지노선에서 물러서지 않았던 겁 없는 용기는 어디에서 왔던 것일까. 없는 맥락에서 사람을 잇고 사랑을 떨어뜨리고 세월을 줍는 시의 힘일까.

그러니 제발, 맥락을 묻지 마세요. 맥락이 없이도 발생하는 일, 맥락이 없이도 행동하는 힘이 있답니다. 그 날 나는 검찰에서 이 말이 하고 싶었다. '무언가를 위해서도 아니고, 어떤 목적이 있어서도 아니랍니다. 나와는 아무 상관없는 일을 만나 그 일이 나도 모르게 내 앞의 숙제가 되기도 합니다. 정말이지 우연으로 왔다니까요.' 먼 과거, 무관심 속에서 누구도 풀지 못한 작은 잘못과 먼지가 뭉쳐져서 큰 실타래가 되었고 그 실타래가 무지막지한 돌이 되어 굴러 떨어졌다. 그걸 우연히 내가 받았을 뿐이다. 나를 움직인 것은 사랑 말고 다른 힘은 없다.

그 어려운 매듭을 하나하나 풀어나가면서 내가 목격한 비참과 환멸과 실망과 희망과 빛의 무늬들. 어디서 오는지 모르게 왔던 그 구원의 신비와 그 평화를 어떻게 설명할 수 있을까. 맥락 없음의 절망 후에 오는 맥락 없음의 신비. 반성을 모르는 일들. 당위로 위장되는 추행과 불의와 타협. 문득 바람처럼 다른 데서 오는 구원. 내가 시와 함께 걸으며 시가 내게 준 환대가 바로 그러하다. 돌아오는 길, 창밖 무연히 바라보니, 붉은 신호등이 푸른 신호등으로 바뀌고 있었다.

(2015.5)

너무 늦지 않게

우리 집에 놀러와. 목련 그늘이 좋아.
꽃 지기 전에 놀러 와.
봄날 나지막한 목소리로 전화하던 그에게
나는 끝내 놀러 가지 못했다.

해 저문 겨울날
너무 늦게 그에게 놀러간다.

나 왔어.
문을 열고 들어서면
그는 못 들은 척 나오지 않고
이봐. 어서 나와.
목련이 피려면 아직 멀었잖아.
짐짓 큰소리까지 치면서 문을 두드리면

조등(弔燈) 하나
꽃이 질 듯 꽃이 질 듯
흔들리고, 그 불빛 아래서
너무 늦게 놀러 온 이들끼리 술잔을 기울이겠지.
밤새 목련 지는 소리 듣고 있겠지.

너무 늦게 그에게 놀러 간다.
그가 너무 일찍 피워 올린 목련 그늘 아래로.

「너무 늦게 그에게 놀러간다」 나희덕, 『어두워진다는 것』 창비(2001)

꽃샘추위 막 지나 햇살은 따스하지만 바람은 아직 차가운 봄 산책길에서 꽃망울 막 올라오는 목련나무를 오래 바라본다. 자주 걷는 길에서는 거기 살고 있는 모든 것들, 나무와 골목의 바람과 길고양이, 천천히 산책하시는 등 굽은 할머니나 하굣길에 재잘대는 아이와도 정이 든다. 골목 어디쯤 낡은 이층집 대문 옆에 목련 한 그루가 있고 그 목련이 언제 꽃망울을 틔우는지, 캠퍼스 어느 자리에 개나리가 있고 철쭉이 있는지, 또 야트막한 뒷산 올라가는 주택가 마지막 길에는 흰 목련 대신 자목련나무가 무리지어 있어서 하얀 목련이 질 때쯤 늦은 보랏빛 꽃망울을 틔운다는 것도 잘 안다. 봄이 오는 이맘때, 하루하루가 다르게 바뀌는 풍경에 더 기대를 가지고 골목 나무들을 세심히 살피게 된다.

대학생 때는 복잡한 지하철에서 시달리는 것이 힘들어, 밤늦은 지하철의 술 냄새와 취기어린 다툼이 싫어서, 하루라도 빨리 돈을 벌어 내 차를 갖고 싶었다. 차를 몰고 다닐 수 있게 되면서 몸 부대끼며 부딪치는 어려움은 줄었지만, 내가 몸담고 있는 공간과의 진정한 친밀감은 한층 멀어진다는 것을 알게 되었다. 자신이 살고 있는 공간은 차를 타고 지나기보다 자박자박 걷는 걸음, 세심히 주변을 살피는 눈길 속에서 더 잘 알게 된다. 그 공간을 채우고 있는 사물들, 꽃과 나무와 사람, 심지어 길가에서 뒹구는 돌까지도 정이 드는 까닭이다.

봄이다. '이름없는 달'(주니족) 5월이다. 이름없는 것들이 깨어나는 달이다. 땅에 발 딛고 걷지 않으면 보이지 않는 것들, 알아지지 않는 것들이 참 많음을 실감하는 계절. 서로 곁을 주고 스치며 지나는 접촉 속에서 싹트는 앎, 봄에 움트는 새싹과 꽃망울은 그렇게 '안다는 것,' 관계와 생명의 의미에 대해 겸허하게 돌아보게 한다. 무언가를 알기 위해서는 이름을 불러주는 초대가 필요하다. 한 번이 아니라 여러 번의 초대와 속 깊은 나눔이 필요하다. 앞의 시는 바로 그 '초대'로 시작한다. "우리 집에 놀러와. 목련 그늘이 좋아" 아무렇지 않은 듯 평범한 인사, 하지만 얼마나 다정한 초대인지. 무심과 다정은 그렇게 같은 얼굴을 하고 있다.

이런 인사를 전하는 관계는 아마 무람없이 편한 친구 사이쯤 되지 않을까. 당장에라도 놀러 갈 수 있는. 하지만 바로 그처럼 편하다는 이유로 매일의 바쁜 일상에서 그 말은 흘려듣는 인사가 된다. 마음은 그렇지 않았겠지만 우리는 늘 그러면서 산다. 놀러와, 놀러갈게, 밥 한 번 먹자, 차 한 잔 마시자, 언제 뵈러 갈 테니 건강히 잘 계세요. 다정함이 깃든 초대와 응답은 늘 그렇게 미래형의 결심으로 소비되고 사라진다.

봄에 들은 인사를 해 저문 겨울날에야 실행에 옮기려는 시의 화자. 문을 열고 들어서니 맞이하는 것은 친구도, 목련 그늘도 아니다. 사람은 하늘나라로 떠나고 남은 친구들이 기울이는 술잔만 있다. 술잔 안에 미처 지키지 못한 약속이 목련 그늘처럼 자욱한 그리움으로 찰랑인다. 그렇게 그는 떠나고 너무 늦게 놀러간 남은 이들은 뒤늦게 그 빈자리를 마주한다. 활짝 핀 목련 꽃그늘 아래서 나누었어야 할 이야기들이 흔들리는 밤의 조등(弔燈) 아래 무심히 오간다. 이야기는 남은 이들의 중얼거림일 뿐, 그는 이제 이 세상에 없다.

그러고 보면 우리는 서로에게 늘 한 걸음 늦게 다가가고 한 박자 늦게 깨닫고 알게 되는 철없는 존재인 것 같다. 바쁘다는 이유로 누군가가 내미는 손을 잡지 못하고 누군가가 청하는 초대를 흘려듣는다. "봄날 나지막한 목소리로 전화하던 그"는 이미 남모를 아픔이나 병이 깊어져 있었을지도 모른다. 내게 전해지는 누군가의 나지막한 목소리는 구원을 청하는 소리이기도 하지만 동시에 나를 구원하는 소리이기도 하거늘 우리는 그걸 알아채지 못한다. 돌아서서 조금만 거리를 두고 생각해보면 알 것을, 중요할 것도 없는 일들에 꼼짝없이 매여 정작 소중한 것은 흘려보내고 만다.

몇 해 전 홀로 고향을 지키고 계시던 할머니께서 갑작스럽게 폐암 선고를 받으셨다. 건강하신 분이었기에 도무지 믿기지 않았다. 병원에서 좀 오래 버티실 줄 알았는데 며칠 입원 끝에 그만 하늘나라로 떠나셨다. 그 때 나는 학기말 성적 처리며 기한 넘긴 번역이며 온갖 잡무에 시달려 눈코 뜰 새 없이 바쁜 때였다. 여기저기서 재촉 전화에 시달리며 초를 다투듯 일을 하고 있었다. 얼른 마무리 짓고 할머니 뵈러 내려가야지, 오늘만, 오늘날, 그런 마음으로 밤을 새며 번역 막바지에 몰두하다가 할머니께서 세상을 떠나셨다는 전화를 받았다.

떠나시던 날 아침에 할머니는 어떤 예감이라도 하셨는지 "오늘이 음력으로 며칠이고?" 물으셨다 한다. 손주들의 장점을 일일이 기억하고 격려하시던 할머니는 "똥도 버릴 것 없는 우리 은귀" 하시며 나를 특히 많이 아끼셨다. 고향집 찾으면 늘 버선발로 뛰어나오셔서 공부하느라 애쓴다며 손잡아주시고 아껴두신 쌈짓돈을 넌지시 건네시던 할머니. 결혼을 하고서도 "우리 박실이" 하며 다정하게 손 잡아주시던 할머니를 떠나시는 그 마지막 순간에 뵙지 못했다. 불효도 이런 불효가 없다. 살면서 겪는 "너무 늦은 일"이 한두 가지가 아니지만, 지금도 12월이면 늘 후회되는 너무 늦은 일이다.

늘 한 걸음 늦게 누군가의 마음에 도착하고, 늘 한 걸음 늦게 누군가의 필요에 응답하는 우리. 나누지 못한 작별, 지키지 못한 약속. 상실의 뒷자리에서 그저 망연히 후회하고 아쉬워하는 우리. 필요한 것은 지금 여기서 누군가의 부름과 요청에 답하는 것인데 그게 어렵다. 그래서 사람 사이의 관계에서도 봄은 매번 너무 늦게 온다. 지나간 후에 그 시절이 봄이었다고 뒤늦게 깨닫는다. 해서 아직도 얼음장 깨지 못한 겨울날이 계속되고, 저마다 외로운 자리에서 각자의 그리움과 회한과 망실을 앓고 있다.

계절이 바뀔 때면 더욱 생각나는 그리운 이들과 함께 이 시를 떠올려 본다. 오전 산책길에 동네에서 가장 일찍 피는 양지바른 골목의 목련나무를 찾아가 그 아래 서 보았다. 작은 꽃망울이 막 올라와 희고 탐스럽게 영글어 있었다. 필 때는 화려하고 곱지만 그것도 잠시, 참으로 허망하게 떨어지는 꽃이 목련이다. 꽃잎이 질 때는 한 점 미련 없다. 장렬하게 산화하는 꽃잎은 흙빛으로 뚝뚝 떨어진다. 곧 하얀 목련도 속절없이 지고 흩날리는 벚꽃도 지고 우리는 늦봄 어느 하루를 걷고 있겠지.

생활 방식이 반들반들 편리할수록 더 두터운 소외의 겹을 쌓게 되는 현대의 하루살이 속에서 잔잔하지만 진심어린 초대에 기꺼이 응하는 마음에 기대어 본다. 오늘의 초대, 지금 여기에서의 사랑의 말을 믿음의 행동으로 실천하는 것. 너무 늦지 않게 그렇게 서로를 부르고 보듬고 아끼며 살아도 모자라는 세월. 목련은 지고, 봄도 또 지나고 있다. 너무 늦지 않기를, 놀기도, 만남도, 약속도, 사과도, 일의 해결도. 상처나 병, 원망의 치유도, 부디 너무 늦지 않기를. 지금 여기서 나누기를. (2015.5)

벼랑, 끝과 시작

벼랑 끝으로 오라.
떨어질지도 몰라요.
벼랑 끝으로 오라.
너무 높아요!
벼랑 끝으로 오라구!
그래서 그들은 왔고
우린 밀어버렸다.
그리하여 그들은 날아올랐다.

「벼랑 끝으로 오라」 크리스토퍼 로그

오늘 마음에 남는 일, 내일 해야 할 일, 이런저런 걱정이 많아져 잠이 잘 오지 않는 밤이면 이 시를 생각하곤 한다. 내려다보기 무서운 까마득한 벼랑 끝, 한 발만 더 디디면 떨어질 것 같은 두려운 마음에 그저 망설인다. 할 만큼 했다고, 더는 못하겠다 싶은 마음에 괜히 서럽고 억울하기도 하다. 크고 작은 일상의 일 속에서 느끼는 이런 두려움과 막막함이 나 하나만의 느낌은 아닐 것이다. 그 순간 누군가가 내 손을 잡아 안전하고 확실한 길, 벼랑 안쪽으로 이끌어 주기를 바래보지만, 그런 기적은 일어나지 않는다. 막다른 삶의 끝자락에서 도달한 이들이 구원의 손을 내밀기는커녕, 뒤에서 나를 훅 밀어버린다면? 생각만 해도 아찔하다. 기다리는 건 죽음이겠지?

앞의 시는 이 고민을 하는 우리 속마음을 너무 잘 아는 듯, "벼랑 끝으로 오라"고 청한다. 너무 높고 아득한 곳에서 추락할까 두려운 우리다. 분명 떨어질 것이다. 떨어져 바스라질 것이다. 기다리는 것은 죽음 밖에 없다. 하지만 시는 예상을 뒤엎고 마지막에 신기한 반전을 보여준다. 주춤하는 이들을 밀어버렸더니 그들은 날아올랐다고 한다. 죽지 않고? 이런 기적, 이런 구원이라니!

먼저 밝혀둘 것이 있다. 작품의 원래 주인이다. 이 시는 영국의 극작가이자 시인인 크리스토퍼 로그(Christopher Logue, 1926-2011)의 작품이다. 일반 독자들께는 프랑스 초현실주의 시인 기욤 아폴리네르(Guillume Apollinaire, 1880-1918)의 시로 널리 읽히고 있지만 이 시는 로그의 작품이라는 것 이 지면에서 바로 잡는다. 「미라보 다리」의 시인으로 한국의 독자들 사이에서도 꽤 유명한 아폴리네르. "미라보 다리 아래 센 강이 흐르고 / 우리들의 사랑도 흘러간다. / 그러나 괴로움에 이어서 오는 기쁨을 / 나는 또한 기억하고 있나니, / 밤이여 오라 종이여 울려라, / 세월은 흐르고 나는 여기 머문다"(중략). 언젠가 가톨릭 <서울 주보>에서 지금은 돌아가신 최인호 소설가가 <벼랑 끝으로 오라>라는 글에서 이 시를 언급하셨다. 본인의 투병을 생의 은총이라 하시며 글의 말미에 이 시의 살짝 바뀐 변형을 아폴리네르의 시로 소개하셨던 듯. 한비야의 책 『그건 사랑이었네』에서도 이 시가 인용되어 있는데 내용이 정확하지 않아서 그 시에 감동받는 독자들에게는 다소 아쉬운 소개다 싶었다. 그런 사연들이 유난히 많은 시라서 언젠가 이 시의 원저자와 작품의 온전한 모습을 찾아주어야겠다고 늘 생각했던 터다.

영국 시인 로그의 시가 프랑스 시인 아폴리네르의 것으로 둔갑하게 된 데는 좀 특별한 사연이 있다. 1961-2년 무렵, 런던 현대 미술관(ICA: Institute of Contemporary Arts in London)에서 아폴리네르 특별전을 열게 되었고 마침 시인 로그에게 이 특별전을 위한 시를 한 편 써달라는 요청이 갔다. 당시 로그는 아폴리네르 특별전을 특별히 의식하여 시의 제목과 본문 사이에 "아폴리네르가 말했다"(Apollinaire Said)를 부제처럼 넣었는데, 바로 그 때문에 이 시가 아폴리네르의 시로 오해받게 된 것이다. 1969년 출판된 로그의 시집 『새로운 숫자들』(*New Numbers*)에 이 시가 실려 있지만, 후에 마거릿 대처 영국 수상조차도 공식 석상에서 이 시를 아폴리네르의 작품으로 소개했을 정도다. 로그가 허허 웃고 있을 것 같다.

시인이 시를 쓴 계기가 아폴리네르였다는 걸 생각해보면 '벼랑 끝'(edge)에 대한 사유는 아폴리네르에게서 받은 영감이 작용했다고 볼 수 있다. 폴란드 귀족 출신의 어머니와 이탈리아 장교 아버지

사이에서 사생아로 태어난 아폴리네르는 출생의 비밀과 가난 때문에 무척 어렵게 살았다. 파리로 와서 시를 쓰면서 피카소와도 교류를 한 아폴리네르는 당시 아방가르드 화가들과 시인들의 공동 작업실이었던 몽마르트의 '세탁선'(Bateau Lavoir)에 드나들다가 운명의 여인 로랑생을 만나게 된다. 로랑생의 첫 개인전에서 피카소의 소개로 만난 두 사람은 예술과 사생아라는 공통점으로 강렬하게 끌려 사랑에 빠진다.

하지만 운명은 기이하게 흘러 1911년 루브르 미술관에 보관되어 있던 <모나리자>가 도난당하는 사건이 발생, 피카소와 함께 범인으로 지목된 아폴리네르는 투옥된다. 후에 범인은 박물관 직원으로 밝혀지긴 하지만 이 사건의 여파로 아폴리네르와 로랑생은 그만 헤어진다. 「미라보 다리」는 로랑생의 결별 선언을 듣고 아폴리네르가 미라보 다리를 건너 로랑생과 마지막 작별을 한 뒤 썼다고 한다. 가뜩이나 억울하게 도둑으로 몰렸던 아폴리네르에게 연인의 이별 선언은 쓰라림을 더하는 사건이었을 게다. 절망한 아폴리네르는 1914년 세계대전이 발발하자 보병 소위로 입대했으나 전투 중 머리에 파편을 맞아 수술을 여러 번 하는 등 고통을 겪다가 1918년 세계대전 종전 3일 전에 38세의 이른 나이로 세상을 떠나게 된다.

아폴리네르의 부고를 들은 마리 로랑생은 충격과 절망으로 "죽음보다 더 불행한 것은 잊히는 것"을 노래하는 시 「외로운 여자」를 남기기도 했다. 독일 남작과의 결혼 생활도 짧게 끝나고 1956년 73세로 세상을 떠날 때까지 로랑생이 평생토록 사랑한 사람은 아폴리네르라고. 평소 소원대로 흰 옷을 입고 손에는 빨간 장미를 들고 가슴에는 아폴리네르의 편지를 안고 숨을 거두었다는 로랑생은 파리 아폴리네르의 묘에서 조금 떨어진 곳에 묻혔다.

시에 깃든 이야기를 살펴보면 어떤 점에서 시인 로그는 비극적으로 생을 마친 아폴리네르의 삶을 반추하며 절망을 새로운 예술적 탄생의 질료로 바꾼 예술가들의 삶을 재해석했다고 할 수 있다. 원래의 주인 로그에서 아폴리네르로 바뀐 점 외에 일반 독자들에게 알려진 다른 버전이 또 있다는 사실도 흥미롭다. 이처럼 다양한 변주라니 시가 그만큼 울림이 크기 때문일 것이다. 20세기 중반 미국의 복음주의 운동을 주도한 로버트 슐러(Robert H. Schuller) 목사의 설교로 알려진 다음 시는 분명 로그의 작품을 도용한 것이다. "절벽 가까이로 나를 부르셔서 다가갔습니다. / 절벽 끝에 더 가까이 오라고 하셔서 / 더 가까이 다가갔습니다. // 그랬더니 절벽에 겨우 발을 붙이고 서있는 나를 / 절벽 아래로 밀어 버리시는 것이었습니다. // 물론 나는 그 절벽 아래로 떨어졌습니다. / 그런데 나는 그때서야 비로소 알았습니다. / 내가 날 수 있다는 사실을."

그렇게 시는 「절벽 가까이로」라는 제목을 달고 버젓이 슐러 목사의 작품으로 전해졌다. 요즘의 연구윤리 기준으로 보자면 명백히 표절인 셈. 하여 이 자리에서 시의 저자가 슐러도 아폴리네르도 아니고 시인 로그임을 밝히는 것은 학사도서의 작은 책임이기도 하다. 또 그 과정에서 시를 더 찬찬히 들여다볼 수 있기도 하다. 슐러는 1976년부터 2008년까지 미국 텔레비전 프로그램 <권력의 시간>(Hour of Power)에 나온 유명한 선교사다. 사진을 찾아보면 낯이 익은 연예인급 목회자다. 슐러 목사는 캘리포니아 오렌지카운티에서 '수정 교회'(Crystal Cathedral)를 운영했는데 20세기 후반 반세기 동안 미국 서부의 초대형 복음주의 운동을 주도적으로 이끈 교회로 뾰족한 유리 건축물로 유명하다. 교회 운영이 후대로 내려가면서 재정난 등 복잡한 문제가 겹쳐 교회는 결국 2010년에 파산한다. 결국 로마 가톨릭으로 소유권이 이전되어 현재 그리스도 대성당으로 바뀌었다 하니 교회의 역사도 개인사와 함께 여러 얼굴을 갖는다.

시의 저자를 찾는 얘기에 몰두하다 시에 대한 설명이 좀 늦어졌다. 영어로 'edge'는 뾰족한 끄트머리, 가장자리, 모서리를 뜻한다. 좁은 장소의 끝에서부터 벼랑 끝, 절벽 끝, 세상 끝 모두 해당되겠다. 이 시를 읽으면 벼랑 끝으로 오라는 무언의 목소리가 창조의 과정에 꼭 필요한 한계 넘기를 의미하기도 하지만, 세상 끝에서 복음을 전하라는 교회의 가르침과도 연결이 된다. 물론 벼랑 끝에서 날아오르는 용기는 쉽게 얻어지는 것이 아니다. 모든 것을 비우고 내려놓는 겸허함은 말처럼 쉽지 않다. 긴 어둠의 터널, 숨이 턱에 다다른 절망 끝에서, 어디에서 구원의 손길을 기다려야 할지 알지 못하는 막막함 속에서, 나도 나를 어찌할 수 없는 때, 그 순간 어정쩡한 화해가 아니라 자신의 민낯을 들여다보는 것. 쓸데없이 매달려 왔던 허명과 위선을 처절하게 들여다보고 난 후의 깨달음이 바로 진정한 비움일 터이다. 그 때 추락은 멸망이나 죽음이 아니라 비상의 날개를 새로 달 것이다.

물론 이 자각이 쉽지 않다는 걸 잘 안다. 마지막까지 내려놓지 못해 버둥대는 것이 인간인지라, 날개 달린 추락은 도무지 나의 것이 아닌 것 같다. 하지만 오늘 세상 끝 외로운 고독과 고통에 지쳐 있을 때 위로 향하는 탈출이 아니라 아래로 향하는 탈출의 방식을 생각해본다. 운명에 대고 울고 싶을 때, 타인의 초라한 위로를 기대하지 말고 더 지독히 슬퍼하고 더 엄정한 시선으로 현실을 직시해 보는 것. 벼랑 끝에서의 한 발, 아프고 서럽게 쥐어짠 마지막 용기가 내게 날개를 달아주는 순간을 구원처럼 그려본다. 끝이 바로 시작임을 알게 되는 것, 그게 구원이다. 우리 모두는 각자의 벼랑 끝에서 끝과 시작의 사슬을 함께 쥔 존재. 욕망과 욕심이 우리를 가둔다면 그야말로 전환점이 필요한 시기. 더 비우고 더 가난하고 더 낮아지면서 함께 비상하게 될 우리를 그려본다. (2015.6)

외로운 희망, 외롭지 않은 희망

꽃들이 반짝반짝했는데
그 자리에 가을이 앉아 있다

꽃이 피어 있을 땐 보지 못했던
검붉은 씨가 눈망울처럼 맺혀 있다

희망이라고…
희망은 직진하진 않지만
희망에는 신의 물방울이 들어 있다

「희망에는 신의 물방울이 들어 있다」 김승희

희망은 날개 달린 것
영혼에 걸터앉아서
가사 없는 선율을 노래하며
결코 멈추지 않는다네.

하여 강풍 속에서 가장 달콤하게 들리네.
폭풍우는 아주 매섭겠지.
많은 이를 그처럼 따뜻이 보듬은
그 작은 새를 당황케 했겠지.

나는 가장 추운 땅에서도,
가장 낯선 바다에서도 그 노래를 들었네.
허나 아무리 힘들어도 희망은
내게 빵부스러기 하나 청하지 않았네.

에밀리 디킨슨

여름을 앞에 둔 어느 날, 다른 계절, 여름 너머의 가을과 겨울을 생각한다. 유난히 피로한 시기를 지날 때의 습관이라 할까. 눈 감고도 찾을 수 있는 낯익은 출근길 골목을 여행길 먼 나라의 어느 낯선 골목으로 생각하기. 익숙한 연구실 복도를 다른 나라, 다른 도시에서 낯모르는 시인을 만나러 가는 길이라 상상하기. 책에서만 봤던 시인을 처음 만나러 가는 길, 마음은 콩닥콩닥 뛰겠지. 그 상상 속 회색 복도를 지나, 낯익은 연구실 문을 열고 들어서는 월요일 아침이다. 어지러이 책이 널린 책상을 정리하며 지난 달 계속 물음처럼 맴돌던 '희망'에 대해 생각했다.

아침의 유쾌한 '상상놀이'를 놓고 보면, '낯설게 하기'는 시 창작의 원리에만 쓰이는 말이 아닌가 보다. 현실은 대개 고단하다. "인생은 나에게 술 한 잔 사주지 않았다"라는 노래 가사도 있는데, 삶은 그렇게 달콤한 위무를 쉽게 허락하지 않는다. 연이은 회의, 답을 기다리는 전자우편들, 밀린 원고와 논문 심사, 면담하러 왔다가 말도 못하고 울먹이는 고단한 청춘들 앞에서 나조차도 답할 수 없는 질문들 앞에서 많은 시간을 보낸다. 능력의 한계를 느끼면서도 그저 하루치의 생활에 최선을 다할 뿐, 그러면 또 하루가 지나고 내일이 온다. 이런 모습이 나만은 아닐 것이다. 종류만 다를 뿐, 우리는 모두 반복되는 피로와 해결되지 않는 질문들 속에서 쌓여가는 답답함을 다스리고 또 때로는 한 걸음 뒤로 물러나 고민하는 같은 얼굴의 시간을 보낸다. 이런 일상에서 낯선 시공간에 나를 재배치하는 엉뚱한 습관은 기분 전환에 제법 도움이 된다.

'낯설게 하기'를 가장 잘 하는 이는 시인이다. 시인의 눈은 남루하고 익숙한 데서 새로운 것을 찾는다. 반짝반짝 꽃들이 피어있을 때는 보지 못했던 검붉은 씨를 가만 들여다보는 시인의 눈. 꽃잎이 저버린 자리에서 시인은 무엇을 발견하는 것일까? 바로 새까만 씨앗이다. 그 씨앗은 기다림이자 희망이겠지만 그 기다림은 언제 다시 꽃이 필지 알 수 없는 막막함과도 통한다. 꽃잎이 막 떨어진 자리를 아쉽게 들여다보는 시인은 공허와 막막함을 알지만 그래도 기다림을 말한다. 상실 후의 기약 없는 기다림을 누군가는 절망이라고 하겠지만 시인에게는 희망이다. 다시 또 다른 계절 너머의 어떤 꿈, 꿈의 개화(開花)를 상상할 수 있으니까. 무언가 떠나간 빈 자리에서 다른 무언가를 꿈꾸고 응시하는 힘, 그게 희망이다.

또 다른 시에서 시인은 절망과 희망을 비교하며 이야기한다. 대개 사람들은 절망을 외로운 병이라고 한다. 하지만 시인은 절망보다 희망이 더 외롭다고 한다. 절망은 '중력의 평안'이랄까 '비애의 따스함'이랄까 그런 게 있다니. 막다른 골목에서 체념하고 다 놓아버린 자의 이상한 평안함, 폐허의 안도감이랄까. 크나큰 불행이 도사린 시대의 그림자를 응시하면서 우리가 그만 마음을 놓아버리고 "사는 게 다 그렇지 뭐. 세상이 다 그렇지 뭐"라며 포기하는 자리다. 그 점에서 절망은 전염성이 강하다. 그래서 시인은 끝까지 포기하지 않고 희망하는 것이 더욱 외로운 몫이라고 한다. 도망치고 싶고 그만두고 싶어도 도저히 포기할 수 없는 외로운 안간힘, 그게 희망이다.

외로운 희망을 노래하는 시인에게 희망은 절망의 자리에도 드리우는 햇빛 한 줄기에 의지해 나아가는 발걸음과도 같다. 매일 해가 떠서 만물을 고루 비추는 일은 얼마나 큰 위안을 주는지. "희망은 직진하지는 않지만 희망에는 신의 물방울이 들어있다"는 구절이 좋아 지난 달 내내 그 시를 기도처럼 마음에 새겨 의지했다. 그리고는 희망을 노래한 디킨슨의 시도 함께 읽어보았다. 디킨슨은 희망을 '한 마리 새'의 노래에 비유한다. 가사가 없는 새의 노래는 날개가 달려 있어 모진 바람을 뚫고 들려온다. 그게 신비다. 폭풍우가 무섭게 몰아쳐 그 작은 새의 날개 짓을 꺾으려 하지만 새의 노래는 끊이지 않는다.

그래서 가장 추운 땅, 가장 멀고 낯선 바다에서도 희망의 노래를 듣는다. 그 노래가 눈 먼 자들, 길 잃은 자들에게 방향타가 되겠지. 그 노래에 의지해 각자는 한 걸음 두 걸음 나아갔겠지. 디킨슨의 시에서 마지막 두 행은 앞서 작은 새로 비유된 희망의 의미를 한층 강렬하게 전한다. 영어로 'extremity'란 단어는 그냥 적당히 힘든 상황이 아니라 '가장 극한 상황'을 뜻한다. 말하자면 숨이 턱에 닿아 그만 포기하고 싶은, 정말 힘들고 절망스러운 때 말이다. 그러한 때에도 희망은 내게 빵 부스러기 하나 청하지 않았다고 한다.

여기서 우리는 평소에 잘 보지 못하는 희망의 새로운 얼굴을 보게 된다. 즉, 그 어떤 것보다 의연하고 담대한 얼굴, 꿋꿋하게 견뎌내는 의지가 그것이다. 희망은 힘이 센 자, 빵을 가진 자, 권력이 있는 자에게 비굴하게 무릎 꿇지 않는다. 'crumb'은 아주 작은 부스러기를 말하는데 그 작은 것도 구걸하지 않고 참고 견디며 스스로 날아가는 동력을 찾는 희망. 그 작은 날개로 부지런히 날아 폭풍을 헤치고 가장 추운 땅, 낯선 바다를 건너 달콤한 선율을 들려준다.

두 시인이 노래하는 희망은 세상의 길에서 만나는 흔한 소망과는 확연히 다르다. 권력 앞에 쉽게 머리를 조아리고 어떻게든 선을 대어 조금이라도 더 유리한 자리를 차지하고 힘없는 자들을 누르려고 하는 것이 세상의 길 아닌가. 이러한 비굴함을 거부하는 담대함, 의연함이야말로 희망이 가진 가장 큰 힘이 아닐까? 그리고 어쩌면 그 담대함, 의연함이 앞의 시에서 직진하지 않고 에둘러 가더라도 '신의 물방울'이 들어있다는 희망의 가장 큰 힘이 아닐까? 그것이 참된 권력이다. 그 의연함 속에서 정의, 사랑, 평화가 보이지 않게 자라고 있을 것이다.

이 글을 시작하면서 나는 사방에 절망과 비굴함이 악다구니처럼 도사린 우리 시대의 처참한 민낯을 떠올렸다. 생각해보면 시절은 늘 어려웠던 것 같은데, 그 어려운 시절을 최선을 다해 견디며 열심히 살아가는 보통의 아름다운 사람들이 늘 있었다. 그 보통의 아름다운 사람들이 예상치 못했던 불행을 만나 꺾일 때, 우리는 자주 도움의 손길을 선뜻 내밀지 못하고 그만 낯선 타자로 남는다. 타인의 불행과 해묵은 세상의 그늘, 잘못된 습속을 우리는 제대로 응시하지 않고 당장 닥친 내 일이 아니면 고개 돌려 피하고 만다. 그게 우리 모습이고, 그게 우리가 만든 사회다. 그래서 지금 우리는 이처럼 맥없는 낙담에 짓눌려 희망 없는 절망을 걷고 있는지도 모르겠다.

나 또한 세상의 길에서 예외는 아니어서 최근 학교에서 공적인 일을 처리하는 과정에서 동료선생님들과 다함께 명예훼손 고소도 당하고 힘든 일이 많았다. 판단의 잣대가 흔들릴 때 '교육'의 의미에 대해 묻고 답을 내리는데, 최근 일을 겪으며 세상의 구태의연한 '갑을' 구조가 학교에도 만연하고 있다는 걸 실감했다. 피해자들을 돕기 위해 뛰어다니며 법이 집행되는 방식과 법 권력의 성격에 대해서도 찬찬히 돌아보게 되었다. 경찰과 검찰이라는 평소에는 만날 일이 없는 낯선 조직의 성격, 거기서 일하는 분들, 죄가 만들어지는 과정, 학교에서 발생할 수 있는 가장 전형적인 일이 드러나는 과정을 지켜보며 학교가 교육적 가치를 아무 어려움 없이 실현할 수 있는 성스러운 공간이 아니란 것도 알게 되었다. 학교도 세상의 민낯이 반추되는 곳이라는 점을 확인하며 긍지와 환멸이 동시에 자리하는 학교, 내가 몸담고 있는 공간에 대한 사명감과 고민이 늘어났다.

감당하기 벅찬 번민의 시간을 지나며 잃은 것만 있다고 생각했는데 배운 것도 많다. 공부나 교육이 책 안에서만 이루어지는 것이 아니라는 점도 실감했고 연구자이자 교육자로서 내 책임과 역할에 대한 고민도 한층 더 깊어졌다. 어떤 일이 하나 끝나면 그걸로 마침표가 아니라 다시 또 다른 고민으로 계속된다는 것도 알게 되었다.

지금에 와 분명하게 알게 된 게 하나 있다면, 기댈 데 없는 절망이 전염처럼 퍼질 때 포기할 것이 아니라 어떤 상황에서도 의연하게 '신의 물방울'같은 맑음으로 노래하는 희망의 힘을 믿어야 한다는 것. 꽃이 진 자리에는 '까만 눈망울'같은 희망의 씨앗이 다시 열린다. 약자의 아픔을 외면하며 권력에 기대려 하는 욕망들과 법을 자기 권력처럼 다루고 악용하는 이들은 당장 큰 힘을 가진 듯 으스댈 것이지만 희망의 여린 날개, 그 당찬 의지를 꺾지는 못할 것이다.

얼마 전 재미있는 일도 하나 있었다. 20년 만에 한 친구가 연락을 해온 것. 나는 이미 까맣게 잊어버린 나의 옛 모습을 그대로 기억하는 그 친구는 '희망에는 신의 물방울이 들어있다'는 내 SNS 메시지를 봤다면서 대뜸 희망에 와인이 들어있냐고 농담을 건넸다. 푸하하, 웃음으로 답하며 생각했다. 희망이라는 '신의 물방울'이 더 이상 외로운 눈물이 아니고 와인과 같은 친화력으로 널리 퍼지는 날이 오지 않을까 하고. 꽃이 진 자리에 기다림의 싹을 틔우는 희망, 거센 바람을 뚫고 험한 바다를 건너 먼 땅에 도달할 수 있다는 믿음. 신의 물방울이요 와인인 희망. 여리지만 당당하고 굳센 희망, 비굴하지 않고 의연한 희망. 매일의 절망 속에서 희망은 외롭지만, 희망은 정녕 외롭지 않다.

(2015.7)

이상한 나무 이야기

떡갈나무여, 그들이 네 가지를 어떻게 쳤는지,
이제 넌 이상하고 낯선 모습으로 서 있구나!
수백 번 난도질당해서 넌 이제
고집과 의지 외엔 아무 것도 남아있지 않네!

나 또한 너와 같아. 그처럼 많은 모욕과 굴욕도
내 생명의 연결고리를 흔들어놓지는 못했어.
하여 매일 나는 새로운 빛을 향하여
셀 수 없는 모욕 너머 내 이마를 내밀지.
한 때 내 안의 순하고 다정하고 상냥했던 것을
세상은 죽도록 조롱했지만
내 진정한 모습은 파괴될 수 없어.
나는 평안하게 화해하며
수백 번 난도질당한 가지에서

참을성 있게 새로운 잎을 틔우지.
그 모든 고통과 슬픔에도 불구하고
나는 여전히 이 미친, 미친 세상을 사랑하니까.

「가지를 쳐낸 떡갈나무」 헤르만 헤세

여름 숲은 초록 색깔이 얼마나 다양한지 실감나게 한다. 햇살 맑은 날 숲길을 걷노라면 서로 다른 초록 무늬를 만든 가지가 드리운 그늘이 고맙고, 그 푸름을 만들어낸 햇살과 바람이 고맙다. 나무들은 또 어떤가. 하늘 향해 거침없이 뻗은 나무를 보며 나는 가끔 우리 나이로 33세에 요절한 가수 김광석의 노래 <나무>를 흥얼거려 본다. 빗속에 서서 젖는 나무를 보며 노래를 부르는 사람은 어느새 나무가 된다. "나는 하늘을 찌를 때까지 자라려고 하오. 무성한 가지와 그늘을 펴려 하오."에서 나무의 기개를, "무서운 것이 내게는 없소. 누구에게 감사받을 생각없이 나는 나에게 황홀을 느낄 뿐이오"에서 나무의 자족을 흡수한다. 그래서 한결같은 망각 속에 움직이지 않으면서 시작도 끝도 없는 침묵 속에서 그렇게 자라는 나무처럼 나 또한 잘 자라리라는 다짐을 반복한다.

기운 없을 때, 일이 잘 안 될 때, <나무>를 부르면 누가 뭐라 해도 침묵 속에서 내 자리를 그저 묵묵히 지키면 다 잘 될 거라는 용기가 솟는다. 그런데 오늘 맑은 여름 아침에 그런 멋진 나무가 아니라 가지가 무참히 잘려나간 나무를 생각했다. 세상이 어지러운 탓도 있겠지만, 어제 병원 응급실에서 본 여러 아픈 이들의 모습이 가지 잘린 나무 같았기 때문이다. 잘린 나무처럼 무력한 환자로 눕는 경험은 평소에 보지 못한 많은 것들을 다시 보게 한다. 그렇게 나는 잘린 나무를 생각했다. 자랑스럽게 가지고 있던 힘찬 가지가 뚝 잘려버린 나무의 마음은 어떨까.

헤르만 헤세(Hermann Hesse, 1877~1962)는 우리에게 꽤 익숙한 이름이다. 많은 독자들이 『수레바퀴 밑에서』, 『청춘은 아름다워라』, 『데미안』, 『지와 사랑』, 『유리알 유희』 등의 소설을 읽으셨을 게다. 1946년 노벨문학상을 탄 독일 작가인데, 소설뿐만 아니라 시도 쓰고 그림도 그렸다. 시인은 의연하고 멋진 모습으로 서 있는 나무가 아니라 가지를 이상하게 쳐낸, 그래서 흉하게 일그러진 나무를 마주한다. 짐작하기로는 정성들여 예쁘게 가지치기를 한 게 아니라, 되는대로 마구잡이로 가지치기를 한 모양이다. 어떻게 가지치기를 했는지 우리는 알지 못한다. 다만 자기 의지와는 상관없이 가지치기를 무참하게 당해서 흉하게 일그러진 나무가 우리 앞에 서 있을 뿐. 이미 가지를 인정사정없이 잘린 떡갈나무에게 그 전으로 돌아가라고 말할 수는 없다. 이야기는 늘 이미 일어난 '사건 이후'에 시작하니까.

수백 번 난도질당하고 고집과 의지 외에는 아무 것도 남아있지 않은 떡갈나무. 나무는 이제 그냥 단순한 나무가 아니다. 나무는 비정하고 냉정한 현실을 몸 하나로 헤치며 살아온 우리 모든 어머니 아버지들, 할머니 할아버지들이요, 뼈아픈 상실을 상상할 수 없는 정신력으로 견디고 있는 오늘의 우리 이웃이다. 어디로 가는지도 모른 채 일하러 가는 줄 알고 부모님께 작별인사도 제대로 하지 못하고 떠났다가 군인들의 성노예가 되어 돌아온 할머니들, 전장에 끌려 나가 아직도 어느 계곡에 백골로 누워있는 젊은 누군가의 남편, 누군가의 아들, 또 수학여행 가는 줄 알고 떠났다가 함께 재잘대던 친구들과 함께 가라앉아 번호로 건져진 아이들, 부모님 병간호 하러 들른 병원에서, 묵묵히 환자를 치료하던 일상의 직무 중 병에 감염되어 투병 중인 이들, 세상과 작별 인사도 제대로 못한 채 메르스 환자 번호로만 기입되어 묻힌 이들. 가지를 쳐낸 떡갈나무는 그렇게 우리가 살아가는 모든 삶의 현장에서 매일 만나는 너와 나의 모습이다.

시인은 가지를 잘린 떡갈나무에게 어쩌다 그리 되었는지 묻지 않는다. 다른 자리에 태어나 자랐으면 피했을 일, 왜 운 나쁘게 거기 있었니? 묻지 않는다. 그냥 가지를 잘린 이후의 이야기, 거기서 새로운 잎을 피워내는 방식을 이야기한다. 수백 번의 난도질에도 불구하고 든든히 버티고 서 있는 떡갈나무의 고집과 의지. 아무리 흔들어도 변하지 않으리라는 믿음. 시인은 무참히 가지 잘린 떡갈나무를 보면서 그 아픔 위에 나의 아픔을 함께 얹는다. 나도 너와 같다고.

물론 우리는 안다. "나 또한 너와 같아서"라고 말할 때, 그 고백이 얼마나 아픈 고백인지, 나 또한 너와 같이 무참히 베였다는 수긍은 그 자체로 처절한 아픔이고 치욕과 상처를 드러내는 일이다. 수많은 모욕과 굴욕, 고비와 굴곡을 인내로 다스리며 지나왔다는 말은 경험해보지 못한 사람은 알 수 없는 곡절을 담은 말이다. 너와 같다는 고백이 내 아픔을 호소하기 위함이 아니라 내가 어떻게 그 아픔을 이겨왔는지를 들려주는 말이란 게 바로 뒤에서 밝혀지면서 슬픔과 아픔을 고백하는 목소리에 한결 결연한 힘이 실린다. 내가 지나 온 그 많은 모욕과 고난도 내 생명, 내 살아있음의 그 찬란함을 흔들어 놓지 못했으니까.

그래서 나는 그처럼 많은 모욕과 감당하기 힘든 상처에도 기죽지 않고 새로운 빛을 향한다. "한 때 내 안의 순하고 다정하고 상냥했던 것을 / 세상은 죽도록 조롱했지만 / 내 진정한 모습은 파괴될 수 없어"라는 선언이 바로 그것이다. 내 진정한 모습은 파괴될 수 없다는 담담한 선언은 그 어떤 말보다 더 큰 울림으로 다가온다. 이 믿음이 있기 때문에 혼돈과 아픔, 상실 속에서도 나는 평화를 되찾을 수 있고, 참을성 있게 새로운 잎을 틔울 수 있는 것이다. 수백 번 난도질당한 가지에서 피어나는 새로운 잎은 그만큼 더 푸르고 단단한 열매를 맺을 것이다. "그 모든 고통과 슬픔에도 불구하고 나는 여전히 이 미친, 미친 세상을 사랑하니까"라는 고백은 그래서 결코 공허하게 들리지 않는다. 그 사랑은 그냥 사랑이 아니라 모든 슬픔과 고통, 굴욕을 거친 사랑이기 때문이다. 부유하고 행복할 때, 젊고 화려할 때의 사랑이 아니라, 아픔과 슬픔을 겪고 난 이후 초라함을 딛고 남은 사랑이기 때문이다. '그래서' '그 때문에'의 사랑이 아니라 '그럼에도 불구하고'의 사랑이기 때문이다. 상대방의 잘남에 매료되어 올려다보는 사랑이 아니라 상대의 낮은 키에 맞추어 낮게 눈 맞추고 손 내미는 사랑이기 때문이다.

흉하게 가지를 쳐낸 떡갈나무를 보며 시인이 다다른 인식은 우리 모두에게 따끔한 예방주사처럼 다가온다. 기쁨만큼이나 고통이 많은 세상에서 우리는 저마다 무성한 나무라기보다는 가지를 쳐낸 떡갈나무다. 일흔이 넘은 친정 엄마는 노래를 즐겨 부르신다. 식구들 밥상을 준비하시는 주방에서 늘 노래를 부르셨는데, 그 흥얼거림에 아침저녁이 행복했다. 매시 즐겁고 낙천적인 분이시지만 엄마는 늘 내게 “인생은 고해(苦海)다”라는 말씀을 자주 하셨다. 고통의 바다를 건너는 것이 얼마나 어려운 일이냐고, 그러니 ‘일희일비’(一喜一悲)하지 말라고, 작은 성취에 쉽게 기뻐하지도 않고 작은 고난에 쉽게 기죽거나 낙심하지도 말라고 하셨다. 명랑소녀 엄마의 그 말씀은 어릴 때는 잘 이해가 가지 않았는데 어른이 된 지금 그 뜻을 알 것 같다.

한 번 태어난 이상 누구나 성공하고 싶고 잘 살고 싶지만, 이 세상은 이해할 수 없는 고통과 아픔으로 가득 차 있다. 굶어 죽는 아이들, 학대받는 아이들, 사고로 혹은 병으로 고통 받는 이들, 재해로 수백 수천의 귀한 목숨을 한 번에 잃기도 한다. 겉으로는 아무 걱정 없는 듯 보여도 마음은 생지옥을 살아가는 이들도 너무 많다. 이 모든 고통과 불행에 대해 우리는 답을 다 얻지 못한다. 답을 얻지 못한다 해도 이 삶을 원망이나 미움으로 포기할 수는 없다. 나를 때리고 내 가지를 자르는 세상의 우연과 비참이 나를 끝까지 꺾게 내버려 둘 수는 없다. 우리에겐 그 모든 고통과 슬픔에도 ‘불구하고’ 이 미친 세상을 잘 살아가야 할 몫이 여전히 남는다. 이 불구가 된 세상을 정성으로 끌어안고 어떻게든 고치고 다독다독 위안하며 생의 마지막까지 살아내야 할 몫이 있다.

이 벅찬 일이 어떻게 가능할까, 생각해보면 역시나 답은 내 참된 모습을 올곧게 지켜나가는 의지와 “나 또한 너와 같아”라는 공감의 힘이다. 세상이 아무리 내 부드러움을 조롱하고 짓밟아도 내 참모습은 변하지 않는다는 의지, 내가 너와 같다는 공감과 연대. 살면서 우리가 잊지 말아야 할 가장 중요한 생명의지가 아닐까 싶다. 세상의 길을 홀로 걸어갈 수 있는 이는 아무도 없다. 한 번의 모욕과 실패에 허리가 꺾여 넘어지면 안 된다. 열 번의 모욕과 실패도 마찬가지. 열 번 넘어져도 열 번 일어나고, 스무 번 꺾여도 스무 번 다시 일어나 걸어야 한다. 내 자신뿐만 아니라 타인의 실패도 그런 인내를 가지고 회복을 도와야 한다. 밉고 추한 것을 따로 떼어 가려놓고 싶지만 그건 이 아픈 세상의 회복력에는 큰 도움이 안 된다. 나도 너와 같다는 고통의 공감을 서로 나누어 가지며 다음 길을 다부지게 찾아야 한다.

세상의 조롱에 굴하지 않고, 세상이 아무리 나를 흔들어댄다 하더라도 굳건히 나의 참다운 모습을 지켜나가는 의지. 다시 평화와 화해를 일구는 마음. 그 마음에 더해, 나도 너와 같고 너도 나와 같기에 이 세상의 고통을 함께 응시하자는 나눔의 마음. 그 의지와 나눔이 수백 번 난도질당해 가지를 떨어뜨리고 이상한 모양으로 서 있는 떡갈나무에서 새 잎을 틔우는 기적을 볼 것이다. 인생이라는 고통의 바다를 항해하는 데는 나의 나침반만 필요한 게 아니다. 노를 함께 저을 사람, 친구든, 가족이든, 동료든, 이웃이든, 내가 피곤하고 지쳐 잠시 눈감을 때 나침반을 봐주고 키를 잡아 줄 사람도 필요하다. 우리 모두는 각자가 가지를 잘린 나무, 서로 어울려 함께 하늘 향해 뻗어야 할 그런 상처 많은 나무다. '그럼에도 불구하고' 이 아픔 많은 세상을 껴안고 사랑하며 살아야 할 가지 잘린 나무다. 매일의 고통과 모욕에 굴하지 않고 매일 아침 새로운 빛을 향해 이마를 내밀어 화해하고 자랄 그 나무다. (2015.8)

아버지의 이름으로

누구도
핍박해본 적 없는 자의
빈 호주머니여

언제나 우리는 고향에 돌아가
그간의 일들을
울며 아버지께 여쭐 것인가

「코스모스」 김사인, 『가만히 좋아하는』 창비(2006)

가을이다. 가을은 코스모스의 계절. 코스모스는 소녀의 꽃이다. 하늘하늘, 바람에 흔들리며 피어나는 꽃. 가을 논둑길이나 길가, 공원에 만발하는 코스모스는 꽃말 '소녀의 순정'이 말하듯 곱고 여릿하다. "코스모스 한들한들 피어있는 길, 향기로운 가을 길을 걸어갑니다. 기다리는 마음같이 초조하여라. 단풍같은 마음으로 걸어갑니다." 가을날 누구나 콧노래로 흥얼거리는 노래 '코스모스'도 있다. 이렇듯 첫사랑 소녀의 순정을 생각나게 하는 꽃, 코스모스를 보며 아버지를 떠올리는 이는 많지 않을 것 같다.

그런데 시인은 코스모스를 두고 아버지를 생각한다. "누구도 / 핍박해본 적 없는 자의 / 빈 호주머니여"라는 첫 연의 의미를 헤아리기가 얼핏 쉽지는 않은데, "언제나 우리는 고향에 돌아가 / 그간의 일들을 / 울며 아버지께 여쭐 것인가"라는 둘째 연에 이르러서는 시 제목이 무엇인지 생각할 겨를도 없이 울컥해진다. 시인은 무슨 연유로 '코스모스'를 보면서 고향으로 돌아가지 못하는 자식의 입장에서 아버지의 기다림을 떠올렸던 것일까? 코스모스 피어나는 9월에 '코스모스와 소녀'가 아니라 '코스모스와 아버지'를 묵상하며 걷는 길. 나도 모르게 이 시를 떠올린 어느 저녁이 있었다.

태풍의 영향으로 빗금 치듯 사선으로 비가 내리던 날 인천에 다녀왔다. 다리가 아파 오래 고생하신 큰아버지께서 말기 암이라고 한다. 그저 노환으로 고생하시는 줄로만 알고 있었는데 그간 식사를 제대로 못하신 게 온 몸으로 전이된 암 때문이었다는 걸 최근에 알게 되었다. 가족들이 받은 충격은 이만저만이 아니다. 1주일에 두 번씩 꼬박꼬박 병원에서 물리치료도 받으셨는데 큰 병이 너무 늦게 발견되었다. 바쁘다는 핑계로 자주 찾아뵙지 못하고 오랜만에 뵙는 큰아버지는 살이 쏙 빠진 모습으로 누워 계셨다. 마약성 진통 패치를 두 개나 붙여서 섬망증상도 있다는데 질녀가 들어서자 반가워하는 기색이 역력하다.

눈물 머금은 흐린 눈으로 나를 바라보시던 큰아버지는 드문드문

단어들을 내뱉으신다. 아무 맥락은 없다. '공처가'라고 한마디 하셔서 "누가 공처가예요?" 여쭈었더니, 고개를 가로저으시며 "그저 단어를 안 잊어버리려고 노력 중"이라 하신다. 그러면서 "맥락에 정확하게 말하는 게 중요하다"고 덧붙이신다. '정확한 어법'은 큰아버지 트레이드마크다. 어느 해 큰댁에서 제사를 지낸 후 음복을 나누는 중에 내가 "너무너무 좋다"고 했더니 큰아버지께서 이렇게 짚어주셨다. "'너무'는 부정문에 쓰이는 말인데 너는 영문학 박사가 되어서 한국말의 정확한 쓰임도 잘 알아야지." 그 '너무'가 이제는 긍정문에도 쓸 수 있게 국어 문법이 바뀌었지만 그때 큰아버지 가르침을 나는 늘 마음에 새기고 있다. 스무 살 시절, 전철역에서 꽤 먼 거리로 언덕을 하나 넘어야 하는 학교 교정까지 셔틀버스를 타고 간다는 말씀을 드렸더니 "젊은 애가 그 정도 거리쯤은 걸어야지, 셔틀 버스를 왜 타냐"고 하신 적도 있다. 그러고 보니 등산도 좋아하시고 걸음에 거침없으셨던 큰 아버지는 사회 운동도 거침없이 직선으로 하셨고 사고도 거침없이 치셨다. 그러던 분이 이제 초점 잃은 눈으로 누워계신다.

바로 아래 동생인 아부지는 형님 병환 소식에 애가 타서 그만 말씀을 잊으셨다. 워낙 우애가 각별한 형제라 그 속마음이 어떠실까 자식으로서는 짐작만 할 뿐이다. "큰아부지, 아부지 빨리 올라오시라 할까요?" 여쭤보니 "자율로 결정할 일이지" 하신다. 그러면서 뜬금없이 내게 "은귀야, 내 퀴즈 하나 내볼까" 하신다. "네네." 좋아라 했더니 희미한 목소리로 "국무성월입문하거든이일이시요"가 무슨 뜻인지 아느냐 물으신다. 한 번도 들어보지 못한 말이라 고개만 갸우뚱했다.

옆에 서 있던 남편이 부리나케 인터넷 검색으로 찾아본다. '국무성월입문하거든이일이시요'를 한자로 하면 '國無城月入門하거든 二日二時要'가 되고 이를 풀어보면 국무성(國無城) 즉 나라 국(國)'자에 삥 둘러싼 성곽 없는 글자이므로 '혹(或)'자가 된다. 월입문(月入門)은 달(月)이 문(門) 안으로 들어간 것, 그러므로 곧 '한(閒)'자가 되므로 '한가한'이란 뜻. 이일이시(二日二時)는 모두 50시간이 되고 이를 요와 결합하여 '오십시오'가 된다. 그러므로 이 말은 "혹시 한가하면 오시라"는 뜻! 의식 몽롱한 병중에 내주신 퀴즈이건만 실은 "아부지 빨리 올라 오시라 할까요?"에 대한 절묘한 답인 셈이다. 각별한 정을 나눈 동생에 대한 그리움을 이렇게 재치 있는 퀴즈로 드러내신다. 병실에서 우리는 "우와, 총총하시네요" 하며 웃었다.

젊은 날 품었던 큰 뜻을 다 펴지 못하고 바싹 마른 장작이 되어 가쁜 숨 쉬시는 큰아버지를 보며 "장자"(長子)의 자리와 "아버지"라는 이름을 생각한다. 10남매 맏이로 자라신 큰아버지는 젊은 날 아나키즘 운동을 활발히 하셨다. 일제 식민 통치에 비타협으로 투쟁한 단주유림선생을 기념하는 사업회 일도 하시고 한국자주인연맹 의장도 하셨다. 우리나라 근대 정치사의 숱한 사연이 그렇듯 또 아나키즘 운동이 걸어온 길이 그렇듯, 큰아버지는 정치도 사업도 뜻을 제대로 펴지 못하셨다.

선대로부터 물려받은 그 많은 재산을 다 축내시고 덩달아 내 아버지도 그 뒷수습을 하시느라 엄청난 타격을 입으셨다. 때마침 대학에 입학했던 내게도 큰 직격탄이 떨어진 셈인데 갑자기 어려워진 살림에 서울에서 대학을 다니던 내 이십 대는 고단한 기억으로 가득하다. 서울의 이쪽 끝에서 저쪽 끝까지 과외를 하며 학비를 벌던 시절, 언니는 노동운동을 하느라 집에는 좀 무심했고 나는 나와 내 밑의 동생들 공부에 신경 쓰느라 과외해서 동생 등록금 마련하고 내 등록금은 장학금으로 해결하고 매일 총총 뛰어다녔다. 덕분에 서울 지리에 아주 밝아진 건 덤이다.

돌아보면 또 그게 그렇게 힘들었나 싶기도 하다. 그 때도 시가 있어 내게 힘이 되고 구원이 되어 주었고 좋은 친구들도 많았다. 그래도 엄마의 근심 어린 한숨이 가엾고, 앞을 잘 모르는 불안함 속에 아버지의 헌신적인 우애가 답답하고 고루하게 느껴진 적 많았음을 이제 와 고백한다. 어린 날의 내게 큰아버지는 이해할 수 없는 일에 평생을 바치신 실속 없는 어른이었다. 하지만 나이를 먹고 보니 큰아버지의 삶과 굽히지 않았던 그 신념이 이해되고, 이해를 넘어 참으로 대단하다 싶을 만치 존경스럽기도 하다. 큰 뜻을 품었으나 마음대로 되지 않는 세상의 파고를 힘들게 헤쳐 오시며 건장했던 육체가 어찌 저리 쇠해졌나, 마음이 먹먹하지만 내색은 않았다. 그 와중에도 정신의 총총한 끈을 놓지 않는 큰아부지의 의지력에 놀란 저녁이었다.

"밝고 넓은 길에선 / 항상 앞장세우고 / 어둡고 험한 데선 / 뒤따르게 하셨지. // 이젠 나도 자라서 / 기운 센 아이 / 아버지를 위해선 / 앞에도 뒤에도 설 수 있건만 / 아버지는 멀리 산에만 계시네." 시인 이원수의 「아버지」라는 시에 나오는 구절이다. 우리 다 아는 「고향의 봄」을 쓰신 분. '아버지의 자리'는 그렇게 늘 성큼성큼 앞서 걷는 자리인가 보다. 따뜻하게 품어주는 사랑을 하는 어머니에 비해 아버지의 사랑은 쉽게 드러나지 않고 자식들은 아버지의 앞서 걷는 걸음을 잘 이해하지 못한다. 그래서 '아버지'라는 이름은 외롭다.

어른이 되기 전에는 이해 불가한 그 특별한 이름. 하지만 우리는 가장 막막한 순간에 그 이름에 의지해 걷는다. 아버지가 물려주신 가르침과 아버지가 앞서 걸은 그 보폭의 느낌을 생각해서 힘든 순간에 지침으로 삼는다. 정말 힘들 때는 그 앞에서 머리 조아려 엎드린다. 드디어 아버지를 이해할 수 있는 어른이 되어 아버지를 위해 앞에도 뒤에도 설 수 있게 되면 아버지, 크게 부르며 자랑하고 싶건만, 그만 아버지는 곁에 머물러 계시지 않는다.

우리 모두는 아버지라는 이름의 무게 앞에서 허덕이다가 한 걸음 늦게 부끄럽게 고개 숙이는 못난 자식이다. '아버지'하고 가만히 불러본다. 아버지는 가장 높은 권위의 자리이자 자식을 위해서는 무엇이라도 할 수 있는 가장 큰 용기와 인내의 자리다. 또 가장 깊은 고독의 자리다.

'아버지'하면 떠오르는 영화가 하나 있다. 1970년대 아일랜드의 가톨릭 신자 제리 콘론의 실화를 다룬 <아버지의 이름으로>라는 영화다. 콘론은 1974년 영국 길포드 주점에서 발생한 아일랜드 공화국군(IRA) 폭탄 테러의 용의자로 몰려 15년간 억울한 옥살이를 했다. 영국 정부의 재조사 끝에 무죄 석방되어 그 이야기가 『입증된 무죄』라는 제목의 소설로 만들어졌고 그게 영화화된 것이다. 콘론이 체포되고 얼마 후 아버지 패트릭 주세페 콜론마저 체포되어 복역하다가 1980년 결핵으로 숨지게 되니 비극이 가족사를 관통한 마음 아픈 사례다. 그 해 아일랜드 가톨릭 수녀님이 콘론 구명운동을 벌여 영국 정부가 전면 재조사를 실시, 결국 자백이 위조됐다는 사실이 밝혀지면서 콘론은 1989년 석방되었다. 당시 경찰이 정확한 증거 없이 무리하게 이들을 기소했다는 점이 밝혀져 영국 사법체계에 대한 활발한 논의를 촉발했고 2005년에 영국 총리 토니 블레어가 콘론 등 '길포드 4인방'(주점 테러사건 복역자들)에게 공식 사과도 했다.

우리의 현대사에도 국가 권력의 사과가 있어야 할 일들이 수없이 많다. 무수한 간첩 조작 사건, 용공 사건, 고문은 물론이고, 유서대필 조작사건은 또 어떤가. 1991년 국가의 실정에 항거하는 젊은이들의 분신이 잇따르던 때, 유서를 대필했다는 상상 불가한 어마어마한 사건을 조작하고도 평생을 그 사건에 저당 잡힌 당사자에게 공식 사과가 없다. 그나마 영국이 우리보다 낫다 싶다. 콘론은 석방 후에도 삶이 순탄치만은 않았는데, 알코올, 마약 중독, 자살 유혹과 싸워야 했기 때문이다. 한 인터뷰에서 "석방 후 몇 년 동안 나는 우는 것 말고는 아무 것도 할 수 없었다"고 말할 정도로 복역의 트라우마와 그 억울함을 고백한 콘론은 2014년 세상을 떠났다. 공권력 앞에서 농락당한 개인의 인권과 억울한 희생, 철없는 아들에게는 두려움의 대상이었던 '아버지의 이름'으로 하느님과 정의를 향해 부단히 항거하여 결국 억울함을 밝혀낸 과정, 늘 그렇듯, 삶은 그 자체로 영화보다 더 극적인 드라마다.

그러고 보면 '아버지의 이름'은 권위 이전에 희생과 인내, 기다림의 다른 이름이다. 본향에서 떠나온 삶의 굽이굽이에서 수많은 죄를 저지르며 뉘우치지 않는 아들들. 돌아가 아버지께 울며 고할 시기도 놓치고 오늘도 먼 땅을 헤매는 자식들이 얼마나 많은가. 그 수많은 탕자들을 기다리는 아버지. 인간으로 살아가는 이 고단한 생의 힘겨움, 외로움, 곤경, 자랑을, 울고 웃으며 아뢸 대상이 바로 아버지다. "언제나 우리는 고향에 돌아가 / 그간의 일들을 / 울며 아버지께 여쭐 것인가" 시인의 짧은 질문에 아버지와 아들의 슬픈 사연이 함께 어린다. 아버지는 늘 뒤에서 기다리시는 분. 말하지 않아도 다 안다며 우리의 눈물 섞인 고해를 들어주시는 분. 누구도 핍박해 본 적 없는 사랑 많은 자의 빈 호주머니다.

그 앞에서 머리 조아리고 울며 그간의 일들을 여쭐 수 있는 아버지 계심으로 오늘의 우리 하루가 감사하고 충만할 수 있다. 세상 구석구석에서 아버지의 이름으로 고단하게 살며, 먼 길 헤맨 아들이 돌아오길 기다려는 모든 아버지. 더 높은 아버지의 이름으로 오늘은 감사기도를 올린다. 코스모스와 아버지, 아버지의 기다림. 그 기다림에 우리 각자는 어떻게 응답해야 할까?

ps: 참 이상도 하지. 이 글의 마지막 문장 물음표를 찍은 직후, 큰아버지께서 운명하셨다는 전화를 받았다. 이젠 고통 없는 곳에서 큰아버지의 아버지의 자락에서 편안히 쉬시기를. 선한 의지를 가진 개인들의 연대를 통해 이 나라의 평등과 평화를 이루기를 갈망하신 큰아버지 평생의 큰뜻을 오래도록 기억하겠다고 다짐한다. (2015.9)

잊을 수 없는 단 하나

여인이여, 그대 이름은 무엇이냐? —몰라요.
어디서 태어났으며, 어디 출신인가? —몰라요.
왜 땅굴을 팠지? —몰라요.
언제부터 여기에 숨어 있었나? —몰라요.
왜 내 약지를 물어뜯었느냐? —몰라요.
우리가 당신에게 절대로 해로운 짓을 하지 않으리라는 걸 아는가?
—몰라요.
당신이 누구 편이지? —몰라요.
지금은 전쟁 중이므로 어느 편이든 선택해야만 한다. —몰라요.
당신의 마을은 아직 존재하는가? —몰라요.
이 아이들이 당신 아이들인가? —네, 맞아요.

「베트남」 비스와바 쉼보르스카, 최성은 역,
『끝과 시작』, 문학과 지성사(2016)

우리나라에 전쟁이 터질 것 같다는 소식은 늘 바깥에서 먼저 듣는다. 이번에도 어김없다. 해외에 계시는 은사님께서 정말 괜찮은 거냐고 안부를 물어주셨다. 바쁜 나날에 뉴스를 잘 안 보고 살다가 외국에선 한국의 상황을 정말 심각하게 생각하는구나 하고 짐작했다. 전쟁 일촉즉발이라는 소식을 듣더라도 일반 시민이 할 수 있는 것은 라면 사재기 외에는 별로 없다.

토요일 5시로 예정된 위기의 시간을 앞에 두고 나는 일산에 있는 한의원에 침을 맞으러 갔다. 멀리 남쪽 도시에 계시는 엄마는 서울보다 더 북쪽인 도시에 잠시 다니러 간 딸이 너무 걱정되시는지 언제 집으로 오냐는 전화를 자꾸 하신다. 걱정 마시라고, 진짜 전쟁이 터지면 전/후방도 없을 텐데요, 심드렁하게 대답을 하고선 돌아오는 길. 자유로 강변도로에 철책선이 처진 풍경이 다른 날보다는 더 예사롭지 않게 눈에 들어온다. 그래, 우리나라는 분단국가지. 위의 시에서 전개되는 풍경이 언제라도 벌어질 수 있는.

1996년 노벨 문학상을 탄 폴란드 시인 비스와바 쉼보르스카(Wislawa Szymborska, 1923-2012)의 시. 2007년에 『끝과 시작』이란 제목으로 우리말 번역시집이 출판되어 일반 독자들도 쉽게 시인의 시를 만날 수 있다. 폴란드는 아우슈비츠의 땅, 인류 역사에서 상상하기도 힘든 유대인 대학살이라는 비극을 겪은 나라다. 쉼보르스카는 그 땅에서 야만적인 현실을 제대로 담아낼 수 없는 시의 불가능에 대해 늘 고민했다. 그래서 그의 시는 크게 어렵지 않고 일상적인 담담한 어조가 특징이다. 그 자리에 꼭 있어야 할 단어를 한 땀씩 바느질하듯 배치하는 시인. 시인은 이런저런 문학상을 받았지만 노벨 문학상과 함께 자신에게 쏟아지는 세간의 관심을 부담스러워했다 한다. 시를 통하여 이 알 수 없는 세계와 생의 의미를 묻는 시인은 손쉬운 낭만화를 허락하지 않는 성찰의 언어로 독자들을 눈뜨게 한다.

앞의 시 「베트남」 또한 시인의 다른 시처럼 그리 어렵지 않다. 형식 또한 비교적 단순하다. 시는 군인과 민간인 여인 사이에 반복적으로 오가는 질의응답으로 되어 있다. 질문이 길지도 어렵지도 않지만 이름을 묻는 첫 질문부터 대답이 의외다. 자기 이름을 모르는 사람. 이름을 잊어버리는 사람이 있을까? 치매가 오지 않는 이상 자기 이름을 잊는 이는 거의 없을 것이다. 그런데 이름을 묻는 군인의 질문에 여인은 모른다고 대답한다. 일부러 그런 것 같지는 않다. 땅굴 속에 있다가 들켜서 지상으로 끌려 나왔을 것으로 짐작되는 상황. 아마 죽음의 공포 앞에서 벌벌 떨고 있는 중이라 머리가 새하얗게 되었을 것 같다.

어디서 태어났는지, 언제부터 그 땅굴에 숨어 있었는지, 누구 편인지, 계속되는 질문에 여인의 대답은 계속 "몰라요"다. 총부리 앞의 대답이 거짓은 아닌 것 같고, 생과 사의 기로 앞에서, 전쟁의 한가운데에서 치르는 공포의 정도가 그만큼 압도적인 것 같다. 두려움이 너무 크면 정말 아무 것도 생각나지 않으니까 말이다. 이런 저런 질문이 드디어 누구 편이냐는 대목에 이르게 될 때 긴장하는 쪽은 오히려 독자다. 전시 상황. 대답을 잘못했다가는 바로 죽음이라는 걸 우리는 안다. 아마 군인의 팔을 물어뜯는 저항을 했기에 더욱 이 질문은 목숨 값과도 맞먹는다. 그런데도 대답은 또 "몰라요"다. 답답하기 짝이 없는 공포가 이어진다.

이 무조건적인 거부, 모른다는 말은 일견 저항처럼도 보이지만 저항은 아닌 듯하다. 저항이라면 좀 더 전략적인 답이 나와야 할 것 같은데 그건 아니니. 그냥 순도 100%의 공포라 할까. 전쟁의 참상은 '누가 어디서 얼마나 죽었다'라는 보고 형식의 사실에서 드러나는 것이 아니라 이처럼 실감나는 대화, 죽었다 깨어나도 잊을 수 없는 질문들에 대해 "몰라요, 몰라요, 몰라요"라고 대답하고야마는 끈덕진 공포 속에 더 생생하게 드러난다. 상상하기 싫고 기억하기도 싫은 무서움과 끔찍한 두려움으로 인한 망각이다. 아무리 다시 생각해도 '끔찍' 이상도 이하도 아니다.

마지막 질문 "이 아이들이 당신 아이들인가?"에 이르면 독자는 별 기대를 하지 않게 된다. 어차피 다 몰랐으니까, 아마 같은 대답이겠지. 그런데 그처럼 오래 반복되던 "몰라요"가 아니다. 대답은 놀랍게도 "네"다. 아이들, 아이들, 우리 아이들. 엄마는 죽음의 공포 앞에서도 아니 몇 번을 죽었다 깨어나도 자기 아이들은 잊을 수 없다. 그게 엄마다. 모든 것을 잊게 만드는 전쟁 중에 모든 것을 다 잊어버려도 잊을 수 없는 단 하나, 아이, 아이들.

시인은 초기 시에서 어릴 때의 세상은 "기도문에 나오는 해묵은 진실의 메아리처럼 평범"했으나 전쟁을 겪고 역사가 승리의 팡파르를 울리지 못하고 지쳐가는 길 보며, 전쟁으로 얻은 전리품인 이 세상은 다시 "기도문에 나오는 해묵은 진실의 메아리처럼 특별"하게 느껴졌다고 말한 바 있다. 이처럼 평범하고도 특별한 진실의 으뜸이 바로 앞의 시에서 공포에 떨던 어머니의 단호한 한 마디, "네, 맞아요." 내 아이임을 외치는 그 절박한 한마디다. 가련한 여인 어머니의 그 절박한 외침은 베트남만의 문제가 아니다. 지금도 세계 곳곳에서 벌어지는 크고 작은 전쟁, 늘 긴장이 감도는 한반도, 우리의 어제요 오늘이며, 어쩌면 내일이 될지도 모르는 비극이다.

나는 버릇이 하나 있다. 주사를 맞을 때, 수술대 앞에서, 중요한 시험 앞에서 습관처럼 '성모송'을 간절히 읊는 것이다. "은총이 가득하신 마리아님, 기뻐하소서! / 주님께서 함께 계시니 여인 중에 복되시며 / 태중의 아들 예수님 또한 복되시나이다. // 천주의 성모 마리아님, / 이제와 저희 죽을 때에 / 저희 죄인을 위하여 빌어주소서." 마지막에 "아멘" 하고 나면 바로 옆에 엄마가 나를 안아주시는 듯 마음이 차분하고 든든해진다. 어릴 때는 제일 존경하던 외할머니를 떠올리곤 했는데 천주교 세례를 받고 난 이후엔 성모님으로 바뀌었다. 우리는 모두 한 어머니의 그토록 소중한 아이, 자기 목숨이 위험에 처한 절박한 상황에서 다른 모든 것을 잊더라도 절대로 잊을 수 없는 소중하고 절대적인 존재, 우리는 다 그렇게 태어났다.

그 엄연한 사실을 자각할 때 오늘 우리가 통과하고 있는 어둡고 헐벗은 먼 길의 절망은 절망이 아니다. 지금 여기의 현실은 물론 고단하고 참혹하다. 자살률 1위의 나라에서 사고로 아이를 잃고 지금도 길거리를 헤매고 있는 수많은 어머니들이 있다. 한때 우리는 다른 세상이 오리라 믿고, 그 세상을 노래하며 꿈꾸었다. 한때 우리는 세상을 우리 뜻대로 만들 수 있으리란 희망에 자신만만했다. 하지만 지금 우리는 더욱 깊어진 갈등과 불신, 가난과 불행에 여전히 앞이 보이지 않는 먼 길을 더듬더듬 찾아 걷고 있다. 그래도, 그 어둠에도, '네, 맞아요, 우리 아이들이에요'를 한 치의 망설임 없이 외칠 수 있는 어머니의 사랑이 있어 간신히 눈을 다시 밝힌다.

주말에 서울에 잠시 올라오셨다 다시 고향으로 내려가시는 엄마를 안아본다. 어릴 때 세상에서 가장 따뜻하고 든든하고 너른 품이었던 엄마건만, 이제는 내 품에 쏙 안기는 키 작은 할머니가 되었다. 우리를 키우시면서 엄마의 모든 것은 쪼그라들었다. 그래도 엄마는 그 작아진 몸으로 있는 힘 다해 나를 크게 안아주신다. 토닥토닥 등을 두드리며 "우리 은귀" 하신다. 그처럼 우리 각자가 잊을 수 없는 단 하나다. 잊을 수 없는 단 하나에서 나와 그 하나를 품는 존재다. 그렇게 우리는 누군가의 아들, 딸에서 누군가의 어미, 아비가 된다. 이 세상에 오롯이 홀로인 사람은 없다. 세상을 떠난 후에도 하늘에서 땅에서 바람으로 나무 이파리로 전해지는 그 사랑, 그 기도의 힘으로 다시 자라고 다시 회복되는 우리다. 전쟁 아닌 평화, 불의 아닌 정의, 위악이 아닌 너그러움, 이기(利己)가 아닌 보살핌으로 그 소중함을 함께 지켜야 하는 우리다. (2015.10)

시월에 온 이름 없는 여인을 생각하며

이 세상 그 어느 나라에도
애국 애족자가 없다면
세상은 평화로울 것이다

젊은이들은 나라를 위해
동족을 위해
총을 메고 전쟁터로 가지 않을 테고
대포도 안 만들 테고
탱크도 안 만들 테고
핵무기도 안 만들 테고

국방의 의무란 것도
군대훈련소 같은 데도 없을 테고
그래서

어머니들은 자식을 전쟁으로
잃지 않아도 될 테고

젊은이들은
꽃을 사랑하고
연인을 사랑하고
자연을 사랑하고
무지개를 사랑하고

이 세상 모든 젊은이들이
결코 애국자가 안 되면
더 많은 것을 아끼고
사랑하며 살 것이고

세상은 아름답고
따사로워질 것이다

『우리들의 하느님』(2010), 녹색평론사, 권정생

미국 시민권이 있는데도 나라를 사랑하는 마음으로 한국군에 자원입대했다가 아픈 몸을 제때 치료받지 못해서 뇌 손상이 된, 그래서 평생을 장애인으로 살아야 하는 젊은이의 가슴 아픈 이야기를 뉴스에서 접했다. 하루하루 맑은 가을하늘에 즐거움과 풍요가 넘치는 세월이건만 우리에게 전쟁은 아직도 진행형이다. 심심하면

이 진행형의 전쟁이 국민에게 겁을 주고 나라를 다스리는 효과적인 방식으로 동원되기도 한다. 나라를 사랑하는 애국심 또한 국민된 자로 가져야 할 자연스러운 마음이겠지만 어떤 이념적 목적을 위해 때로는 강제되기도 한다. 누구보다 이 땅, 이 나라를 사랑했던 시인 권정생(1937-2007)이 애국자가 없는 세상을 노래한다. 무슨 뜻일까? 수많은 동화와 소설을 남기고 평생을 청렴하고 천진한 마음으로 살다 간 시인이 왜 애국자가 되지 말라고 하는 것일까?

거트루드 스타인(Gertrude Stein, 1874-1946)이라는 미국의 시인은 1, 2차 세계 대전이라는 암울한 구름이 전 세계를 덮던 20세기에 "독일 젊은이들에게 불복(disobedience)를 가르쳐라"고 단호하게 말했다. 복종이 아닌 불복의 정신을 가르쳐야 지배 계급의 질서와 가르침을 무작정 비판 없이 따라하지 않을 것이라고. 그래야 전쟁에 참여하는 군인이 없어질 것이고, 그래야 죽음의 전쟁이 끝이 날 것이라고. 권정생 시인의 말과 흡사한 단호한 일침이다. 대포와 탱크와 핵무기 등 죽음의 무기가 없는 세상, 서로 증오하고 싸우지 않아도 되는 평화로운 세상은 왜 오지 않는 걸까? 왜 이 세상은 아직도 이처럼 두렵고 어지럽고 험한 곳일까?

20세기는 실로 전운(戰雲)이 지배한 세기였다. 실제로 많은 전쟁으로 수많은 사람들이 다치고 죽었다. 2차 세계대전을 끝낸 히로시마와 나카사키의 원폭 투하는 종전 직전에 이루어졌다. 일본에 지배당한 역사 때문에 자라면서 자연스레 반일감정이 형성된 우리 세대만 해도 원자 폭탄에 대한 문제의식이 별로 없는 편이다. 그도 그럴 것이 학교에서는 미국의 원폭 투하를 일본의 항복으로 이끈 결정적인 전략적 승리로 가르치기 때문이다. 그래서 핵무기는 자칫 해방의 무기로 잘못 오인되기 십상이다. 일본 패망의 원인으로 소련의 참전과 미국의 원폭 투하라는 두 가지 요인을 교과서에서 가르치면서 얼마나 많은 이들이 원폭 투하로 고통을 겪었는지는 자세히 말하지 않는다. '원폭 투하가 우리나라의 해방을 가지고 왔다'거나 혹은 '일본인들은 그렇게 당해도 싸다'라는 그릇된 인식을 심어주기 쉽다.

역사의 뒤안길에는 기억되거나 기록되지 않고 지워진 희생자가 너무 많다. 당시 강제 징용된 조선인들이 겪어야 했던 희생과 피해에 대해서는 어떤 교과서도 언급하지 않고 가르치지도 않았다. 알려진 바에 따르면 히로시마와 나가사키 원폭 투하로 10만 명 이상의 조선인 사상자가 발생했는데 그 중 5만여 명은 즉사했고 4만여 명은 귀국했다고 한다. 살아남은 조선인 피폭자들은 역사 속에서 그만 지워진 존재가 되고 말았다. 강제징용된 것만으로도 부족하여 원자폭탄에 피폭되고 고국에 돌아와서 끔찍한 병을 앓으며 그 병이 2대, 3대 후손으로 이어지는 고통을 겪는 이들, 20세기 우리 역사의 모순을 온몸으로 증언하고 있는 사람들이다.

유엔에서는 원폭 투하가 있은 지 70년이 지나서야 비로소 조선인 원폭 피해자 문제가 제기되었다. 유엔본부에서 '핵확산 금지조약' 재검토 회의를 하면서 한국 시민단체가 처음으로 일본 내 한국인 피폭자 문제를 거론한 것이다. 그나마 다행인데 실은 너무 늦은 일이다. 신문에서 이 소식을 얼핏 읽고 지나다 원폭 문제를 다시 가깝게 생각하게 되었는데 바로 '시월이 아지매' 때문이다.

어릴 때 고향에는 할아버지 삼형제가 나란히 집을 지어서 큰집 우리집 작은집이 한 식구처럼 지냈다. '시월이 아지매'는 이름도 없이 살다가 10월 달에 큰집에 식모로 오신 분이다. 시월이라는 이름은 그렇게 붙여진 것이다. 요즘엔 '식모'란 말을 안 쓰지만 예전에 집에서 밥해주는 사람을 그렇게 불렀다. 칠십 년대 후반에 도시 공장으로 너도나도 돈 벌러 나가면서 시골에 식모 구하기가 어려워졌는데, 당시 큰 과수원에서 10남매 대식구 살림을 꾸리시던 할머니께서 누군가의 소개로 시월이 아지매를 데리고 오신 거다. 웃는 얼굴에 마음이 참 고왔던 시월이 아지매, 그런데 시월이 아지매는 온몸에 크고 작은 혹이 있었다. 셀 수 없이 많이.

아지매는 한 식구처럼 집안일을 도우며 살았는데 우리 집이 도시로 이사 나오고 큰집 식구들도 차례로 도시로 떠나고 할머니마저 막내고모 학교문제로 도시로 나가시면서 큰집은 빈 집이 되었다. 큰집에서 할 일이 없어졌으니 시월이를 어디 시설로 보내야하지 않느냐고 친척 어른이 말씀하셨지만, 살던 곳에서 살아야한다는 아버지의 배려로 시월이 아지매는 큰집 사랑채에서 계속 살았다. 우리 가족이 고향에 갈 때면 시월이 아지매는 마당 입구에 나와 유난히 활짝 웃으며 우리를 반겨주신다. 아마 아버지의 배려가 고마웠나 보다. 너그럽고 착했던 시월이 아지매는 그렇게 홀로 지내다 늙고 병들어 운신이 어려워지고 마침 음성 꽃동네와 인연이 닿아 거기서 생을 마쳤다. 온 몸을 덮은 징그러운 혹의 원인이 시월이 아지매 아버지가 히로시마 원폭 피해자여서 아지매는 태어날 때부터 그랬다는 걸, 나는 나중에 들었다.

세대를 지나서 이어지는 끔찍한 역사의 희생자로 시월이 아지매는 그렇게 불쌍하게 살다가 세상을 떠났다. 아무런 보상도 받지 못하고. 아지매가 그 정도였으면 원폭 피해를 직접 입은 아버지는 얼마나 더 큰 고통 속에 있다가 세상을 떠나셨을지 짐작조차 힘들다. 분명한 역사적인 책임과 뿌리가 있는 비참 속에 태어난 하나의 귀한 목숨. 그 목숨이 이름도 없이 바람처럼 떠돌다 그나마 우리집에 와서 식구처럼 살다 갔지만 타고난 그 근원적인 불행을, 평생 겪어야 했을 그 비참을 어디에 누구에게 하소연할 수 있었을까? 어린 나는 혹으로 덮인 시월이 아지매가 너무 징그러워 한 번도 그 얼굴을 제대로 쳐다보지를 못했다.

그런 아지매도 아름다움을 아는 여인네였다. 엄마가 할머니랑 읍내 시장에 가는 날이면 예쁜 치마를 사달라고 엄마한테 특별히 부탁하곤 했다고 하니까. 고운 꽃무늬를 유난히 좋아했던 여인. 파마머리에 하얀 이를 드러내고 꽃무늬 치마를 입고 서서 속없이 웃던 그 얼굴이 생각난다. 마당가에 서서 손 흔들던 시월이 아지매를 기억하는 가을, 이 세상의 폭력과 전쟁은 여전히 '계속진행형'이다. 지뢰에 발목을 잃고 병원에 누워 있는 군인들의 절망은 누가 무엇으로 치유해줄 수 있을까? 사랑만 알고 평화만 알면서 젊은이들이 자라고 꿈을 꾸는 것은 진정 불가능한 일일까?

우리가 진정으로 따라야 할 가치는 사랑과 평화, 정의이며, 우리가 진정으로 품고 보듬어야 할 대상은 이름 없는 이들, 시월이 아지매처럼 역사의 뒤안길에서 희생의 몫을 아프게 치르는 이들이다. 우리가 누리는 평화와 안녕이 이들의 희생을 정당화하지 못한다. 더 좋은 세상을 만드는 길은 이들이 걸어야 했던 그 비참한 생존의 조건을 내 삶의 조건 안으로 이입해 들이는 데서 시작한다. 편안하게 기존 가치를 따르는 방식을 뒤집어 질문하면서 세상이 당연한 듯 중시하는 것을 불복의 시선으로 다시 보는 것, 우리가 당연히 여기어 온 관습에 대한 치열한 반성 위에서 더 나은 세상을 향한 첫 걸음이 비로소 가능하지 싶다. (2015.10)

영원할 수 없음을 아는 지혜

자연의 첫 초록은 금빛,
지탱하기 가장 힘든 색.
자연의 떡잎은 꽃이지만,
한 시간이나 갈까.
금방 잎은 잎 위에 내려앉는다.
그렇게 에덴은 슬픔에 빠지고,
새벽은 한낮으로 내려간다.
어떤 찬란함도 머무를 수 없다.

「어떤 찬란함도 머무를 수 없다네」 로버트 프로스트

어느덧 한 해의 끝을 묵상하는 시간이다. '무소유의 달' 12월에 로버트 프로스트(Robert Frost, 1876-1963)의 시를 함께 읽으며 삶의 길을 걸어볼까 한다. 프로스트는 미국인들의 사랑을 가장 많이 받은 시인이고, 한국에도 많이 소개된 시인이라 이름 한 번쯤 들어봤다 싶은 독자님들 꽤 많으실 게다. 「눈 내리는 저녁 숲가에 서서」("Stopping by Woods on a Snowy Evening") 「가지 않은 길」("The Road Not Taken") 같은 시는 중고등학생들에서부터 어른들까지 널리 알려진 시다.

프로스트는 샌프란시스코에서 태어났는데 아버지가 10살 때 돌아가시고 가족이 동부로 이주하게 된다. 하버드에 입학했지만 건강 문제로 중퇴하고 나중에 할아버지가 물려준 뉴햄프셔의 농장에서 자리를 잡는다. 교사, 공장 노동자 등 여러 직업을 전전했지만 농장에서 일을 하며 새벽에는 시를 쓰는 일이 자신에게 가장 맞는 일임을 알고 시 쓰기에 집중한다. 개인적으로는 불행한 일들이 많았던 시인이지만, 자신이 몸담고 있는 땅과 인간, 자연과 인간의 관계를 묵상하는 내용을 시로 썼다. 당시 난해한 시풍이 지배적이던 모더니즘 시단에서 일상적인 언어로 삶의 비의를 묵상한 프로스트는 많은 대중들의 사랑을 받았고 시인으로서 영광스러운 퓰리처상을 4번이나 받게 된다. 83세 되던 해인 1957년에는 옥스퍼드, 케임브리지 등 여러 대학에서 명예 문학 박사 학위를 받고 1961년에는 케네디(John F. Kennedy) 대통령 취임식에서 자작시를 낭송하기도 했다. 당시 햇살에 눈이 부셔 단상의 글씨가 보이지 않았던 노시인은 당황하지 않고 외우고 있던 시를 읊었다고 한다. 1960년에는 의회훈장(Congressional Medal of Honor)이라는 문인으로서는 최고 훈장을 받았고 이어 미 국무성 친선 사절로 소련을 방문하는 등 미국을 대표하는 시인으로 말년을 보내다 1963년에 세상을 떠난다.

프로스트의 일생을 이렇게 길게 소개하는 것은 그의 성취와 영광을 이야기하기 위해서가 아니다. 그보다는 삶의 파고를 넘나들며 생의 의미를 시를 통해 들여다 본 시인의 변함없는 시 사랑을 이야기하고 싶어서다. 대단한 집안 태생도 아니고 대학을 중퇴한 시인이 여러 직업을 전전하다가 선택한 소박한 삶은 농장에서 일하며 시를 쓰는 것이었다. 땅과 흙을 가까이한 시인이 길어 올린 시가 온 국민의 사랑을 받았고 지금까지도 미국이 가장 사랑하는 시인으로 손꼽히고 있다. 그 비결이 무엇일까?

위의 시를 생각하면 답이 보일 듯도 하다. 겨울이 지나 메마른 가지에 물이 오르고 연노랑에 가까운 연두색 잎이 나기 시작하는 시기부터 시작하여 한여름에 이르기까지의 시간, 시인의 눈은 이파리 하나에 머물러 있다. "자연의 첫 초록은 금빛 / 지탱하기 가장 힘든 색"이라는 표현을 보라. 겨울을 지난 나뭇가지에서 싹이 틀 때 연두색 이파리는 노랑과 연두가 섞여서 금빛으로 반짝인다. 그 빛깔은 누구에게나 있는 처음의 시간, 처음의 만남, 처음의 반짝임을 가리킨다. 그 "처음"은 가장 맑고 순결한 때이고 가장 힘이 넘치는 때이고 또 가장 꿈에 부푼 때다. 그 첫 이파리를 시인은 잎이 아닌 꽃이라고 말한다. 그만큼 예쁘다는 의미겠지.

그런데 그토록 곱고 눈부신 연두색 이파리의 시간은 참 짧다. 시에서 "한 시간이나 갈까"로 표현된 부분은 하루가 다르게 초록이 짙어지는 이파리의 영광이 찰나라는 것을 말해준다. 곱고 순해서 보듬어 주고 싶은 그 빛은 금세 초록으로 바뀐다. 시에서 언급된 짧은 새벽은 그 여린 이파리의 시간이겠고, 새벽에서 한낮이 되는 여린 이파리가 무성해지는 때를 말한다. 한낮은 세속적인 삶의 관점으로 보면 힘이 가장 세지는 때 거침없는 성장으로 세력이 확장되는 때다. 하지만 시인은 새벽이 한낮으로 가는 이 시간에 환희나 기쁨이 아니라 슬픔에 빠지는 에덴을 본다.

기뻐해야 하는 때 슬픔을 보는 것이 조금 이상하다. 다시 시를 되짚어 보니 알 것도 같다. 시인의 시선은 우리가 세속적으로 바라보는 시각과는 다르다는 것을. 시인은 바로 성장하는 시절의 다른 모습을 본다. 한참 성장할 때, 한창 커갈 때, 그 환희와 기쁨은 또 얼마나 허약하고 위험한 것인지. 자기 힘에 대한 무한 믿음이 오만을 낳고 그 오만은 방종과 타락으로 가는 가장 쉬운 걸음이라는 것을.

순한 첫 이파리의 반짝임을 'gold'로 표현한 것도 많은 뜻을 담고 있다. 금빛은 곧 영광의 빛깔이다. 돈, 권력, 명예가 금빛이다. 세속의 삶에서 모든 이들이 가장 간절한 마음으로 원하는 것이 바로 금이다. 경기에 나간 선수는 금메달을 타고 싶어 하고, 금으로 상징되는 돈은 모든 이들이 마다 않고 원하는 것. 금배지를 달고 싶은 열망에 몸이 달아오른 정치인들은 지킬 수 없는 약속을 마구 던진다. 세속의 가장 찬란한 빛을 자연의 가장 순수한 첫 이파리에 이입하면서 시인은 세속의 삶이 주는 영광의 색을 자연의 가장 순하고 어린 순간과 맞바꾸고 있다.

첫 이파리의 반짝임을 기억하는 것. 어떤 찬란한 삶도 그 끝이 있다. 어떤 찬란한 자리도 곧 내려와야 한다. 그 다음을 생각하는 것. 지금의 찬란, 지금의 권세에 취하지 않고 그 다음을 생각하는 일. 올라가는 시간이 아니라 내려오는 시간을 준비하는 일. 절실한 그 무엇을 우리는 자주 잊고 산다. 그래서 쉽게 타인을 구속하고 억압하고 핍박하고 힘을 남용한다. 우리 사는 하루하루의 세계는 나만의 세계가 아니고 다른 이의 반짝임을 함께 키워나가야 하는 곳이거늘 그 점을 잊고 권력과 금력과 지력과 필력을 마구 휘두른다. 영원할 줄 알고. 가정이든, 학교든, 지역 사회든, 나라든, 힘을 가진 자가 이런 마음을 먹으면 '지금 여기'는 지옥이 된다. 해서 처음 시작할 때의 순수한 마음을 간직하고 지금 이 순간, 무한으로 보이는 권력과 금력과 권위의 덧없는 한계를 인식하는 것. 그것이 바로 지금 이 곳, 함께 사는 세상의 유일한 지혜다.

프로스트는 그 지혜를 알았던 시인, 짧은 영광 후의 어둠을 직시한 그 시선이 오래도록 사랑받는 시를 만드는 힘이었을 것이다. 우리 문학사에도 프로스트 같은 시인이 있다. 한편, 찬란한 첫 이파리 같은 순수한 반짝임이 명예욕으로 권력욕으로 변색한 시인도 있다. 정치도, 종교도, 사랑도, 공부도, 운동도, 일도 마찬가지다. 첫 이파리의 반짝임 너머를 보는 일. 그래서 겸허히 에덴의 슬픔을 보는 일. 지금 우리 시대에 벌어지고 있는 이 야만과 불행을 헤치고 나가기 위해 꼭 필요한 지혜가 아닐까. 영원할 수 없음을 아는 지혜로 한 해를 슬기롭게 잘 마무리하고 겸허히 새로운 한 해의 첫 이파리, 그 찬란한 빛을 기다린다. (2015.12)

4부

듣다 들어오다

뿌리 / 질문 / 우리 / 평등 / 희망 / 키움 / 망각 / 여름 / 필요 / 신부 / 나눔 / 바람결

말의 뿌리와 중심

나는 배웠다. 다른 사람이 나를 사랑하게 만들 수는 없다는 것을. 내가 할 수 있는 일은 사랑받을 만한 사람이 되는 것뿐임을. 사랑받는 일은 그 사람의 선택에 달렸으므로.

나는 배웠다. 아무리 마음 깊이 배려해도 어떤 이는 꿈쩍도 하지 않는다는 것을. 신뢰를 쌓는 데는 여러 해가 걸려도 무너지는 것은 한순간이라는 것을.

나는 배웠다. 인생에선 무엇을 손에 쥐고 있는가보다 누구와 함께 있는지가 더 중요하다는 것을. 우리의 매력은 15분을 넘지 못하고 그다음은 서로 배워가는 것이 더 중요하다는 것을.

나는 배웠다. 다른 사람의 최대치에 나를 비교하기보다 내 자신의 최대치에 나를 비교해야 한다는 것을. 또 무슨 일이 일어나는가보다 그 일에 어떻게 대처하는가가 중요하다는 것을.

나는 배웠다. 무엇을 아무리 얇게 베어내도 거기엔 늘 양면이 있다는 것을. 언제가 우리의 마지막이 될지 모르므로 사랑하는 사람에겐 언제나 사랑의 말을 남겨놓아야 함을. 더 못가겠다고 포기한 뒤에도 훨씬 멀리 갈 수 있다는 것을.

나는 배웠다. 결과에 연연하지 않고 마땅히 해야 할 일을 하는 사람이 진정한 영웅이라는 것을. 깊이 사랑하면서도 그것을 드러낼 줄 모르는 이가 있다는 것을. 내게도 분노할 권리가 있으나 남을 잔인하게 대할 권리는 없다는 것을. 멀리 떨어져 있어도 우정이 계속되듯 사랑 또한 그렇다는 것을.

나는 배웠다. 가끔은 절친한 친구도 나를 아프게 한다는 것을. 그래도 그들을 용서해야 한다는 것을. 남에게 용서를 받는 것만으로는 충분하지 않고 자신을 용서하는 법을 배워야 한다는 것을.

나는 배웠다. 아무리 내 마음이 아프다 해도 이 세상은 내 슬픔 때문에 운행을 중단하지 않는다는 것을. 두 사람이 다툰다고 서로 사랑하지 않는 게 아니며 다투지 않는다고 해서 사랑하는 게 아니라는 것도.

또 나는 배웠다. 때론 남보다 내가 먼저 움직여야 한다는 것을. 두 사람이 한 사물을 보더라도 관점은 다르다는 것을. 결과에 상관없이 자신에게 정직한 사람이 결국 앞선다는 것을. 친구가 도와 달라고 소리칠 때 없던 힘이 솟는 것처럼 자신의 삶이 순식간에 바뀔 수도 있다는 것을.

나는 배웠다. 글 쓰는 일이 대화하는 것처럼 아픔을 덜어준다는 것을. 가장 아끼는 사람이 너무 빨리 떠나버릴 수도 있다는 것을. 나는 배웠다. 남의 마음을 아프게 하지 않는 것과 나의 주장을 분명히 하는 것을 구분하기가 얼마나 어려운가를.

그리고 나는 배웠다. 사랑하는 것과 사랑받는 것의 진정한 의미를

「나는 배웠다」 오마르 워싱턴

새해다. 늘 보내고 맞이하는 어제와 오늘, 당연한 어느 날의 하루처럼 새해를 맞은 분도 계실 것이고, 어떤 어려움 속에 간신히 마치 처음인 듯 마지막인 듯 남다른 감회와 새 다짐과 함께 맞은 분도 계실 것이다. 1월은 '중심이 되는 달'(아시니보인족)인데, 중심이 되는 것이 어떤 의미일까, 우리 살아가는 나날에 첫 시작 지점에서 상상하는 중심은 무엇이 되어야 할까 하는 질문을 가지고 이 시를 읽는다.

이 시 또한 앞서 소개한 몇몇 시처럼 저자가 잘못 알려진 작품이다. 프랑스가 낳은 가장 위대한 수도자로 널리 알려진 샤를 드 푸코(Charles de Foucauld, 1858-1916) 신부님의 글로 잘못 소개된 것. 프랑스 귀족 가문에서 태어났다가 어릴 때 양친을 여의고 군인이 되는 푸코는 장교로서 북아프리카로 가 반란군을 진압하는 전쟁을 치르면서 삶에 깊은 회의를 느끼게 된다. 비교적 늦은 나이인 43세

에 신부가 되어 다시 아프리카로 가서 총에 맞아 숨질 때까지 선교 활동에 주력하여 아프리카의 선교사란 별명을 얻었다. 워낙 드라마 같은 이야기의 주인공이라 그런지 푸코의 글로 알려진 것이 시의 인기에 한 몫을 한 것일까. 그런데 산문이라 불러도 무방한 이 시는 푸코의 작품이 아니라 아라비아 시인 오마르 워싱턴(Omer B. Washington)의 명상글이다. 오마르 워싱턴은 삶의 감각적인 부분을 시화했다는 것 외에는 크게 알려진 바가 없는 신비로운 인물.

배움에 대해 이야기하자면 우리는 대개 어린 날 소년기와 청년기를 아우르는 특정 시기를 배움의 시기로 한정하는 경향이 있다. 하지만 이 글에서 배움은 현재진행형이다. "나는 배웠다"라고 번역했지만 원래는 "I've learned."라서 지금까지 쭉 배워왔고 지금도 배우고 있는 어떤 일을 말한다. 컴퓨터 등 새로운 지식과 실용적인 기술을 생각하기 쉬운 배움의 항목으로 시인은 사랑, 신뢰, 용서 등 배움이 필요하지 않다고 생각하기 쉬운 덕목들을 열거한다. 사랑과 신뢰, 사건의 양면성, 용서와 슬픔에 대해, 또 나와 세상의 관계에 대해 조목조목 짚어나가면서 우리의 고정관념을 하나씩 깬다.

사랑받기 원하는 우리에게 먼저 사랑하는 것이 중요하다고, 성취의 결과를 중시하는 우리에게 결과물이 중요한 것이 아니라 지금 누구와 함께 있는가가 중요하다고, 상처는 가까운 이에게서 받기 쉬우니 용서하기를 배우라고, 남을 용서하는 것만큼 자신을 용서하는 것이 필요하다고. 너무 힘들 때는 포기하고 내려놓아도 좋다고, 포기한 뒤에도 꽤 먼 길을 갈 수 있다는 말은 세상만사에 지쳐 숨이 턱에 닿은 자들에게 큰 위로가 된다. 내 아무리 슬프다 해도 세상은 그대로 돌아간다는 말은 나의 슬픔을 냉정하고 현실적으로 돌아보도록 가르친다. 얼핏 서운하게 느껴질 수도 있는 현실인식을 통해 시인은 각자가 자기 슬픔에 함몰되지 않고 어떻게 일어나야 하는지 차분히 격려한다. 글 쓰는 일에 대해서도 전하는 바가 많다. 때로 지독한 슬럼프, 우울과 절망에 빠져 있을 때 나를 옭아매는 절망에 대해 차분하게 글을 써 내려가다 보면 어느 새 그 글 안에서 작은 실마리가 얻어지기도 한다.

관계에서의 상처는 늘, 먼 사람이 아니라 가까운 사람에게서 온다. 나를 가장 아프게 혹은 슬프게 하는 이는 내가 가장 기대고 있는 사람이다. 시인은 그러한 상처도 있는 그대로 받아들이라고 한다. 물론 거기서 벗어나는 방법도 내가 적극적으로 움직일 때 얻을 수 있다. 내 삶을 바꾸는 계기가 외부의 자극이나 사건에서 올 수도 있지만 내 마음의 적극적인 움직임에서 구원이 기적처럼 오기도 한다.

결과에 연연하지 않는 자세는 또 무얼 말하는가? 우리는 모든 일에 각자 기울인 노력만큼의 대가 혹은 그에 합당한 결과를 바란다. 하지만 진정한 영웅은 결과에 연연하지 않고 "마땅히 해야 할 일을 하는 자"라고 한다. 우리는 자주 우리 주변의 진정한 영웅을 제대로 보지 못하고 결과에서 두드러지는 소수만을 바라본다. 분노할 권리는 있으나 남을 잔인하게 대할 권리는 없다는 말은 또 어떤가. 분노와 자비를 함께 지니는 것이 얼마나 어려운지 우리는 잘 안다. 하지만 어려울수록 다잡아 생각하여 분노가 잔인한 복수로 이어지지 않도록 해야 한다.

결국 이 모든 배움의 과정, 그 시작과 끝에 무엇이 있을까? 바로 사랑이다. 그 사랑은 따뜻하고 온화한 이상적인 관계 안에서의 사랑이 아니다. 의견이 달라 다툼이 있을 때, 상처를 받았을 때, 핍박받았을 때, 분노할 때, 슬픔과 절망 속에 온통 무기력해질 때, 사랑은 가장 곤란한 시간과 장소, 오해로 중첩된 관계 안에서 우리를 시험하는 단 하나의 유일한 척도다. 그러므로 어제도 오늘도 배움의 길 위에서 엎치락뒤치락하며 배우는 단 하나의 유일한 가치가 사랑이다. 혼돈과 불화, 슬픔과 절망, 상처와 배반을 뛰어넘는 가치는 사랑 말고는 없다. 졸업장도 없고 자격증도 없고 합격 상한선도 없는 것. 살아있는 순간순간, 어제와 오늘, 그리고 내일, 끊임없이 다시 묻게 되는 유일한 가치가 사랑이다.

고립된 인간을 살만한 '함께'의 공간으로 이끄는 것. 어제 안다고 생각했으나 오늘 다시 묻게 되는 것. 늘 새로운 바람이요 구원인 것. 그래서 배우고 또 배워야 하는 가치들을 생각한다. 겨울 한 가운데서 춥고 시린 계절 1월이다. '나뭇가지가 눈송이에 뚝뚝 떨어지는 달'(쥬니족) 1월은 '중심이 되는 달'(아시니보인족)이기도 하다. 척박한 시절을 통과하면서 마음의 중심을 잡는 데는 시가 좋은 기운을 준다. 시와 함께 걷는 길에서 이왕이면 사랑을 배우면 좋겠다. 사랑만큼 사람을 시험에 들게 하는 것, 우리 자신의 바닥을 보게 하는 것이 또 어디 있을까. 사랑을 하는 것도 제대로 받는 것도 어려운 시절, 회의와 불신과 냉소와 환멸이 판을 치는 시절에 마음을 제대로 나누고 사람을 살리는 말의 뿌리를 어루만진다.

을이 던지는 질문

누가 성문이 일곱 개나 되는 테베를 건설했나?
책에는 왕들의 이름만 나와 있다.
왕들이 바위덩어리들을 끌어 날랐는가?
그리고 몇 번이나 파괴되었던 바빌론-
누가 바빌론을 그렇게 여러 번 재건했나?
건설 노동자들은 금으로 번쩍이는 리마의 어느 집에서 살았나?
만리장성이 완성되던 날 밤에 석공들은 어디로 사라졌나?
위대한 로마는 개선문으로 가득 차 있는데, 누가 그것들을 세웠던가?
로마의 황제들은 누구를 상대로 승리를 거두었는가?
수많은 찬양을 받은 비잔티움,
그 곳에 있던 것은 궁전뿐이었나?
전설적인 아틀란티스에서조차
대양이 그 도시를 삼켜버린 날 밤에 사람들은
물에 빠져 죽어가면서도 자기 노예들에게 고함치고 있었지.

청년 알렉산더는 인도를 정복했지.
그는 혼자였나?
시저는 갈리아를 쳤지.
그 옆에 요리사 하나는 데리고 있지 않았나?
스페인의 펠리페 왕은 자기 함대가 물속에 가라앉자 눈물을 흘렸지.
눈물 흘린 사람은 그 혼자뿐이었나?
프리드리히 2세는 칠년전쟁에서 승리했지.
그 외에 누가 승리했던가?

페이지를 넘길 때마다 등장하는 승리.
승리의 향연을 위해 누가 요리를 했던가?
십년마다 나오는 위인.
누가 그들을 위해 대가를 치렀는가?

너무나 많은 이야기.
그만큼 많은 의문들.

「독서하는 노동자의 질문」 베르톨트 브레히트

지나는 해를 정리하면서 말의 뿌리에 대해 생각한다. 진실, 평화, 화해, 정의, 사랑, 어버이, 애국 등의 말들이 이 사회에서 오롯이 바른 의미를 부여받지 못하고 헤매고 있는 것 같아 답답한 날이 너무 많았다. 최종, 불가역 등 외교문서에서 쓰이는 어휘가 온 국민의 뇌리에 질문과 분노로 박힌 시간이기도 했다. 매일 하는 산책이건만 산길을 걸을 때 기운이 없는 날은 두 다리도 터덜터덜, 시선도 삐뚤삐뚤, 같은 길을 가도 시간이 한참 더 걸린다. 시를 읽고 글을 읽으며 마음에 새기는 시간도 마찬가지. 이런저런 현실의 문제들에 시달려서 기운을 잃고 마음의 근육이 빠진 때는 글이 눈에 제대로 들어오지 않고 말의 의미 또한 옆길로 빠져 제 자리를 찾지 못한다.

세밑 송년 모임에서 공부길 긴 시간을 같이 보낸 어떤 선배가 말했다. 인생의 목표가 행복이라고 생각했는데 이제 그 마음을 고쳐먹었다고. 이 세상을 조금이라도 더 나은 곳으로 만들고 간다면 더 바랄 게 없겠다고. 그 얘기를 듣고 우리는 '그걸 이제서야 깨달았느냐'고 순한 선배를 놀려먹었지만, 실은 다 알고 있었을 게다. 세상을 더 나은 곳으로 만드는 일은 어쩌면 행복보다 더 어려운 과제라는 걸. 세월이 뒷걸음질 치는 걸 속수무책으로 바라보며 힘든 해를 보낸 피로감에 우리는 다들 물먹은 솜처럼 지쳐 있었다. 나이를 한 살 더 먹는 일이 지혜를 보장해주는 것은 아니란 걸, 학교나 집, 사회에서 마주치는 문제의 해답을 구하는 일이 결코 더 쉬워지지 않는다는 것을 우리 모두 알고 있었다. 쉽게 해답을 구할 수 없는 의문들로 가득한 곳에서 조금이라도 더 해답을 구하려고 애쓰다가 가는 길이 우리 인생이라면 새해에는 그래도 새해의 질문이 있을 것이다. '홀로 걷는 달'(체로키족) 2월에 홀로됨의 응시를 질문으로 이루어진 시와 함께 해보기로 한다.

앞의 시는 독일의 연극 이론가 브레히트(Bertolt Brecht, 1898-1957)의 작품이다. '낯설게 하기'라는 개념을 연극 연출에 도입한 브레히트는 좋은 시인이기도 했다. 시는 세계사에 이름을 올린 많은 도시들과 건축물을 나열하면서 많은 질문을 되풀이한다. 바빌론과 테베, 로마, 비잔티움, 아틀란티스, 만리장성은 가장 화려한 문명의 정점을 찍었다가 그 몰락을 보여준 이름들이다. 시인은 그 도시의 면면을 소개하는 것이 아니라, 그 도시와 함께 했던 이들을 불러 모은다. 도시의 통치자인 왕과 황제를 부르면서 시인은 놀랍게도 거기 노동자들을 함께 위치시킨다. 화려한 도시엔 그 도시를 통치한 이들의 이름이 아로새겨지지만 그 도시를 만들기 위해 벽돌을 지고 나른 이들의 이름은 철저히 지워지는 것이 역사가 보여준 현실인데 말이다.

시인이 질문하는 것은 바로 그 지점이다. 역사는 흔히 승자의 기록이라고 한다. 승자의 치적만이 기록되어 이어지는 역사 이야기. 실상 역사는 보이지 않는 수많은 손과 발이 승자의 뒤를 받쳐주기에 만들어진다. 도시를 세우는 것도, 밤낮없이 도시의 번영을 일구고 유지하는 것도 이름 없는 수많은 노동자의 몫이다. 전장에서도 마찬가지다. 많은 병사들의 희생을 치른 엄청난 싸움이건만 싸움을 이끈 장군만이 기억되고 병사들은 사라진다. 한 사람의 치적으로 기록되어 전해지는 역사인데 시인은 간단한 질문을 통해 이름 없이 사라진 이들의 존재를 부각시킨다. 역사의 뒤안길에서 사라졌던 노동자, 문명의 주춧돌이 되고 승리의 마중물이 되었던 이들이 되살아난다. 을들의 역사다. 브레히트는 이 시에서 노동자들을 단순히 나열하는 것이 아니라 주인과 희생자들 사이, 소위 갑과 을의 '관계'에 긴밀한 시선을 던짐으로써 그 중요성을 부각시킨다.

테베를 건설한 왕들이 직접 바위를 날랐나? 바빌론 재건에 앞장선 노동자들의 집은 어디였나? 금으로 번쩍이는 집에는 누가 살았나? 만리장성을 쌓은 석공들은 모두 어디로 갔나? 아틀란티스가 물에 가라앉는 날의 모습은 자못 희극적이기도 하다. 손 끔짝 않고 그저 신호만 보내면 달려와서 모든 걸 해결해주는 노예를 거느리고 살던 귀족들은 물에 빠져 죽으면서도 노예를 불렀을 것이다. 스스로 할 수 있는 게 없었으니까. 어쩌면 그들이 거느리던 노예가 바로 그들의 '신'이었던 셈이다.

다음에 이어지는 이야기도 주인과 하인의 '관계'에 대한 새로운 상상을 가능하게 해준다. 알렉산더와 시저 등 역사에 길이 이름을 남긴 이들도 전장의 고단함 속에 요리사가 해주는 음식에 위로를 받았을 것이다. 펠리페 왕이 전쟁에서 패할 때 통곡한 이는 그 혼자만이 아니었을 것이다. 수많은 병사들이 함께 통곡하며 죽어갔겠지. "승리의 향연을 위해 누가 요리를 했던가?"하는 질문과 십년마다 나오는 위인을 위해 누가 "대가를 치렀는가?"하는 질문에 이르면 우리는 결국 역사의 주체가 지금까지 생각해오던 위인이 아니라 그 뒤에 있던 이름 없는 사람들이었음을 깨닫게 된다.

마지막 연을 시인은 "너무나 많은 이야기 / 그만큼 많은 의문들"이라는 짧은 구절로 마무리한다. 이 두 구절은 역사의 주인이 흔적도 없이 희생된 수많은 노동자들이라는 점을 일깨운 뒤에 그 점이 여전히 망각되는 현실을 고발한다. 이 점에서 브레히트의 시는 오늘날까지 계속되는 역사의 비극과 모순을 떠올리게 한다. 일의 성취와 승리의 열매는 늘 가장 높은 이가 거두고 실패는 아래로 전가되는 현실. 우리 세상의 일이 그러하다.

시인 이성복은 "시는 가장 낮은 곳에 머문다"고 말하면서 '나'라는 존재를 한없이 좁혀보면 나라고 부를 수 있는 게 없다고 말한다. 나는 "옆으로 끝없이 펼쳐져 있고 이어져 있는" 존재인 것이다. 주인과 노예, 승자와 패자, 영웅과 이름 없는 민초들은 서로 연결된 관계 안에서 역사를 한 걸음 더 전진시켜 왔다. 그래서 정당하게 인정해야 할 희생과 노력, 봉사의 몫을 인지하고 명예를 회복시키는 일은 언제 어디서도 갈급한 숙제다.

이 세계는 정의와 자유를 위해 제 한 몸 아끼지 않았던 이들의 주검 위에 세워진 제단이다. 가려진 희생자들의 바른 자리를 찾는 일은 평화와 화해, 사랑과 정의, 진리의 올바른 뜻을 세우는 일과 함께 한다. 역사의 희생자들이 실은 역사의 주인이자 주체였음을 알릴 때 지난 세계의 비참이 같은 방식으로 되풀이되지 않을 것이다. 그 첫 단계는 진정한 평화가, 진정한 화해가 어떤 방식으로 이루어져야 하는지를 묻고 또 묻는 일. 진실, 평화, 정의, 사랑. 그 말들의 올곧은 뜻이 바로 서는 새해 새 시간을 소망한다. (2016.2)

너무 많고 너무 적은

너무 많은 공장
너무 많은 음식들
너무 많은 맥주
너무 많은 담배

너무 많은 철학
너무 많은 생각의 형식들
하지만 방은 충분하지 않아
나무도 너무 부족해

너무 많은 경찰
너무 많은 컴퓨터
너무 많은 하이파이 스테레오
너무 많은 돼지고기

너무 많은 커피
회색 슬레이트 지붕들 아래
너무 많은 담배연기
너무 많은 복종

너무 많은 불룩한 배
너무 많은 신사복
너무 많은 문서 업무
너무 많은 잡지들

너무 많은 공장
라인강에 물고기는 없고
중금속에 오염된 로렐라이
너무 많은 당혹

지하철에는 너무 많은
피곤에 절은 노동자들
유령이 된 유대인들은
골목 구석에서 비명을 지르고

너무 많은 오래된 살인
너무 많은 백색의 고문
너무 많은 수용소
너무 많은 행복한 나치들

너무 많은 정신이 나간 학생들
너무 부족한 농장들
충분치 않은 사과나무
너무 부족한 잣나무

너무 많은 돈
너무 많은 가난
투표권 없는 터키인들
"손님들"이 일을 하고

너무 많은 금속
너무 많은 지방
너무 많은 농담들
너무 부족한 명상
.....

「루르 지방」 중, 앨런 긴즈버그

하얀 종이 한 장을 앞에 펼쳐 보자. 그리고 이왕이면 촉감이 좋은 펜을 골라 단정하게 목록을 써내려가는 거다. 내게 '너무 많은 무엇'은 어떤 것들이 있는지? 가진 것 별로 없이 가난하게 산다고 생각했던 분들이나 상대적 결핍감에 시달렸던 분들조차도 종이 한 장으론 부족할 정도로 써내려가는 목록이 넘칠 것이다. 어린 꼬마들도 그럴 것 같고. 가진 것은 물질의 문제이기도 하지만 눈에 보이지 않는 무형의 것들과 관계된 질문이기도 하다. 평소에 못 가진 것을 불평하는 우리지만 실상 너무 많은 무엇을 소유하고 있다. 너무 많은 무엇도 너무 많고 너무 부족한 무엇도 너무 많다.

노래인지 장난인지 모를 이 시는 미국 시인 앨런 긴즈버그(Allen Ginsberg, 1926~1997)의 것이다. 긴즈버그는 50년대와 60년대 미국 문학사의 한 장을 쓴 '비트 세대'(Beat Generation)를 대표하는 시인이다. 비트 세대는 2차 세계대전 이후 겉으로는 풍요와 순응의 가치를 내세우며 세계적 강국으로 발돋움하던 미국 사회가 속으로 얼마나 곪았는지를 고발한 용감한 청년들이다. 앞서 1차 세계대전을 지나온 젊은이들과 작가들을 '잃어버린 세대'(Lost Generation)라 불렀는데 비트 세대는 잃어버린 세대의 바로 다음 세대로 더 분방하고 거친 방식으로 시대적 가치에 도전장을 내밀었다. 헤밍웨이(Ernest Hemingway)나 피츠제럴드(F. Scott Fitzgerald) 등 '잃어버린 세대'의 작가들이 1차 세계 대전 이후 신념의 상실, 절망과 환멸을 글로 표현했다면, 비트 세대는 전후 미국의 성장 속에서 기성세대가 가진 문제와 국가나 체제가 주는 폭력성을 예민하게 인식하면서 이를 개인적인 해방의 울부짖음으로 극복하려고 했다. 『길 위에서』(*On the Road*)라는 소설로 유명한 잭 케루악(Jack Kerouac)이 긴즈버그와 함께 비트 세대의 대표 주자다.

앞의 시는 인터넷이나 다른 지면에서 독일의 지명을 딴 올바른 제목이 아니라 '너무 많은 것들'이라는 잘못된 제목으로, 또 본문도 변형되어 다양하게 소개되고 있다. 원 제목은 '루르 지방'으로 표면적으로는 독일의 실제 지명을 가지고 와서 당시의 독일 현실을 비웃는 듯 읽히지만, 실제로는 2차 세계대전 후 물질적 번영을 구가하면서 제국으로 치닫고 있던 미국의 오만한 얼굴을 비틀고 있다. 원래의 시는 뒤에 몇 개의 연이 더 있고 세계대전 중 인종 학살을 자행한 독일이 이후 어떤 현실에 처해 있는지 비판적 시선으로 그려낸다. 하지만 그 비판의 날이 당대 미국의 현실을 겨냥하고 있다는 것은 자명하다.

이 시에서 "너무 많다"는 목록은 한 개인은 물론, 모든 조직, 모든 국가가 갈급하게 원하는 요소들이다. 그래서 이 시는 전후 독일과 미국은 물론 반세기가 더 지난 지금 우리의 현실과 함께 보더라도 실감나게 읽힌다. 너무 많은 공장과 맥주만 보더라도 공장이 많아야 산업이 발달하고 나라가 부강해진다고 생각하는 통념과 맥주로 마무리되는 하루의 노동을 비판적으로 그린다. 너무 많은 담배와 철학과 생각의 형식들은 또 어떤가? 너무 많은 고민과 너무 많은 결정과 너무 많은 망설임과 너무 큰 삶의 무게들이 담배와 철학과 주장들에 담겨 있다. 맥주와 온갖 시시껄렁한 농담과 너무 많은 말에 온 나라가 욕망과 소음의 덩어리가 되었다.

너무 많은 경찰은 또 어떤가. 경찰의 자리는 시민들을 안전하게 보호해주는 자리건만, 국가는 경찰을 통해 시민들을 감시하고 통제한다. 심지어 부당한 공권력은 무고한 시민의 목숨까지 앗아간다. 진일보한 기술은 우리에게 자유를 준 것 같지만 우리에게 더 큰 복속을 안겨주었다. 컴퓨터로 인해 여가 시간이 더 많아질 것으로 기대했지만 더 많은 통제와 더 많은 일감이 기다린다. 요즘 우리는 핸드폰을 들여다보느라 마주 앉은 이의 얼굴도 쳐다보지 않는다. 같은 식탁에 앉아 문자 메시지로 대화한다. 돼지고기와 커피는 또 어떤가. 소비와 물신이 숭배되는 사회에서 집집마다 냉장고가 두세대씩 있고, 그 냉장고에는 언제 샀는지 기억조차 할 수 없는 내용물들로 꽉 차 있다.

모두 우리 삶의 겉치레 용적만 무분별하게 넓힌 사례다. 결국 우리는 어떤 것도 통제하지 못하고 쓸려 다닐 것이다. 저 수많은 화려한 기술과 음식들은 다 무엇인가. 너무 많은 TV 먹방, 너무 화려한 옷, 너무 많은 회식, 너무 많이 먹어 불룩한 배, 너무 꾸며 인조인간이 된 얼굴. 세계 한쪽에서 굶주리는 아이들은 여전히 많고 죽음을 피해 도망 다니는 아이들은 난민이 되어 또 다른 땅에서 죽음을 능가하는 고역을 만난다.

너무 많은 복종은 또 어떤가. 굴욕을 참으며 복종하면 출세하는 사회는 희망이 없는 사회다. 민주적인 대화 풍토를 잃어버린 곳에서 창의적인 사유는 자라나지 못한다. 매끈한 신사복을 입고 서류봉투를 들고 잡지를 보며 저마다 똑똑한 지식인 행세를 하지만 저녁 퇴근길 지하철의 피곤한 얼굴은 영혼이 잠시 외출한 표정이다.

너무 많은 살인과 폭력, 너무 많은 돈과 너무 많은 가난. 부유함과 가난은 늘 같이 붙어 다니는 짝꿍이다. 한쪽이 너무 많으면 한쪽은 부족할 수밖에 없다. 너무 많은 금속과 너무 많은 비만과 너무 많은 헛소리. 70년대에도 힘든 노동을 하는 이들은 정당한 국민대접을 받지 못한 이방인들이었다. 지금 시절, 이 나라, 저 나라도 하나 다를 것 없는 아픈 풍경이다.

너무 많은 것들을 나열하던 시인은 너무 부족한 것들도 꼽는다. 나무와 공간, 그리고 명상이다. 사과나무와 잣나무는 미래형의 희망을 심는 나무를 뜻할 것이다. 너무 많은 헛소리를 주고받으면서 우리는 정작 우리 스스로를 돌아볼 침묵의 시간, 명상의 시간을 갖지 못한다. 부족한 명상을 위해 필요한 것들을 지금부터 생각해볼까? 기도, 비움, 침묵, 햇살, 바람, 산책, 책읽기, 편지쓰기는 어떤가? 꿈꾸기도 너무 부족하다.

처음 흰 종이에 너무 많은 것들을 써내려갔다면 이제는 너무 부족한 것들의 목록을 하나씩 써보는 건 어떨까. 너무 많은 것들이 들어선 자리에 너무 부족한 것들로 바꾸어 나가는 그런 시작을 매일 해보는 것은 어떨까. 글을 쓰다 보니 이것이야말로 시의 힘인 것 같다. 턱없이 부족하지만 우리 주변에서 찾을 수 있는 나무, 공간, 명상, 침묵, 비움, 햇살, 바람, 산책 등을 생각하다보니 단박에 행복해졌다. 내가 행복지수가 높은 사람이라 그런 건 아닐 것이다. 너무 많은 것들의 목록을 너무 적은 것들의 목록으로 바꾸어 가는 길. 그 결과가 어찌 되었는지, 시간 좀 흐른 뒤에 듣고 싶어진다. 이 글을 읽는 당신에게 너무 많은 것들은 무엇이고, 또 너무 적은 것들은 무엇인지?

(2016.3)

주눅든 공손과 평등한 사랑

우리 빌딩 청소아주머니는 사람들이 많은 엘리베이터 안에서 늘 조금 허리를 굽히고 주눅 든 사람처럼 서 계신다. 엘리베이터에서 내릴 때도, 엘리베이터 안으로 새로 들어오는 사람을 맞이할 때도 마치 임금 앞에 신하처럼 고개를 조아리며 뒷걸음질로 가만가만 물러나신다. 단 둘이 엘리베이터 안에 있을 때도 있었는데 그 때에도 청소아주머니는 두 손을 공손히 모으고 한쪽 구석에 죄인처럼 서 계셨다. 나는 이런 광경을 보면 그만 사는 게 싫어졌다. 가슴이 답답해지면서 큰 죄 지은 것처럼 서러워졌다. 아무리 먼저 고개를 숙여 인사를 드려도 말을 걸어도 그 분의 주눅 든 공손(恭遜)은 사라지지 않았다.

식당에서 아르바이트를 하고 있는 내 어린 딸이 이 늦은 밤에 또 사람들 앞에서 그러할 것 아닌가. '사랑한다, 미안하다'고 카톡을 했다. '아빠 뭔 일 있어? 왜 그래?'라고 답이 온다. 답을 하지 않았더니 전화를 해온다. 나는 막 함중아 노래를 틀어놓고 명랑하게 흥얼거리며 아빠는 그림과 시에 미쳐서 막 그리고 막 쓰고 있다고 자랑을 한다. 그냥 생각나서 문자를 했다고 변명을 한다. 아무리 그래도 우린 서로를 금방 알아차리고 속으로는 운다. 어떤 글을 쓸지 생각하지 않고 몸에서 흐르는 걸 받아 적는다.

> 눈은 내가 본 풍경이 고여 있는 웅덩이다
> 눈물이 흐른다는 것은 풍경이 함께 흐느낀다는 것일 텐데
> 풍경 속에는 늘 네가 있었다, 가족이여

「어떤 공손 앞에서는 그만 목이 멘다」 김주대

봄 학기가 시작된 학교는 풋풋한 생기가 감돈다. 3월 초, 봄을 시샘하는 꽃샘추위가 몰아치는 캠퍼스를 다른 학생들보다 화사한 빛깔의 좀 얇은 옷을 입고 종종걸음 걷는 학생들은 대개 다 따뜻한 남쪽에서 올라온 신입생이다. 이래도 호호 저래도 호호 즐거운 얼굴들. 상상할 수 없는 긴 공부와 유례없는 경쟁에서 살아남아 대학생이 된 기쁨을 어디다 비할까. 그런 학생들을 바라보는 마음도 함께 즐겁다.

그런데 이리 발랄하고 즐겁게 새 학기를 시작한 아이들은 3월 지나고 4월이 되면서 점점 힘이 빠진다. 얼굴에 웃음기도 가시기 시작한다. 지금까지 그래도 내가 어느 정도 똑똑하다고 생각했는데 대학에 들어와 보니 다른 세상인 거다. 이 친구는 영어를 너무 잘 하고 이 친구는 아는 게 너무 많고 저 친구는 우리 집과 비교도 안 되게 부유하고, 아이들은 갑작스럽게 넓어진 세상 속에서 상대적인 박탈감과 외로움을 느낀다. 이렇게 열심히 했는데도 겨우 이 정도

인데 앞으로 무엇을 더 열심히 하지 싶은 벽을 느낀다.

대학만 들어가면 모든 일이 다 해결되는 줄 알았는데 또 다른 경쟁과 끝없는 시험이 기다리는 현실. 선배들 말을 들어 보면 취업도 쉽지 않다고 하고, 부모님은 크나큰 기대를 갖고 바라보시고, 앞이 잘 보이지 않는 막막함 속에 아이들은 그만 깊은 시름에 빠진다.

그런 고민 많은 학생의 어머니를 만나는 날이었다. 학생은 우울증으로 입원 치료가 불가피한 상황인데 학생 부모님은 그 상태를 받아들이지 못하고 있었다. 아버지는 믿었던 아이에게 닥친 마음의 병을 받아들이지 못해 노여움에 가득 했고 어머니는 아이의 절망이 자기 잘못인 양 어쩔 줄 몰라 하셨다. 어머니의 공손은 주눅이 들어있었다. 부모님을 최대한 설득하여 입원 치료를 받게 했고, 학생은 꾸준한 치료 끝에 한결 나아진 상태로 복학했다.

어머니와 두어 번 통화를 한 적이 있는데 그런 때마다 어머니의 공손은 주눅이 들어있다. 선생인 나도 죄인처럼 죄송하다. 가정교육도 학교교육도 어찌할 수 없는 영역이 있어서 사랑 가득한 마음으로도 경쟁 일변도의 험한 세계에서 표류하는 아이를, 제자를 제때 보듬어 살피지 못한다. 우리는 엄마라서 선생이라서 서로에게 주눅 든 공손으로 죄송합니다만 되풀이한다.

행동이 예의바르고 겸손함을 뜻하는 '공손'은 바람직한 사회적 예절이고 품격이다. 공손은 인간에 대한 예의이고 모두가 익혀야 할 품위다. 그 학생의 어머니와 내가 나누는 공손 또한 한 아이에 대한 사랑의 마음이기에 서로 고마운 일이다. 엄마로서 선생으로서 우리는 무한 책임을 지는 존재이기 때문이다. 공손은 책임감 있는 관계에서만 오는 것은 아니다. 때로 자신의 위선을 은폐하기 위해 공손을 가장하기도 한다. 그런 공손은 힘없는 자들의 존재조건으로서 아픈 풍경이다. 돈과 권력, 위계 앞에서 절로 움츠러드는 '주눅'은 가뜩이나 어린 사람, 낮은 사람, 약한 사람들의 것이다.

사회가 속될수록, 문화의 수준이 낮아질수록 공손은 비굴한 공손, 주눅든 공손을 요구한다. 서비스업에 종사하는 사람들이 강제로 익혀야 하는 공손도 그렇고, 위계질서에 길들여지는 사회적 분위기가 만들어내는 공손도 그렇다. 승강기 안에서 손을 모으고 머리를 조아리며 한쪽 구석에 서 계시는 빌딩 청소아주머니를 보면서 시인이 "이런 광경을 보면 그만 사는 게 싫어졌다"라고 말하는 것은 바로 그러한 공손이 사람 사이의 자연스러운 품위가 아니라 위계가 강제한 공손이기 때문이다. 그래서 마음결 고운 시인은 그만 "가슴이 답답해지면서 큰 죄 지은 것처럼 서러워"진다.

그러한 때 시인은 식당에서 아르바이트하고 있는 딸이 생각난다. 딸이 머리를 조아리고 있을 풍경이 그려진다. 그래서 뜬금없이 "사랑한다, 미안하다" 문자를 보낸다. 평소 이런 말을 자주 할 리 없는 아버지의 문자에 딸은 그만 아버지가 걱정된다. 시 속에서 아버지와 딸이 서로 주고받는 인사는 서로간의 걱정, 사랑, 관심을 슬며시 숨기고 묻는 방식이다. 이 험한 세상에서 허리 굽히며 일할 딸, 어린 나이에 주눅 든 공손을 배우고 있을 딸이 너무 걱정되지만, 아버지는 그 간절한 마음을 그냥 생각난 거라고 퉁치고 좋아하는 일을 하고 있다며 둘어간다.

딸을 걱정하는 아버지를 딸이 다시 걱정하는 상황을 원하지 않아서였을 게다. 세상살이는 가파르고 알 수 없는 일 천지여서, 딸은, 아들은, 아버지는, 어머니는 각자의 고달픔을 각자의 방식으로 소화하고 새기며 산다. 그러면서 서로 걱정할까봐 괜찮다고 아무렇지 않게 자못 간단한 단답형의 문자를 교환한다. 서로에게 향하는 시선이 늘 있지만 보는 듯 안 보는 듯, 아는 듯 모르는 듯, 별 일 없지? 별 일 없으시죠? 한 마디에 모든 걱정과 소망을 담는 우리네 가족이다.

이 시는 가족에 대한 그리움과 사랑의 시지만, 이 세계가 돌아가는 방식을 우리 양심에 대고 따끔하게 묻고 있는 시이기도 하다. 건물 청소 일을 하는 아주머니는 건물을 이용하는 사람들에게 고마운 존재다. 그 아주머니의 손길 덕에 모두 깨끗한 공간을 쓸 수 있으니까. 하지만 청소하시는 분은 손님들 앞에서 주눅이 든다. 식당에서 서빙을 하는 알바 학생이나 학교에서 수업을 듣는 학생이나 학생 부모님이나 모두 권위 앞에서 주눅든 공손을 보일 필요가 없음이 분명하지만 위계가 공고한 사회에서는 힘없는 자의 공손을 당연한 듯 요구한다.

거기 저항할 수 있는 사람은 많지 않다. 권력과 돈이 지배하는 사회일수록 주눅든 공손은 더욱 폭력적인 방식으로 힘없는 이들에게 강제된다. 아비는 아비대로, 딸은 딸대로, 아들은 아들대로, 각자의 일터에서 주눅든 공손이 무엇인지 알기에 서로의 마음을 알고 속으로 울고 겉으로는 아무렇지 않은 듯 시치미를 뗀다. 우리 대부분 이런 단계를 지나왔다. 해서 이 시는 “어떤 글을 쓸지 생각하지 않고 몸에서 흐르는 걸 받아” 적은 울음의 시, 사랑의 시, 통렬한 고발의 시다.

권력이나 위계에 의해 인간의 존엄이 결정되는 타락한 사회에서 힘없이 울고 있는 자, 주눅든 공손을 강제당한 자들을 내 눈의 높이로 낮추어 끌어안는 것도 용기다. 내게 오는 공손이 정당한 공손인지, 행여 주눅든 공손이 아닌지, 그러면 더욱 자기 몸을 낮추어 살펴볼 필요가 있다. 어떤 대상 앞에서 내가 행여 주눅 든다면 그게 혹시 권력 앞에서의 두려움 때문인지를 살펴보라. 그리고는 가슴과 어깨를 펴고 턱을 당기고 공손을 정당한 당당함으로 무장하라.

우리는 서로 인간이기 때문에 존중하고 보살펴야 하는 의무가 있지, 내가 가지고 있는 어떤 자리, 이름, 직위 때문에 존중 받을 이유는 없다. 직위나 이름은 벗으면 끝인 나의 겉치레요 허물에 불과하지 내가 아니다. 권위나 나이, 서열에 의지하지 않고 스스로를 낮추고 상대방을 높일 때 인간됨의 고귀함이 빛을 발한다. 약한 자를 보듬고 힘없는 자를 살피면서 모든 사람의 존귀함을 함께 살피는 관계의 평등함이 지향되는 사회가 바로 사랑의 세계다. 아직도 노란 리본이 무성한 4월의 슬픈 풍경, 권력과 금력과 허명에 기댄 사나운 아우성으로 가득 찬 이 가난하고 헐벗은 세계에서, 우리가 진심으로 손을 맞잡고 인사를 나누어야 할 분들은 누구일까?

(2016.4)

소박하고 조용하고 강인하게

경상도 하회 마을을 방문하러 강둑을 건너고
강진의 초당에서는 고운 물살 안주 삼아 한잔 한다는
친구의 편지에 몇 해 동안 입맛만 다시다가
보이는 것을 바라는 것은 희망이 아니므로,
향기 진한 이탈리아 들꽃을 눈에서 지우고
해뜨고 해지는 광활한 고원의 비밀로 지우고
돌침대에서 일어나 길 떠나는 작은 성인의 발.
보이는 것을 바라는 것은 희망이 아니므로,
피붙이 같은 새들과 이승의 인연을 오래 나누고
성도 이름도 포기해버린 야산을 다독거린 후
신들린 듯 엇싸엇싸 몸의 모든 문을 열어버린다.
머리 위로는 여러 개의 하늘이 모여 손을 잡는다.
보이는 것을 바라는 것은 희망이 아니므로,
보이지 않는 나라의 숨, 들리지 않는 목소리의 말,

먼 곳 어렵게 헤치고 온 아늑한 시간 속을 가면서.

「보이는 것을 바라는 것은 희망이 아니므로」

(신약, 「로마서」 8:24) 마종기

마종기 시인(1939-)은 1966년 미국으로 이민을 간 후에도 계속 우리말로 시를 써온 시인이다. 시인은 자기 시에 대해 "나하고 같이 있는, 같이 사는, 나하고 같이 죽는 그런 어떤 살아있는 체온을 가진" 것이라고 이야기한 적이 있다. 시를 두고, 세속을 초월한 아름다운 어떤 것이라고 생각하는 분들이 많은데 시인에게 시는 같이 살고 같이 숨 쉬고 같이 죽는 삶, 목숨 그 자체인가 보다. 그래서 늘 어떤 구체적인 실감으로서의 느낌을 진솔하게 시에 담았나보다.

그런 시인에게 고향을 떠나 있는 삶 자체가 유배였을 것이다. 의사로서 미국에서 자리를 단단히 잡고 아이들을 낳아 기르며 잘 살고 있지만 고향을 향하는 마음은 쉽게 거두어지지 않는다. 친구의 편지 구절 하나가 그리 오래 마음에 남아 있는 것을 보면 말이다. 경상도 하회 마을을 방문하고 강진 초당에서 한잔 한다는 친구의 편지를 몇 해 동안 입맛을 다시듯 (입맛은 가장 마지막까지 남는 가장 그리운 감각!) 하는 것은 바로 그처럼 간절한 마음의 표현이겠다. 그리고 그 그리움은 현실에서 바다만 건너면 해결되는 일인데 생활인으로서 하루하루를 살아가는 시인에게는 태평양을 건너야 하는 고향은 참으로 멀고 요원한 이름이다.

그래서 시인은 <로마서>의 말씀에 기댄다. 보이는 것을 바라는 것은 희망이 아니라고. 보이는 것을 바라는 것은 희망이 아니며, 희망은 눈에 보이지 않는 것을 바라는 일이라고. 시인은 그 옛날 성인이 걸었던 힘들고 가파른 길을 생각한다. 희망의 길은 눈에 잡히는 무언가, 눈에 금방 거머쥘 수 있는 무언가를 향하는 길이 아니다. 돌침대에서 일어나 먼 길 떠나는 작은 성인을 상상해보자. 그가 누웠던 자리도 따뜻하고 폭신한 침대가 아니었다. 차디찬 돌침대였다. 거칠고 차가운 길 위의 잠자리. 어떤 안락함도 약속하지 않는 길. 어떤 기대도 어떤 실현 가능성도 주어지지 않는 하루하루의 길 떠남. 그에게는 다만 걸어야 할 길, 종착지를 알 수 없는 먼 길만이 놓여 있다.

시인의 시는 미국 땅에 이민 가 의사로서 또 하나의 멋진 삶을 일군 이가 보란 듯이 감상적으로 과거를 회억하는 언어가 아니다. 시인의 그리움은 고향을 떠나온 모든 이의 노래, 길 위에 선 이방인이 지금도 부르는 노래다. 성공했든 하지 못했든, 세상 어디에 있든, 서울 한 가운데 빌딩 숲에 있든 어느 먼 거리를 헤매고 다니든, 어떤 높은 자리와 명성을 얻었든, 처절한 낙오와 실패를 새기며 하루를 걷든, 그저 평범한 범인의 삶을 살든, 우리 각자는 다 고향을 떠나 고향을 잃은 사람들, 다시는 고향에 가지 못하는 존재다. '그대 다시는 고향에 가지 못하리'라는 제목의 소설이 있다. 1940년 발표된 토마스 울프의 작품. 다시 1986년 이문열 소설의 제목이 되기도 했던 이 말은, 애당초 모든 인간이 신, 혹은 본향과의 관계에서 갖게 되는 어떤 별리의 자리를 뜻하는 것이겠다.

우리는 매일 우리를 만든 존재자를 떠나서 살고 있다. 작게는 우리를 낳아준 부모님을 떠나 살고 크게는 매일 우리를 있게 한 존재의 뿌리, 그 분의 말씀을 배반하고 산다. 매일 돌아서고 매일 이탈

하고 매일 배반하고 매일 헤매는 게 우리다. 겉으로는 나이 먹고 성장하고 발전하고 부유해진 우리지만 그 성장과 발전과 비대함의 이면에는 다른 이들의 가난과 아픔과 굶주림과 패배의 쓰라림이 있다. 성공과 성장의 성취감에 취해 있는 우리는 타인의 아픈 자리를 보지 못하고 작은 성공에 의기양양하다. 마음의 본향과 얼마나 멀어졌는지도 잘 느끼지 못한다.

「부활절에 드리는 기도」에서 피천득 시인은 "당신 뜻에 순종하는 그 마음이 살아나게 하여 주시옵소서"라고 기도한다. "권력과 부정에 굴복하지 아니하고, / 정의와 사랑을 구현하는 / 그 힘을 저희에게 주시옵소서"라고 기도한다. 이 기도야말로 바로 우리를 본향으로 돌아가게 해달라는 기도다. 시인은 자신이 본향으로 돌아가지 못함을 너무 잘 안다. 시인이 친구의 서신 위에 겹쳐지는 고향 풍경 너머로 돌침대에서 일어나 길 떠나는 작은 성인의 발을 생각하는 것은 바로 그 이유다. 먼 그리움의 자리 위에 지금 지나고 있는 가파른 하루하루의 삶은 성인이 떠나는 그 길처럼 가없는 길임을 너무나 잘 알고 있기 때문이다.

먼 이국으로 새 삶을 떠나면서 시인은 어떤 점에서 뿌리가 뽑힌 존재가 되었다. "성도 이름도 포기해버린 야산을 다독거린 후"라는 표현은 그 때문일 것이다. 다른 나라에서 다른 언어로 말하면서 살아가는 일상에서 내 몸을 뉘일 땅이었던 고향의 야산은 닿지 못하는 불가능이다. 그리하여 신들린 듯 몸의 모든 문을 열고 머리 위 하늘과 손을 잡는, 일견, 죽음을 상상하게도 하는 구절 너머 시인은 "보이지 않는 나라의 숨, 들리지 않는 목소리의 말"을 그린다. 먼 곳 헤치고 온 아득한 시간이 이제 현세의 불가능을 지나 영원을 향해 가는 길처럼 보인다. 하지만 그 영원의 길은 조금만 바꾸어 생각하면 다시 또 우리가 이 지상에서 하루하루 살아나가며 짊어져야 하는 길이기도 하다. 둘 다 가없어 보이기는 마찬가지다.

시인은 바로 그 가없음에 희망을 건다. 희망은 눈에 쉽게 보이는 무엇이 아니라 눈에 보이지 않는 그 무엇, 당장 손에 잡힐 듯 존재하는 가까운 것이 아니라 무지개나 북극성처럼 향하여 다가가는 하나의 지향점이다. 그래서 희망은 있음이 아니라 없음이다. 부재, 결핍과 함께 하기에 희망은 기쁨이기에 앞서 먼저 슬픔이다. 2016년 예수 부활 대축일에 프란치스코 교황께서 주신 메시지는 바로 그 슬픔 너머의 희망이었다. 부활 대축일을 맞아 우리 모두 "슬픔 가득한 마음에 희망을 일깨우는 일"을 하자고 교황께서 말씀하셨을 때, 그 희망은 슬픔을 넘어 견디는 믿음의 가장 든든한 밑자리를 의미했다.

희망은 보이지 않을 때에도 믿음을 따라 걷는 것이다. 희망은 소박하고 조용하면서도 강인한 것, 힘들고 어려운 때에 그 보이지 않은 믿음 때문에 평화를 선사한다. 그래서 희망은 언제나 거기 있는 것, 언제나 아들을 딸을 믿고 기다리는 어머니의 기도처럼, 아버지의 믿음처럼 안 보여도 있는 것이다. 희망은 우리가 떠나와서 다시 찾아가지 못하고 헤맴 중에서도 그리워하는 우리의 본향이다. 희망은 바로 그 멀고 가까운 그 곳, 우리가 떠나온 자리이며 우리가 돌아갈 자리다.

올해도 희망처럼 봄꽃이 다시 피었다. 긴 겨울 언 가지 속에서 움튼 빛은 얼마나 어여쁜지, 보이지 않다가 어느 날 살며시 나온 꽃의 빛은 얼마나 고운 기쁨인지. 봄꽃이 필 때 저버린 가엾은 아이들과 시절의 엄혹함에 스러진 이들을 생각하면 피어나는 봄꽃은 기쁨이면서 여전한 슬픔이다. 그 슬픔 속에서 우리는 소박하고 조용하고 강인하게 희망을 길어 올린다. 당신 뜻에 따라 정의와 사랑과 평화를 되찾게 해달라고 우리가 떠나왔고 또 돌아가야 할 유일한 바로 그 자리, 희망을 찾아 한 번 더 기도하며 마음을 모은다. 크고 화려한 성취나 자랑이 아니라 소박하고 조용하면서 강인한 희망의 꽃들이 피어나는 5월, 서로 함께 손잡고 연대하는 생명의 목소리들이 이 세상을 더욱 환하게 밝히는 5월을 그려본다. (2016.5)

키운다는 것

내가 만약 아이를 다시 키운다면
먼저 아이의 자존감을 세워주고 집은 나중에 세우리.
손가락 그림을 더 많이 그리고 손가락 지적은 덜하리라.
아이를 고치려고 덜 노력하고 아이와 하나 되려고 더 노력하리라.
시계에서 눈을 떼고 그 눈으로 아이를 더 많이 바라보리라.
더 많이 아는데 관심 갖지 않고 더 많은 관심 갖는 법을 배우리.
자전거도 많이 타고 연도 더 많이 날리리.
심각한 일은 관두고 정말 진지하게 놀아보리라.
들판을 더 많이 뛰어다니고 별들을 더 오래 바라보리.
더 많이 껴안고 더 적게 다투리.
덜 단호하고 더 많이 긍정하리라.
힘을 사랑하는 건 덜 가르치고
사랑의 힘에 대해 더 많이 가르치리라.
내 이이가 크든 작든 상관없는 일,

오늘부터라도 마음에 꼭 품으리라.

「내가 만약 다시 아이를 키운다면」 다이아나 루먼스

봄은 생장의 계절. 4, 5월에 모든 식물은 대지의 생명의 기운을 듬뿍 마시며 한껏 부풀어 오른다. 수줍던 연두 이파리는 이제 거침없이 자라기 시작한다. 봄의 생명력은 팽창하는 우주 같다. 며칠 전 나도 옥상 위 한구석, 겨우내 비어있던 상자에 흙을 더 채우고 파와 상추를 심었다. 학교에서 만나는 아이들도 봄처럼 무럭무럭 성장하기만 한다면 얼마나 좋을까만 대학에 들어와서 학점 관리와 스펙 관리에 시달리는 아이들은 봄 학기를 어려워한다.

키운다는 건 무엇일까? 키운다. 생명을 유지할 수 있는 자양분과 양식을 주는 일. 특히 어린 아이나 어린 생명처럼 자생적으로 성장할 수 없는 어린 것들은 많은 관심과 주의가 필요하다. 키우는 일은 먹이를 주는 일이고, 먹이를 주는 일은 물과 바람과 햇살, 매 끼니의 따뜻한 밥과 따뜻한 마음과 세심한 관심으로 살피는 일이다. 너무 과하게 줘도 안 되고 부족해도 안 되는, 실로 까다롭고 신경이 쓰이는 일이 키우는 일이다. 아이 뿐만 아니라 강아지 등 동물, 그리고 옥상의 파뿌리 하나, 베란다의 화분 속 작게 움트는 식물 하나까지, 키우는 일은 온 정성을 필요로 하는 일이다.

앞의 시에서 시인은 "내가 만약 다시 아이를 키운다면"이라는 가정으로 시를 시작한다. 시인은 아마 아이를 다 키운 후에 이 시를 썼을 게다. 이 깨달음 또한 아이를 키우고 나서야 아프게 얻었을 게다. 적어도 성장의 어떤 시기를 지난 아이를 보면서 뒤늦게, 키우 는 일에서 무엇이 더 중요하고 무엇이 덜 중요한지를 알았을 게다.

깨달음은 한 걸음 늦게 오는 법. 시를 처음 봤을 때, "먼저 아이의 자존감을 세워주고 집은 나중에" 세울 것이라는 첫 문장이 눈에 콕 박혔다. 시인은 자라는 아이에게 필요한 것은 집이 아니라 자존감이라고 한다. 아이를 키울 때 물리적인 환경을 가장 앞세워 생각하는 우리다. 자존감은 생각하지 않고 좋은 집, 풍족한 음식, 좋은 학원 등 우리 아이를 물질적으로 뒷받침하는 여건을 생각한다. 그런데 시인은 그게 아니라 한다. 아이의 자존감을 먼저 세워주고 집은 나중에 세울 것이라는 다짐은 우리 교육의 현주소를 직시하게 한다. 집이 몇 평인지, 동네가 어디인지, 부모님 직업이 뭔지, 우리 아이들은 어릴 때부터 이러한 조건에 길들여져 있다. 이 점을 뼈아프게 지적하는 시인은 아이와 손가락 그림을 그리고 더 놀아주되 손가락으로 옳고 그름을 훈계하는 일은 덜하리라 다짐한다.

시는 이렇게 각 행마다 나란히 두 가지 다른 가치 기준을 제시, 비교한다. 교육에서 사람들이 중요하다고 강조하는 통념을 뒤집고 새로운 다른 가치를 제시하여 시는 우리 눈을 새롭게 뜨게 한다. 심각한 명령 대신 아이와 노는 일을 더 열심히 하겠다는 결심, 질타는 그만 두고 아이와 연결고리를 만들어 하나 되는 쪽으로 에너지를 쓰겠다는 고백은 효율성의 가치로 아이를 성급하게 재단하는 우리를 돌아보게 한다. 시계에서 눈을 떼고 그 눈으로 아이를 더 많이 바라보리라는 결심은 또 어떤가? 우리는 매일 시계의 노예가 되어 살아가는 사람들. 가장 짧은 시간에 가장 많은 일을 하고 아이들에게도 한 살이라도 더 이른 나이에 그런 방법을 가르치고 싶어 안달이 난 사람들.

시인이 아이를 다시 키울 상상을 하면서 제일 크게 기울이는 노력은 바로 직접적인 접촉이다. 더 많이 껴안고 더 많이 신나게 진지하게 놀아보고 자전거도 많이 타고 연도 더 날리고 들판을 더 뛰어다니고 함께 별을 바라보는 것. 그러한 결심은 아이에게 이 세상과의 접촉면을 넓히고 이 세계를 바라보고 사랑하는 법을 가르쳐주는 지름길이다. 힘과 권력, 앎에 대한 집착보다 더 넓게 더 많이 사랑할 것을 가르치는 것. 마지막으로 시인은 아이가 크든 작든 오늘부터라도 이러한 결심을 마음에 꼭 품을 것이라 다짐한다.

이 대목에 이르러 우리는 무언가를 키운다는 일은 어느 시점에서 멈추는 일이 아니라 매일 새로운 출발 지점에서 새롭게 시작하는 일이라는 점을 새삼 깨닫는다. 아이는 크고 부모는 나이 든다. 어느 시점에서 키우는 일이 방기와 무관심의 이름을 빌어 멈추게 될 때 관계 또한 성장하기를 멈춘다. 성장하기를 멈추는 관계는 그 자리에 그대로 서 있는 것이 아니라 멀어지고 퇴화한다. 그러니만큼 아이가 크든 작든 개의치 않고 이런 새로운 시선으로 다시 노력하는 일은 어떤 일 못지않게 중요해진다.

영국의 시인 워즈워스(William Wordsworth)는 "하늘의 무지개를 보면 내 가슴은 뛰노니"로 시작하는 시에서 "어린이는 어른의 아버지"라 했다. 생의 하루하루에 자연을 보며 느끼는 경외감이야말로 이 세계를 살아가는 힘이 되고 있음을 고백하는 시인은 그러한 경외감은 어린 아이의 눈으로 바라볼 때 가장 잘 보이며 그 생기를 가지고 사는 것이 중요함을 거듭 일깨운다. 한 생명을 키우는 일 또한 생명 원래의 자리를 응시하면서 생명의 생명다움을 잘 지키고 가꿀 때 의미가 있다. 억압이나 규율이 생기를 억누르는 자리에서는 적절한 성장이 가능하지 않다. 너무 넘치는 사랑으로 상대를 숨 막히게 할 때도 있고 우격다짐하듯 세상의 가치를 빨리 익히라고 재촉하기도 한다.

옥상 한 구석에서 혹은 베란다에서 키우는 파나 상추조차도 빨리 키우고 싶은 급한 마음에 물을 너무 자주 주게 되면 뿌리가 금방 썩고 만다. 그래서 키우는 일은 기다림과 인내, 거리두기를 필요로 한다. 대상에 대한 사랑이 클수록 속으로 인내하고 기다리는 자세가, 자유롭게 내어주고, 믿고 바라보는 너른 시선이 필요하다. 나이를 언제 먹는지 모르게 어느덧 어른이 되고 보니 어릴 적 꿈꾸었던 맑은 꿈은 왠지 세상의 이치를 알지 못하는 순진한 어리석음인 듯 여겨지고 통념과 상식을 좇아가는 스스로를 발견한다.

오늘도 세상 많은 부모님들이 아이의 자존감 아닌 아이의 집을 지어주기 위해 정신없이 일을 하고 계신다. 아이가 세상의 원리를 하루라도 빨리 배워 얼른 어른이 되기를 기다린다. 어서 빨리 커서 나를 안심시켜다오. 입 밖으로 꺼내어 말하지 않지만 우리가 아이들에게 외는 주문은 한결같다. 하지만 아이는 어른이 바라는 대로 자라지도 않거니와 어른이 옳다고 생각하면서 강제한 여러 일의 결과가 아이를 불행하게도 한다.

오늘도 세상의 많은 농부들은 햇살과 바람과 비와 흙의 조화로운 도움 작용 속에서 땅에 심은 작물이 무럭무럭 자라기를 빌고 있다. 간절한 바람에도 불구하고 장마와 폭풍이 여러 달의 수고를 한 번에 앗아갈 수도 있고 땡볕이 뿌리를 말려버릴지도 모른다. 오늘도 세상의 많은 선생님들은 학생들이 무럭무럭 자라 세상의 행복한 구성원이 되기를 빌며 교단에 선다. 잘 키우는 일이 소명인 선생님들이지만 그 소망은 때로 결실 없이 배반당하기도 한다.

키운다는 건 그처럼 결과를 알지 못하는 일, 하지만 그 알 수 없음에 전부를 걸고 묵묵히 하루치의 희망을 매일 새롭게 하는 일이다. 하루치의 물을 일정하게 조절하고 따사한 볕과 청량한 바람을 안으로 들이듯 우리가 사람에게 거는 기대와 사랑 또한 넘침도 부족함도 없이, 크지도 작지도 않도록 조심스럽게 할 일이다. 그럼에도 키우는 일은 세상에서 가장 값진 일이다. 3.5킬로그램의 아이가 75킬로그램의 성인이 될 때까지 부모님이 지나는 터널은 길고도 어둡고도 환하다. 격한 환희와 가없는 슬픔과 뼈저린 고통과 무엇과도 바꿀 수 없는 기쁨이 함께 하는 길이다.

다시 아이를 키울 수 있다면 무엇을 해야 할까? 그 옛날에는 미욱하고 서툴러 급한 마음에 알지 못한 것, 두려움과 어리석음으로 알면서도 실천을 못한 것, 누구에게나 다 있을 것이다. 늦었다 후회하지 말고 그 아쉬움을 지금 메꾸어보는 것은 어떨까? 아이의 나이와 상관없이 우리는 숨을 거두는 순간까지 스스로의 어리석음과 오만을 아이를 통해 내가 뿌린 씨앗처럼 마주한다. 키우는 일, 그것은 타인을 키우기에 앞서 자신을 살피는 일, 결국 자신을 변화시키고 자기 지평선을 넓히는 일이다. 우리 앞에 있는 키움의 내상이 무엇이든 그것은 우리의 소중한 어제였고 오늘이고 또 내일이다. "다시 키울 수 있다면" 그 황홀한 가능성의 말은 불가능한 가정법의 말이 아니라 바로 지금 여기서 새롭게 시작할 수 있는 현실의 말이다. 다시 키우는 일. 다시 시작하는 일. 다시 마음의 첫 자리에 서 보는 일. 그 새로운 시작이 주어짐을 감사하며 다시 또 하루를 시작한다.

(2016.6)

어떤 불행과 어떤 행운과 어떤 망각과 어떤 기억

검은 뱀이
아침 도로에서 반짝였을 때
트럭은 방향을 틀 수 없었다.
죽음, 죽음은 이런 식으로 일어나는 법.

이제 뱀은 동그랗게 쓸모없이 누워있네.
오래된 자전거 타이어처럼.
나는 차를 세우고
뱀을 풀숲으로 치운다.

뱀은 땋아 내린 채찍처럼
서늘하게 빛나고, 죽은 남동생처럼
멋지고 조용하다.

나는 뱀을 나뭇잎 아래 놔두고

계속 차를 몬다. 죽음에 대해
생각하면서, 그 갑작스러움,
죽음의 끔찍한 무게,
반드시 오는 죽음. 하지만

이성 아래엔 더 밝은 불이 타오르고 있어,
뼈가 항상 좋아했던 것,
그 불은 끝없는 행운의 이야기.
그 불은 망각에 대고 말하지. 나는 아니야!

그것은 모든 세포의 중심에 있는 빛.
똬리 튼 뱀을 행복하게 앞으로 나아가게 한 것,
온 봄 내도록 푸른 이파리들 사이로,
그 도로로 뱀이 나오기 전까지.

「검은 뱀」 메리 올리버

생명의 빛이 환히 타오르는 한여름, 성하의 계절에 길에서 마주한 죽음을 묵상한 메리 올리버(Mary Oliver, 1935-)의 시를 읽는다. 시의 화자는 아침 운전 중이다. 햇살 반짝이고 푸른 이파리들이 바람에 일렁이는 한적한 시골길을 상상해본다. 거기서 운전 중에 갑자기 뱀을 만난다면. 대개 그냥 치고 지나갈 것이다. 뱀을 피할 수가 없었던 시의 화자도 그만 뱀을 치고 만다. 운 나쁜 뱀의 '로드킬'(roadkill)이다. 야생 동물들이 도로 위에 올라왔다 차에 치이는 로드킬은 동물의 입장에서 보면 억울하기 짝이 없는 사고다. 야생동물들이 자유로이 드나들던 길이 도로 때문에 막혀서 생기는 일이기 때문이다.

뱀의 입장에서 다시 생각해보자. 여름 아침, 햇살이 대기를 무르익게 할 때 어둡고 습한 숲속 땅에서 뱀은 햇살바라기를 하러 나온다. 얼마나 좋은가. 길을 건너며 유쾌한 일광욕을 하는데 갑자기 어디서 나타났는지 큰 괴물이 나를 덮친다. 죽는다. 이렇게 억울할 수가?

운전자는 분명 아주 놀랐을 게다. 대개는 눈 질끈 감고 그냥 지나겠지만 시에서는 그래도 양심이 좀 찔린 운전자가 차를 세운다. 바퀴에 밟혀 죽어 축 늘어진 뱀을 수풀 속에 던져준다. 그냥 놔두면 뱀은 도로 위 햇살에 금방 바싹 말라 오그라진다. 죽은 뱀은 낡은 자전거 타이어처럼 쓸모없어졌지만 반들반들 윤기가 채 가시지 않은 뱀은 죽은 남동생처럼 멋지다. 아깝고 안타깝다. 뱀을 치우고 운전자는 다시 차에 올라 그 자리를 떠나며 운전대 위에서 그는 생각한다. 동물이든 사람이든 죽음의 무게는 실로 만만치 않아서 죽음이 이렇게 갑자기 오는구나 하는 생각 끝에 그나마 사람이 아니어서 얼마나 다행이야 하는 생각도 있을 것이다. 뱀한테 좀 미안하기도 하겠지, 그래도 너무 미안해하지는 말자, 그렇게 여러 생각들이 스쳐지나갈 게다. 갑작스럽게 오는 죽음은 엄청나게 무겁고, 또 반드시 오는 어떤 것이다.

길에서 만나는 죽음에 대한 사유는 여러 생각으로 이어질 것이다. 뿔난 무스 사슴이라도 만났으면 어쩔 뻔 했어, 사슴뿔이 차창을 뚫고 들어왔다면 죽을 수도 있는데, 내가 길을 걷다 차에 치였으면, 내가 아니어서 정말 다행이야, 뱀한테는 좀 미안해도 그나마 얼마나 다행이야, 내가 아니어서 얼마나 다행이야 등, 여러 겹의 생각 끝에 운전자는 어느덧 목적지에 도착할 것이다. 그리고는 아마 뱀의 죽음을 잊고 다시 또 행복한 일상으로, 그저 그렇고 그런 오후의 생활로 접어들 것이다. 뱀은 뱀, 죽음은 죽음, 사람을 살게 하는 생명의 불꽃이 타올라 사람은 일상을 이어간다. 우리를 살게 하는 생명의 밝은 불꽃으로 우리는 죽음을 잊고 일상으로 돌아가 다시 삶에 충실히 임한다. 우리는 수많은 그 죽음들을 잠시 아파하다가 곧 망각이라는 선물로 죽음을 잊고 다시 삶을 이어나간다.

그런데 시인은 마지막에 묻는다. 이처럼 생명을 타오르게 하는 그 밝은 불꽃이 바로 뱀을 길 위에 나오도록 이끈 것이라고. 뱀은 바로 그 밝은 생명의 불꽃을 따라서 햇살을 찾아 길 위로 나왔다고. 그러다 장렬히 문명의 바퀴에 치여 생을 마친 것이라고. 그렇다면 이처럼 운 나쁜 뱀의 이야기가 전하는 의미는 무엇일까? 바로 우리를 살게 만드는 어떤 힘이 또 우리의 생명을 앗아간다는 진리다. 많은 이들이 자기를 살게 추동하는 힘 때문에 죽는다.

그럼에도 죽음을 잊고 다시 또 산다. 망각은 이처럼 막강하다. 죽음을 넘어서 다시 살게 하니까. 그런데 여기서 질문을 하나 해볼까 한다. 타인의 죽음, 어느 먼 낯선 나라의 죽음은 의외로 손쉽게 망각으로 들어갈 수 있다. 하지만 바로 곁에 있는 소중한 이의 죽음, 가족이라든가 친구라든가, 가까운 정을 나누는 사이에서 죽음은 정말 잊을 수 없는 고통이요 길게 계속되는, 아니 평생토록 계속되는 그리움의 형벌을 남긴다. 그래서 우리는 죽음을 두려워한다.

이 시는 얼핏 생과 사의 순리를 알려주는 편안한 시로 읽힌다. 하지만 갑작스런 죽음과 그 죽음을 해석하는 망각의 순환 속에 죽음이 우리 삶에 드리우는 무게를 생각하면 이 시는 우리가 나날이 만나고 목도하는 죽음들을 돌아보게 한다. 주어진 생을 충분히 다한 후에 맞이하는 평화로운 축복의 죽음이 아니라 이른 나이에 맞는 갑작스런 죽음들. 사람들이 일상적으로 드나드는 강남 거리의 화장실에서 젊은 여성이 죽었고, 시간을 아끼느라 컵라면 먹으며 동분서주 일하던 19살의 소년이 일터에서 죽었다. 새벽에 산을 오르던 주부가 원인을 모르는 분노의 칼날에 죽고, 수학여행을 떠나던 꽃다운 십대들이 무더기로 죽었다. 입시에 짓눌린 아이가 스스로 몸을 던져 죽고 불이 난 건물에서 사람들이 무더기로 죽는다. 인간됨을 무시하면서 운영되는 폐허의 세계에서 많은 죽음들은 막을 수 있었던 죽음이다.

이런 죽음들을 마주하면서 망각에 기대어, 나는 살아남았으니 괜찮다고 말할 수 있을까? 독일 시인 브레히트는 「살아남은 자의 슬픔」이란 시에서 "물론 나는 알고 있다. 오직 운이 좋았던 덕택에 / 나는 그 많은 친구들보다 오래 살아남았다. / 그러나 지난 밤 꿈속에서 / 이 친구들이 나에 대하여 이야기하는 소리가 들려 왔다. // '강한 자는 살아남는다.' / 그러자 나는 자신이 미워졌다."라고 말했다. 이 아귀다툼의 세상에서는 강한 자, 이기적인 자, 무책임한 자가 살아남는다. 자기 몸은 돌보지 않고 헌신적으로 일하던 사람이 먼저 죽고, 남을 도와주려는 사람이 먼저 죽는다. 여린 사람이 책임감에 짓눌려 먼저 죽고, 양심적인 사람이 마음의 무게로 속을 앓다가 먼저 죽는다. 바른 원칙에 기대었던 착실한 사람이 먼저 죽는다.

어떤 불행과 어떤 행운과 어떤 망각과 어떤 기억이 우리를 살게 하고 또 죽게 하는가. 어쩌면 우리는 우리를 살게 하는 걸 정신없이 쫓다가 우리도 모르는 사이 죽음에 이르는 것은 아닐까? 그렇다면 죽음처럼 낮은 자리에서 마음을 비우고 죽음을 건너는 길이 오히려 우리를 살게 하는 것은 아닐까? 내 것을 내어주고 덜 경쟁적이고 덜 쓰고 덜 벌고 덜 효율적이고 돌아가는 길이 우리를 살리는 건 아닐까? 우리는 지금 어떤 생명의 불꽃을 피워 올리고 있는가? 어이없고 가엾은 죽음의 행렬을 보며 망각이 아닌 기억에 기대어 우리는 수많은 때 이른 죽음들이 우리에게 묻는 것들을 다시 뼈아프게 돌아봐야 한다. (2016.7)

이 여름에 귀 기울여야 할 것들

나무가 하는 말을 나는 듣습니다.
"우뚝 서서 세상에 내맡겨라
관용하고 굽힐 줄 알아라. 네 자신에 충실해라
혼자 서라. 그리고 또 함께 서라.
용감하라. 인내하라.
시간과 함께 너는 자랄 것이니."

바람이 하는 말을 나는 듣습니다.
"숨쉬어라. 너 자신을 돌봐라.
몸과 마음과 영혼을.
천천히. 조용히.
네 마음의 소리를 들어라. 용서하라."

태양이 하는 말을 나는 듣습니다.

"다른 이들을 돌보아라.
네 따뜻함을 다른 이들이 느끼게끔 환히 빛나라.
기대하지 않고 너를 내주어라."

산이 하는 말을 나는 듣습니다.
"거기 있으라. 정직하고 신실하라.
하려는 걸 말하고 행하라. 진실하고 참되고 충실하라.
마음에서 이야기하라. 속이지 말라."...

하늘이 하는 말을 나는 듣습니다.
"마음을 열어라.
너를 보호하려고 만든 경계와 담장을 허물어라.
변화를 경험하고 날아올라라."

꽃과 풀들이 하는 말을 나는 듣습니다.
"겸손하라. 단순하라.
작은 것들의 아름다움을 존중하라.
겸양과 진실의 아름다움을 존중하라.
완벽주의를 버려라. 있는 그대로의 너를 사랑하라.
변화에의 문을 열어라. 수용을 연습하라."

「나는 귀 기울인다」 척 로우퍼

이 시는 미국의 작가 척 로우퍼(Chuck Roper, 1948-)가 쓴 시다. 원래 제법 긴 시인데 좀 줄여 소개한다. 제목 '나는 듣는다'에서 'listen'은 그냥 저절로 들리는 것이 아니라 무언가를 주의 깊게 듣는 행위이므로 '나는 귀 기울인다'가 더 정확한 해석일 것이다. 시인은 무엇에 귀를 기울이고 있을까?

우리는 매일 매순간 어떤 소리들에 둘러싸여 살아간다. 거리의 차량 소음, 음악 소리, 엄마의 잔소리, 선생님 말씀, 티브이에서 떠드는 소리, 하루 24시간 한시도 쉬지 않고 우리는 무언가를 들으면서 사는데, 막상 우리가 무엇에 귀를 기울이는지, 무엇에 귀를 기울여야 하는지 자주 잊어버리곤 한다.

시인이 듣는 것은 선생님의 말씀도 현자의 가르침도 티브이에서 떠드는 성공담도 아니다. 나무와 바람과 태양의 말에 귀를 기울인다. 나무는 우뚝 서라고 한다. 혼자 일어서되 또 같이 서있으라 한다. 관용과 굽힘, 시간과 더불어 자랄 것이라는 믿음은 우리가 성장만을 생각할 때 가지기 쉬운 어떤 안달과 촉박, 불안함을 씻어준다. 바람은 무엇을 말해줄까? 자유로운 영혼 바람은 천천히 조용히 마음의 소리를 듣고 용서하라고 말한다.

바람이 하는 말이 좀 의외인 것이 "숨 쉬어라"는 지극히 당연한, 명령일 수도 없는 당연한 것이기 때문이다. 매일 숨을 쉬고 살아가는 우리에게 필요 없는 말이라 생각하기 쉽지만 "숨 쉬어라"라는 말에는 제대로 숨을 쉬라는 의미, 즉 네 호흡, 네 숨결로 숨을 쉬라는 의미가 담겨 있다. 제 호흡의 적절한 박자를 몰라서 늘 가쁜 호흡으로 사는 우리에게 바람은 그렇게 어루만지면서 숨통을 열어준다.

태양은 또 어떤가? 태양은 베풀라고 한다. 타인에게 무언가를 해줄 때 돌아올 대가를 생각하지 않고 해주라고 한다. 깍쟁이처럼 받은 만큼만 인색하게 베푸는 법에 익숙한 우리로서는 비현실적으로 들린다. 미국의 시인 휘트먼이 시인에 대해 판사가 재판하듯 판단하지 않고 태양이 무기력한 것들 주변에 떨어지듯 판단하는 사람이라고 했을 때, 휘트먼은 시인의 판단은 사랑의 법칙이 작동하는 판단임을 일깨웠다. 시인은 가장 멀리 보는 이, 구석진 자리에 가려진 작은 것들도 보는 이다. 그래서 시인은 가장 풍성한 믿음을 받는다. 척 로우퍼도 휘트먼이 태양을 보면서 느낀 그 너른 사랑의 품을 알았던 것 같다. 그래서 응답으로 돌아오는 무언가를 바라지 않고 내어주는 태양처럼 그렇게 밝음을 발산하여 주변을 따뜻하게 하라고 하는 것 아닐까.

산은 무슨 말을 들려줄까? 산은 늘 거기 그 자리에 있는 존재다. 그래서 "정직하고 신실하고 충실하라"는 것은 바로 그 산의 굳건하고 충직한 모습을 닮으라는 뜻이다. 하늘은 경계와 담을 허물고 날아오르라고 말한다. 자유, 무한, 가능성은 하늘의 말이다. 꽃과 풀들에게서 시인은 또 무엇을 들을까? 꽃과 풀들은 겸손과 단순함, 작은 것들의 아름다움을 가르치는 존재다. 완벽주의 대신 있는 그대로의 자신을 사랑하는 것, 변화에 손을 내미는 자세, 작은 것들의 아름다움에 눈과 귀를 여는 것은 마음처럼 쉽지 않다. 더 높은 지위와 더 큰 부와 허명을 좇으며 사는 우리에게 작은 것들이 선사하는 아름다움은 쉬이 눈에 띄지 않는다.

하지만 우리가 우리의 부족함과 우리의 나약함에 주저앉아 울고 싶을 때 작은 꽃들과 작은 풀들의 아름다움이 눈에 더 잘 들어

온다. 성공의 길로 마구 내달릴 때는 보이지 않던 꽃이 내려가는 길에 보이는 것처럼 작은 것들의 아름다움은 겸허함의 눈을 뜨면 잘 보인다. 나무와 하늘, 바람과 태양, 산을 지나 시인은 벌레와 곤충의 말에도 귀를 기울인다. 쉼 없이 움직이는 벌레와 곤충은 시의 화자에게 "일하라. 만들어내라. 네 손을 써라. 네 앞에 놓인 것에 초점을 맞추어라. 과거를 무시하라. 단지 현재만이 있을 뿐이다"라고 말한다. 벌레와 곤충은 너무 작은 존재여서 널리 보지는 못한다. 많은 일을 하지도 못한다. 너무 미약한 존재이기에 할 수 있는 일과 볼 수 있는 거리가 제한되어 있다. 하지만 바로 앞에 놓인 것에 집중하여 손과 발로 부지런히 움직이는 것, 그 안에 지금 현재의 구원이 있다.

별은 시인에게 무슨 말을 들려줄까? 눈을 찡긋하며 별은 말한다. "놀아라. 춤추고 바보처럼 즐겨라." 즐거운 것은 별만이 아니어서 새도 "속박에서 벗어나 노래하라"고 한단다. 구름은 또 어떤가? 순식간에 뭉치고 흩어지면서 두둥실 떠다니는 구름은 "창조적으로 생각하고 표현하라. / 네 영혼이 자유롭게 흐르도록 두어라. / 경쾌하게 즐거워하고 동시에 진중하게 슬퍼하라. / 울고 싶을 때는 울어라."고 말한다. 구름은 이처럼 자유로운 영혼. 구름의 말을 듣다보니 언젠가 아부지가 들려주신 말씀이 생각난다.

경상도 유교 가풍이 깊은 집안에서 자란 아부지는 자기표현에 좀 인색하시다. "봉효양애 온인냉아"(奉孝養愛 溫人冷我 / 효로서 받들고 사랑으로 길러라. 타인에게 따뜻하고 나에게 냉정하라)를 가훈으로 4남매를 엄하게 교육시키셨다. 아부지는 자녀들 앞에서 칭찬도 절대 과하게 하지 않으신다. 아부지의 엄격함이 불만이었던 나는 엄마가 "야야, 아부지만큼 일정하고 보드라운 사람도 없다"라고 말씀하시면 "표현 안 하면 어찌 알아요?" 삐죽하기도 했다. 어른이 되어 바라본 아부지는 울보 아들이다. 할아버지 할머니 제사 때 아부지는 엎드려 절하시면서 못다 한 효도에 대한 회한을 눈물로 풀어내신다. 자식들에게는 여전히 엄하신 아부지, 그래도 울보여서 너무 다행인 아부지.

언젠가 친정에서 무슨 일로 설움이 복받쳐 울던 나를 물끄러미 바라보시며 말씀하셨다. 보통 때 같으면 "야가 울 일도 아닌데 왜 우노, 뚝 그쳐라" 하실 텐데 그날따라 아부지는 "울어라. 울어라. 아부지 앞에서 실컷 울어라. 울고 싶을 때까지 다 울고 가라"고 하시는 게 아닌가. 그 말씀에 그만 나는 어린 아이로 돌아가 울다가 웃다가 했다. 그 일은 엄한 아버지에 대한 마음의 벽이 스르르 무너지는 계기가 되었다. 정서적 카타르시스가 출구를 찾은 그날 이후 나는 더 살가운 딸이 되었고 아부지도 가끔은 내게 예쁜 이모티콘 문자를 날리신다는 믿기지 않는 이야기!

수많은 소리와 수많은 말과 글에 둘러싸인 우리다. 때로 그 수많은 소리들이 소음과 같아서 모두 귀 막고 싶어질 때, 우리는 무엇에 마음을 기울일까? 올 여름 나는 냇물이 하는 말을 들으며 지내려 한다. "느긋하게 흐름을 따르라. 정말 중요한 것을 돌봐라. 나머지는 지나가도록 하라." 이 여름, 우리가 진실로 귀 기울여야 하는 것들을 생각한다. 들려지지 않은 고통과 드러나지 않는 아픔들을 생각한다. 이 모든 것들을 잘 들으려면 우리 스스로 내부에서 길어 올리는 생기부터 회복해야겠다. 그래야 더 넓고 더 깊게 사랑할 수 있으니까. 여름이니까. '기분 좋은 달'(모호크족) 8월이니까. (2016.8)

나는 당신이 필요해요

내가 사랑하는 이가
내게 말했어요.
"당신이 필요해요."

그래서
나는 나를 잘 돌보고
어디를 가든 잘 살피지요.
행여 빗방울에게라도
죽임을 당할까 두려워하며.

「아침 저녁으로 읽기 위하여」 베르톨트 브레히트

독일의 극작가이자 시인 브레히트(Bertolt Brecht, 1898-1956). 지금은 그냥 이 시여야 한다. 꼭 이 시여야 한다. 브레히트의 다른 좋은 시도 참 많지만 9월에는 꼭 이 시여야만 한다는 마음으로 책상 앞에 앉는다. 이 시는 공부방 벽에 독일어 원시, 영어 번역시, 그리고 한글 번역시 3가지 버전을 프린트하여 붙여놓고 매일 바라보는 시다. 영어로는 "To Be Read in the Morning and at Night"라는 제목으로, 독일어 원시 제목은 "Morgens und Abends zu Lesen"이다.

브레히트는 독일 현대 문학을 대표하는 극작가로 서사극 이론과 사회주의 리얼리즘을 구현한 희곡작품을 많이 썼다. 『서푼짜리 오페라』는 다들 한번쯤 들어보셨을 것이다. 극작가일 뿐만 아니라 1200편이 넘는 시도 쓴 브레히트는 20세기 전반의 어지러운 상황을 반영하듯 격랑에 떠밀린 삶을 살았다. 어릴 때부터 국가주의에 반발이 컸던 브레히트는 16살 때 1차 세계대전이 발발하자 징집을 피하기 위해 철학에서 의학으로 전공을 바꾼다. 하지만 그의 지향점은 늘 글을 통해 이 세계를 드러내는 것에 있었다. 1930년대 초에는 나치 정권을 피해서 덴마크, 핀란드를 거쳐, 마침내는 미국으로 망명했다가 2차 세계대전이 끝난 다음에는 미국에 불어 닥친 매카시즘 광풍 때문에 다시 스위스로, 만년에는 동독으로 돌아간다. 독일로 돌아갈 때 서독을 택할지 동독을 택할지 고민이 많았는데, 자신의 작품을 제대로 연출할 수 있는 극장이 동베를린에 있다는 이유로 동독을 택했다는 뒷얘기도 있다.

혁명가 브레히트에게 이토록 달콤한 사랑시라니! 들리는 말로 브레히트는 엄청난 바람둥이였다 한다. 시는 처음부터 끝까지 절절한 사랑의 맹세다. 사랑의 감정을 이야기할 때 우리가 자주 쓰는 단계별 비교가 있다. 가령 '당신이 좋아요'보다 더 큰 말은 '당신을 사랑해요'이고 이보다 더 절절한 말은 '당신이 필요해요'라고 중학교 1학년 때 국어선생님이 이야기해주셨다.

시의 화자는 사랑에 빠져 있다. 내가 사랑하는 이가 "당신이 필요해요"라고 했다 하니 국어선생님의 진단에 따르면 강도 높은 사랑의 단계다. 첫 연은 별로 시적이라고 할 것도 없는 평이한 서술인데 시를 근사한 사랑시로 만드는 것은 바로 다음 연이다. 사랑하는 이가 "당신이 필요해요"라고 말했으니 나는 나를 잘 돌보고 어디를 가든 잘 살핀다고 한다. 정말이지 충실한 사랑의 실천이다. 마지막 두 연이 압권이다. "행여 빗방울에게라도 / 죽임을 당할까 두려워하면" 이런 엄청난 과장이라니. 빗방울과 살해를 연결하는 상상력이라니, 이쯤 되면 이 시는, 흠, 바람둥이가 쓴 게 맞다 싶다.

이 시는 많이 알려진 시인데 시중에 회자되는 다른 번역본에는 "그래서 / 난 가야할 길을 / 조심조심 살피며 / 빗방울까지도 두려워합니다 / 비를 맞아 죽을 수도 있다는 듯이"라고 되어 있다. 어감 차이가 있어 나는 영어와 독일어를 찬찬히 비교하며 우리말로 다시 옮겼다. 빗방울을 맞아 살해될까 두려워 어디를 가든 조심하고 살핀다는 말이 갖는 강력한 울림은 사랑의 방식과 사랑의 관계에 대해 많은 걸 생각하게 한다. 이 조심성은 단순히 나를 위하는 이기적인 발상이 아니다. 내 몸의 주인은 나 자신이지만 내 몸이 내 몸이 아니라는 자각. 누군가를 사랑하는 일은 누군가를 소유하는 쾌락이나 기쁨, 즐거움 이전에 누군가를 책임지는 무거운 일이다. 그래서 우리는 누군가를 진실로 사랑하게 되면 막상 사랑한다는 말을 내뱉기 두렵다. "당신이 필요해요"라는 말은 사랑한다는 말보다 더 절절한 방식으로 사랑하는 이에게 사랑이 부여하는 존재의 책무를 일깨운다. 사랑을 받는 사람은 함부로 몸을 놀릴 수 없는 것. 내 몸은 내 것인데 네가, 당신이, 무슨 상관이냐는 어깃장을 부릴 수 없는 관계, 이게 사랑이다.

그래서 사랑하는 모든 이들은 자신을 소중하게 살펴야 한다. 이 귀한 사랑의 방식을 우리는 너무 쉽게 잊는다. 그래서 시인은 이런 깨달음을 아침저녁으로 읽으며 환기해야 한다고 생각했나보다. 시의 제목을 '사랑'이라든가 '사랑법'이라든가 어떤 다른 말을 넣지 않고 그저 심심하게 "아침, 저녁으로 읽기 위하여"라고 한 것을 보면 말이다. 아침, 저녁으로 이 구절을 떠올리며 맹세처럼 우리는 우리에게 부여된 사랑의 자리를 다시 생각한다. 그 사랑의 자리는 사랑을 막 시작한 젊은 연인의 사랑일 수도 있지만 우리에게 부과된 어떤 관계이기도 하다. 우리는 모두 누군가의 딸, 아들, 누군가의 엄마, 아버지, 누군가의 아내, 남편이다. 누군가의 보드라운 손녀였고, 누군가의 듣든하고 자랑스러운 손자였다. 또 어린 손자 손녀의 할아버지이고, 할머니이다. 지금 홀로인 사람도 누군가의 딸이요 아들이고, 그 자리는 세상 어떤 것도 대체할 수 없는 가장 각별한 사랑의 자리다.

그러므로 우리는 아침저녁으로 조심조심 살펴야겠다. 이 살핌은 제 몸, 제 가족만 이기적으로 위하는 안위와는 차원이 다른 살핌이다. 진정한 사랑은 나만 소중한 것이 아니라 당신이 나만큼 소중하다는 것을 아는 것, 당신이 소중하기에 당신이 사랑하는 내가 소중하다는 깨달음이다. 나에서 너에게로 확장되는 그 관계의 신비는 빗방울에 살해될 수도 있다는 그런 조심성을 기반으로 든든하게 형성된다.

사랑하는 이의 이름을 가만히 불러보는 아침이다. 엄마, 아버지, 여보, 당신, 얘야, 제겐 당신이 필요해요. 내겐 네가 필요해. 아침저녁, 밤낮으로 전해지는 그 사랑의 말은 고스란히 삶의 무게이기도 하다. 사랑은 그만큼 막중한 일. 그래서 우리는 오늘도 이 어지럽고 험한 날들을 힘내라 되새기며 한 걸음씩 용기 내어 걷는다. 자신을 온전히 살핌으로써 타인에 대한 책임을 기꺼이 짊어지고 수행하는 일, 그 사랑의 방식 속에서 당신과 나는 함께한다. 사랑이여, 내겐 당신이 필요합니다. (2016.9)

사진 속 귀한 사람

그녀,
나보다 한 살 어렸더랬지,
한국을 떠날 때 스물 셋.
그녀, 아버지의 집 대문을
그저 닫고
걸어 나갔을까. 또
그건 먼 길이었을까
부친의 양복점을 지나
배가 기다리는 부두까지,
그 배는 최근에서야
그 이름을 알게 된 섬으로
그녀를 데려다 줄 텐데,
그 섬 기슭엔
한 남자가 기다리고 있지

그녀의 사진을
불빛에 비춰보면서
그 때 와이알루아 제당소
바깥 막사에서는 불빛이 반짝이고
그 남자의 방은
사탕수수 줄기에서 날아온
나방들의 날개로
환해지고 있었겠지?
내 할머니는 어떤 물건들을
지니고 가셨을까? 또
그 곳에 도착해서
자기보다 열세 살이나 많은,
남편이 될 낯선 이의 얼굴을
마주했을 때
그녀, 다소곳이 풀었을까,
한복 저고리 비단 옷고름을,
텐트 모양의 치마를,
남자들이 사탕수수 줄기를 태우던
주변 들판에서 불어온
마른 바람으로 부풀어 오른 그 치마를?

「사진 신부」 캐시 송

'사진 신부'라는 제목만 보고선 어떤 상황인지, 무엇을 말하는지 짐작하기 어려워 고개를 갸웃하는 분들이 많으시리라. 사진 신부는 영어로 'picture bride'라고 사진으로 중매해서 결혼하는 신부를 말한다. 왜 사진으로 중매를 맺을까? 지금은 교통이 워낙 좋은 시절이라 지구상의 아무리 먼 나라도 하루 이틀이면 갈 수 있지만 예전에는 배를 타고 여러 달 걸리는 여행이었다. 사진 신부는 그렇게 먼 거리를 이어주는 중매 수단이었다.

이 시를 쓴 캐시 송(Cathy Song, 1955-)은 하와이 호놀룰루 태생의 3세대 한국계 미국 시인이다. 캐시 송 자신은 웨슬리 대학과 보스턴 대학에서 문예창작을 전공하였는데, 시집 『사진 신부』가 1982년 출판된 이후, 아시아계 미국시인의 대표격으로 미국 문단에서 주목을 받게 된다. 시인의 어머니는 중국계 이민자였고, 할머니 할아버지가 한국인 하와이 이민 1세대였다 한다.

시는 할아버지가 첫 이민 세대로 하와이에 먼저 도착해서 사탕수수 농장에서 일을 하다가 사진을 통해 연결된 한국의 새 신부를 맞는 이야기다. 손녀가 할머니의 입장과 상황을 상상하면서 새 색시로 하와이에 도착하는 과정을 그린다. 새색시는 시의 화자보다 한 살 어린 스물 셋, 요즘 대학교 3학년 혹은 4학년의 나이로 결혼하기엔 어린 나이다. 얼핏 단순해 보이는 시의 결이 당시 이민자의 먼 길을 고스란히 재구성하여 생생하게 한 편의 여행기를 보는 것 같다.

이민은 요즘조차도 이만저만한 일이 아니다. 자기 뿌리를 고스란히 뽑아서 다른 터에 옮겨 심는 과정이니까 말이다. 우리나라 한인들의 이민사는 1903년 첫 이민선 갤릭호가 하와이에 도착하면서 시작되었다. 당시 하와이에선 먼저 와 자리를 잡은 중국계 이민자들과 일본계 이민자들이 워낙 파업을 많이 해서 사탕수수 노동자들이 귀했다 한다. 그래서 농장주들이 선교사를 통해 한국의 노동자들을 적극적으로 섭외하려 했다. 1902년에 고종이 정식으로 이민 허가를 내리고 '하와이 이민모집 공고문'을 전국에 붙였는데, 워낙 뿌리를 중시하는 한국인들은 해외 이주에 선뜻 마음이 동하지 않았다고 한다. 응하는 사람이 거의 없어서 궁여지책으로 인천의 한 미국인 선교사가 주선하여 그 교회 신도들을 중심으로 첫 이민선이 꾸려지게 된다.

곤궁한 땅을 떠나는 이민자들은 푸른 꿈을 안고 배를 탔을 것이다. 실제로 이민모집공고문에는 하와이에 가면 모든 것이 풍족하고 영어도 배울 수 있다고 되어 있었지만 막상 하와이 사탕수수 농장에 도착해서의 현실은 기대와 사뭇 달랐을 것이다. 엄청나게 힘든 노동의 나날, 한인들은 워낙 성실하여 인정도 빨리 받고 영어도 쉽게 배우고 정착을 비교적 쉽게 했다고 한다. 결혼 적령기의 청년들은 같은 핏줄을 원했고 사진 중매는 그래서 이루어졌다. 1910년부터 1927년까지 약 700여명 가량의 사진 신부들이 한국을 떠나 하와이로 향했다고 한다.

앞의 시는 바로 그 출발 지점에서 시작한다. 사진으로 건네받은 남자. 내 남편이 될 사람. 아직 낯설기만 한 그를 가슴에 품고 도무지 가늠하기도 힘든 먼 땅으로 떠나는 심정은 돌아올 길 없는 유배지로 가는 느낌이었겠지. 그래서 "그녀, 아버지의 집 대문을 / 그저 닫고 / 걸어 나갔을까"라고 물음표 없이 마침표로 끝나는 의문문을 구사할 때 시인은 아마 젊은 날 홀로 떠나는 외로운 신부 한머니의 걸음걸음에 어린 눈물을 보지 않았을까.

영어로 된 시에서 부산이라는 익숙한 한국의 지명이 등장하면 참 반갑다. 이 시를 처음 읽을 때도 그랬다. 부산의 그 수많은 장소들 중에 왜 하필 양복점일까? 아마 여권 사진을 찍기 전에 싸구려 양장이라도 한 벌 갖춰 입지 않았을까? 이민 1세대 할아버지를 생각하며 쓴 다른 시에는 어설프게 몸에 잘 맞지 않는 양복을 입은 청년이 등장한다. 아직 젖살이 채 빠지지 않은 젊은이가 태평양을 건너는 배 위에서 햇살에 부서지는 물결을 바라보는 장면. 그래서 한인 3세대 시인이 상상할 수 있는 부산이라는 도시는, 배를 타는 출항과 함께 양복점이 연상되나 보다.

시인은 할머니와 할아버지가 처음 보는 선남선녀로서 부두에서 만나는 날을 상상한다. 한국에서 결혼할 사람이라고 소개받은 젊은이는 양복 입은 여권 사진 속 귀티 나는 청년이었을 것이다. 하지만 하와이에 도착한 후 그 청년은 사탕수수 농장에서 매일 혹사당하며 얼굴이 검게 그을렸겠지. 땡볕에 하루만 나가 놀아도 얼굴이 타는데 사탕수수 농장에서 엄청난 육체노동을 한 젊은이는 아마도 한두 해 사이에 중늙은이가 되어 있지 않았을까. 그런 사실을 진히 일지 못하는 새 신부가 태평양을 건너 그 먼 뱃길을 견뎌 도착한 항구에서 신랑을 처음 만났을 때 얼마나 놀랐을까?

사진 속 젊은이는 간 데 없고 험한 노동에 지친 남자가 서 있을 그 부두를 상상해본다. 한국에서 온 새 신부는 그 자리에서 딱 죽고 싶었을지도 모른다. 그 혼란한 느낌을 시인은 사탕수수 농장에서 불어오는 메마른 바람으로 표현한다. 사진 신부와 관련하여 한인 이민사를 살펴보니 당시에 우리나라 상황이 너무나 열악하여

1910년 한일병탄 전후로 나라 잃은 백성으로 사느니 미국에 가서 공부하겠다는 일념으로 사진 중매를 선택한 여성들이 꽤 많았다. 그 꿈을 품고 건너온 섬에는 메마른 바람이 불고 신혼부부의 신방에는 나방이 날개짓을 하고 있었을 것이다. 시인은 척박한 당시의 환경과 그 속에도 포기하지 않고 품었을 젊은 신랑신부의 꿈을 그려 보인다.

「사진 신부」는 큰 역사에서 드러나지 않고 살다 가는 아주 작은 사람들의 이야기다. 역사는 큰 사건, 위대한 사람들만 기술하지만 사실 역사를 만들어 나가는 사람들은 이름이 기입되지 않은 작고 보잘 것 없는 이들이다. 아무 것도 보장되지 않은 미래를 위해 용기를 얻고 힘을 내고 어떻게든 메마른 땅을 개척하는 사람들. 이 분들이 역사를 새로 쓴다. 대개 이민사는 고생했던 과거는 다 지우고 성공 신화로만 이야기되는 적이 많다. 하지만 캐시 송은 할머니의 이야기를 다시 쓰면서 성공 이전에 가려진 그 착잡한 슬픔과 타지에서의 낯선 삶을 극복하는 과정을 그려 보인다.

그 점에서 시인은 아무 이름 없는 존재였을 할머니를 역사의 한 장으로 초대한다. 우리가 잘 모르는 한국의 이민사는 시인이 눈 환히 뜨고 응시하는 신부 할머니의 젊은 날 속에서 다른 방식으로 기술된다. 우리는 모두 뿌리 뽑혀 떠나온 자. 젊어 떠난 고향을 다시 찾는 이는 많지 않다. 지금 여기라는 또 다른 고향에서 빛나는 이름 하나 없을지라도 우리는 세상의 허명보다는 있는 듯 없는 듯 기억되는 한 편의 시에서 작은 존재 가치를 발한다. 이름 없는 삶이 새로이 기입되면서 작은 역사가 다시 열린다.

시집에 관한 여담 하나만 덧붙이자. 캐시 송은 처음에 '사진 신부'

를 시집 제목으로 생각하지 않았다. 꽃그림으로 유명한 미국의 화가 조지아 오키프(Georgia O'Keeffe)의 그림 세계에 흠뻑 빠져서 첫 시집의 구성을 오키프의 꽃그림을 따라 꾸미고 시집 제목도 오키프의 그림 '새하얀 공간에서'를 원했다고 한다. 그런데 출판사 편집인이 '사진 신부'라는 제목이 더 인상적이라고 판단, 이 제목을 권했다고 한다. 시인은 그 제안을 받아들였고 한국이라는 낯선 공간을 미국시의 지평으로 끌고 온 이 시집은 출간되자마자 비평가들에게서 큰 호평을 받는다. 신예 시인에게 '예일 젊은 시인상'(Yale Younger Poet's Award)을 안겨 준 시집은 젊은 날 새색시 할머니를 다시금 발견한 손녀의 눈길이 빛을 발한 하나의 작은 사건이다.

(2016.10)

낮게 뜨겁게

한 잎 두 잎 나뭇잎이
낮은 곳으로
자꾸 내려앉습니다
세상에 나누어 줄 것이 많다는 듯이

나도 그대에게 무엇을 좀 나눠주고 싶습니다

내가 가진 게 너무 없다 할지라도
그대여
가을 저녁 한 때
낙엽이 지거든 물어보십시오
사랑은 왜 낮은 곳에 있는지를

「가을엽서」 안도현

기록적인 더위였다. 여름이 가는 것도 가을이 오는 것도 도무지 상상할 수 없는 길고 힘들었던 계절이 지나고 어느새 가을이 쑥 다 가왔다. 파란 하늘 아래 은행잎이 노랗게 물들어 가고 비 내리는 젖은 거리 위로 낙엽이 떨어진다. 엽서를 보내고 싶은 계절에 낙엽이 전하는 엽서를 읽는다. 안도현 시인(1961-)은 쉽고 친근하면서도 깊이 있는 뭉근한 깨달음을 주는 시를 써서 대중들의 사랑을 많이 받아온 시인이다. 시를 어려워하는 분들이 안도현 시인의 시를 읽으면 일상에서 길어 올린 시의 언어에 시가 어렵다는 선입견을 깰 수 있다.

이 시에서 시인은 나뭇잎을 바라본다. 한 잎 두 잎 떨어지는 나뭇잎이 낮은 곳으로 자꾸 내려앉는다. 그 움직임을 시인은 "세상에 나누어 줄 것이 많다는 듯" 나뭇잎의 베풂의 행위로 해석한다. 낙엽이 세상에 전하는 전언, 그건 바로 사랑이다. "나도 그대에게 무엇을 좀 나눠주고 싶습니다"란 말. 사랑에 빠져 본 이들은 알 것이다. 주고 싶은 마음, 그게 사랑이다. 내 것을 내 것으로 소유하지 않고 나누어 주고 싶은 마음, 그게 사랑이다. 아이에게 따뜻한 밥을 먹이고 싶어 이른 새벽 아침에 피곤한 잠을 떨치고 일어나고, 조금이라도 더 나은 환경을 만들어 주고 싶어 굴욕을 참으며 일하는 세상의 부모님들.

주는 행위는 위에서 아래로 흐르지만 때로 아래에서 위로 흐를 때도 많다. 교육현장에서 느끼는 경험으로는 내가 학생들에게 주는 것보다 학생들에게서 받는 사랑이 더 크다 느낄 때가 많다. 시를 통해 삶의 여러 문제들을 묵상하는 걸 즐기는 나는 시를 나누는 일로 내 배운 바를 실천하려 한다. 그 마음이 커서 매일 아침저녁으로 시 이야기를 하라고 해도 할 수 있을 것만 같다. 시에 대한 사랑은 곧 사람과 세상에 대한 사랑이다. 이렇듯 나누어 주는 일의 시작도 끝에 모두 사랑이 자리한다.

그런데 다음 연에서 시인은 의미심장한 자기 고백을 한다. "내가 가진 게 너무 없다 할지라도"라는 말. 사랑하는 이에게 최고를 해주고 싶은 마음, 가령 가장 정성 들인 밥, 최고 좋은 옷, 최고의 교육, 최고 좋은 집 등 가장 좋은 것 때문에 우리는 사랑하는 이와 멀어진다. 불필요한 경쟁과 싸움으로 소모되느라 사랑하는 이를 가만히 바라볼 시간이 없다. 주는 건 물질적인 것이 아니라 심리적인 것, 가령, 정성어린 마음이라든가 보듬어 헤아리는 모든 행위가 포함되는데, 미욱한 우리는 물질적인 안녕과 행복에만 마음을 쏟는다. 마음 또한 상대를 편안하게 해주는 게 먼저인데, 내 마음만 앞세우다 부담을 주기도 한다. 마음처럼 쉽지 않은 인생에서 정작 소중한 것들은 주지 못하는 우리 앞에 "내가 가진 게 너무 없다 할지라도"라는 고백은 사랑의 관계에 대해 다른 시선을 준다.

가을 저녁 한때 떨어지는 이파리에게 물어본다. 사랑은 왜, 어찌하여 낮은 곳에 있는가 하고. 이 마지막 문장이 우리가 오해하는 사랑의 속성과 사랑의 아집을 돌아보게 한다. 낙엽은 떨어져 땅에 누워 썩어 거름이 됨으로써 존재가 다른 존재에게 해줄 수 있는 최고 형태의 사랑을 실천한다. 높은 곳을 지향하는 대신, 낮게 누워서 줄 수 있는 사랑의 방식, 사랑의 원형. 시인이 전하는 가을엽서는 우리에게 잊어버린 사랑의 원형을 되새기게 한다. 우리는 지금 위에서 군림하며 내 의지대로 행하는 위악의 사랑을 하고 있는지 아니면 낮은 사랑의 자리를 지향하고 있는지. 가을엽서와 함께 겨울 이야기까지 해보자.

> 연탄재 함부로 발로 차지 마라
> 너는
> 누구에게 한 번이라도 뜨거운 사람이었느냐

학기 초에 학생들에게 좋아하는 시를 하나 가지고 와서 소개하라고 하면 늘 등장하는 시가 바로 위의 시, 안도현 시인의 「너에게 묻는다」이다. 시인은 연탄재를 많이 갈아본 게 분명하다. 경험에서 우러나오지 않으면 이처럼 강렬한 펀치와도 같은 절절함을 만들어 낼 수 없다. 해직교사로 지내던 시기에 시인은 '인간이란 무엇인가'에 대해 고민하다 이 시를 지었다고 한다. 시를 읽으며 한 번이라도 연탄재만큼 누군가에게 뜨거운 마음으로 헌신한 적이 있는지 자문해본다. 글쎄다.

이 시는 인간됨에 대한 존재론적 질문을 담고 있다. 인생은 홀로 가는 먼 길이지만, 우리는 모두 함께 살아가는 동시대 운명 공동체다. 한 번이라도 당신은 누군가에게 뜨거운 사람이었는가? 그 관계를 연탄재를 통해 묻는 게 새롭다. 연탄재는 쓸모없음의 대명사다. 연탄은 방을 뜨겁게 데우고 재로 남는다. 대문 옆 길가에 쌓여 있다가 술 취해 돌아오는 어느 가장의 구둣발에 날아가고 눈 오는 날 미끄럼 방지용으로 으깨어진다.

연탄재는 사랑과 그리움의 다른 이름이다. 지금은 점점 더 사라져가는 좁은 골목, 정성스레 불을 지피고 소임을 다한 후에 차게 식어 버려지는 연탄재. 연탄재는 사라져가는 우리의 문화의 일부분,

지나간 아릿한 시절이다. 연탄과 함께 생각나는 아픈 기억 하나. 중학교 때 사회 선생님이 연탄가스 중독으로 돌아가셨다. 대학을 갓 졸업하고 시골 여자중학교로 부임하셔서 학교 앞에 방 한 칸 얻어 자취하시다 그리 되셨다. 감정 표현 많이 하지 않는 엄격한 분이었으나 속정 많고 곧은 성정의 선생님이셨다. 지금 생각하면 한없이 어린 사회 초년생이다. 누군가의 귀한 딸로 자라 선생님이 되어 자신의 열정을 제대로 펴지도 못하고 떠나셨다. 세월호에서 아이들을 구하느라 빠져나오지도 못하신 선생님들도 연탄재의 삶을 살다 가신 분이다. 그런 분들이 우리 사회에 너무 많다. 우리 사회가 한 걸음 전진해왔다면 연탄재 같은 뜨거운 사랑이 모여 그리된 것이라 나는 믿는다.

이 가을 낮게 눕는 낙엽들을 보며 묻는다. 우리가 한 번이라도 누군가에게 진정으로 뜨거웠던 적이 있는지? 사랑이 잉태되고 자라는 자리는 높은 곳에 있지 않다. 낮은 곳에 있다. 낮고 누추한 자리, 진 자리에 있다. 바람 부는 거친 거리에 있다. 거머쥠이 아닌 나눔, 축적이 아닌 베풂, 채움이 아닌 비움에 사랑이 있다. (2016.11)

바람결에 실려오는

얼마나 많은 길을 헤매 다녀야
아이는 어른이 될 수 있을까?
얼마나 많은 바다를 건너고 건너야
하얀 비둘기는 모래밭에서 잠들 수 있을까?
얼마나 많이 대포가 날아다녀야
대포가 영원히 금지될 수 있을까?
대답은, 친구여, 바람결에 실려 온다네.
대답은 바람결에 실려 온다네.

얼마나 긴 세월 흘러야
저 산들이 바다로 씻겨 갈 수 있을까?
얼마나 많은 세월이 흘러야
사람들은 자유를 찾을 수 있을까?
얼마나 많은 이들이 고개를 돌려야

보고도 안 본 척 하지 않을 수 있을까?
대답은, 친구여, 바람결에 실려 온다네
대답은 바람결에 실려 온다네.

얼마나 여러 번 올려다보아야
우린 하늘을 바라볼 수 있을까?
얼마나 많은 귀를 가져야
사람들의 울음소릴 들을 수 있을까?
얼마나 많은 이들이 죽어야,
너무 많은 사람들의 죽음을 깨달을 수 있을까?
대답은, 친구여, 바람결에 실려 온다네.
대답은 바람결에 실려 온다네.

「바람결에 실려오는」 밥 딜런

시월 어느 저녁으로 돌아가 이야기를 시작해 볼까 한다. 올해 노벨문학상 수상 결정은 다른 해보다 일주일가량 늦었다. '왜 늦어질까? 노벨상 선정 위원회에서 엄청 고민이 많은가보다' 생각하던 13일 저녁에 여느 해처럼 그와 관련된 전화를 받았다. 대개 노벨문학상 수상자는 추천을 받은 여러 후보들 중에 결정되기에 발표일 저녁에 제일 바쁜 이들은 언론사 기자들이다. 올해 가장 유력한 후보는 누구이며 이 작가는 어떤 작품을 썼고 문학사에서 어떻게 자리매김 되는지, 스웨덴 현지에서 가능성을 점치는 기사에 촉각을 곤두세우면서 기자들은 수상자가 누가 되든 좋은 기사를 쓸 준비를 미리 해야 한다. 이상하게 이맘때가 되면 기자들 전화가 잦아서 이유를 몰랐는데 노벨상 후보 작가에 대한 글을 쓴 적이 있어서 그랬다.

올해도 그랬다. 퇴근길 시끌시끌한 거리에서 어느 기자의 전화를 받았는데, "누가 노벨문학상을 받을 것 같은가"라는 질문이었다. 짧은 고민 끝에 미국의 소설가 필립 로스(Philip Roth)를 점찍었다. 로스는 현실을 냉정하게 그리는 작가로 우리말로 번역 소개도 많이 되어 있다. 내친 김에 수상 후보에 오른 다른 작가들에 관해서도 이것저것 아는 선에서 편하게 이야기했다. 친구에게 이야기하듯 조잘조잘 수다를 떨다가 큰 도움은 안 될 것 같다는 마무리로 전화를 끊고 10여 분 뒤에 다시 전화가 왔다. 놀랍게도 미국의 가수 밥 딜런(Bob Dylan, 1941-)의 수상 소식이다.

머리가 띵하다. "어머, 그래요?" 너무 놀랐는데, 일단은 참 좋았다. 딜런은 음유시인이다. 시인으로서 밥 딜런을 평가해 달라는 기자의 요청에 내가 무슨 말을 했던가? "아, 좋아요. 아주 획기적인 선택인데요. 작년에 체르노빌 르포문학 작가 스베틀라나 알렉시예비치(Svetlana Alexievich)가 받았잖아요. 그 수상으로 문학의 영역이 확장되었다는 평가를 받았는데, 이번 딜런의 수상은 문학의 본질을 되묻고 있는 것 같아요." 기억을 더듬으면 대충 이렇게 대답한 듯. 딜런 수상은 지난해와 마찬가지로 노벨문학상 선정위원회의 깊은 고민을 반영한다. 문학이란 무엇인가, 시란 무엇인가, 그 질문을 밥 딜런을 통해서 하는 것이리라. "시가 원래 노래잖아요. 그동안 잊고 있던 시의 원래 모습을 일깨우는 과감한 결정이었다고 생각해요." 이런 말도 덧붙였던 것 같다. 이야기 하는 와중에 내내 머리가 띵한 느낌은 가시지 않았다.

다음날 신문에서도 밥 딜런의 노벨문학상 수상 소식은 큰 스캔들이었다. 시인들 중에는 '문학에 대한 조롱이다'며 허탈해하는 분들도 계셨다. 가수가 아무리 아름다운 가사를 썼다 하더라도 노벨문학상이라니? 하는 시선이 많았다. 하지만 나는 다른 해석을 했다. 딜런은 1960-70년대 미국의 청년 문화를 선도한 가수로 우리나라 70년대 포크문화에도 큰 영향을 주었는데, 딜런이 쓴 가사들이 모두 시다. 게다가 그 시들은 모두 전쟁과 증오로 폐허가 되는 세계에 대한 집요한 질문을 던진다. 딜런의 수상이 즐거운 또 하나의 이유는 짝사랑처럼 만지작거리던 6,70년대 음유시인들의 반전 평화 노래들을 영미시 수업 시간에 떳떳하게 읽을 수 있겠구나 하는 생각 때문이다.

밥 딜런은 문학사에서 1960년대 비트 세대와 함께 이야기되곤 한다. 앞에서 소개한 「루르 지방」이란 시를 쓴 긴즈버그와 잘 통하는 시인이 바로 밥 딜런이다. 딜런은 로버트 앨런 짐머먼(Robert Allen Zimmerman)이라는 본명이 있지만, 영국 시인 딜런 토마스(Dylan Thomas)를 좋아해서 이 필명으로 시를 쓰고 가수 생활을 시작했다고 하는데 막상 시인 자신은 별 뜻이 없는 작명이라고 했다. 미네소타 대학을 다니다 중퇴하고 포크가수 우디 거스리(Woody Guthrie)를 만나러 무작정 뉴욕행을 한 밥 딜런. 그리니치 빌리지를 전전하며 노래를 부르던 딜런은 아름다운 가사와 독특한 음색으로 비평가와 대중의 관심을 받으면서 당시 완고한 기성체제에 저항했던 비트 세대의 문제의식을 이어받아 길 위에서 끝없는 자유를 찾아나서는 청년들의 염원을 담아 전쟁과 죽음이 가득한 세계의 평화를 노래한다.

딜런의 노래는 시니컬한 어조에 심드렁한 목소리, 조롱과 무심을 오가며 꿈길처럼 중얼중얼 읊조리는 그 특유의 가락 때문에 이게 노래인가 싶을 정도로 꺼끌꺼끌한 불편함이 있다. 서정적이면서 실험적이고 통렬하면서도 몽환적인 느낌이다. 당시 전쟁의 세기를 살던 미국 청년들의 길 잃은 마음을 사로잡은 딜런은 곧 청년 문화의 아이콘으로 떠오른다. 보통 사람들이 알아듣기 쉬운 말을 건네는 낭만적 시인상을 관통하는 노랫말로 딜런은 잃어버린 시대의 허전한 마음을 안은 음유시인으로 우뚝 선다.

「바람결에 실려오는」은 흔히 '바람만이 아는 대답'으로 번역되는 딜런의 대표곡이다. 이 시는 반복되는 질문으로 가득한데 어린아이의 질문처럼 단순하고 심오하다. "이모, 이게 바람이야? 바람은 어떻게 만져?" 십여 년 전 어느 날 산책길에서 뜬금없이 바람에 대한 질문을 받은 날을 지금도 기억한다. 바람을 만지려 했던 아이처럼 딜런은 바람에 귀를 기울여 이 아프고 병든 세계의 질문들에 답을 구한다.

어른이 되고 싶은 아이는 얼마나 많은 길을 헤매 다녀야 과연 어른이 될 수 있을까? 어른이라는 존재는 뭘까? 어른이 되면 진리를 알 수 있을까? 먼 바다를 건너는 흰 비둘기의 날갯짓은 얼마나 고달플까? 무사히 바다를 건너기나 할까? 그래서 모래밭에 평안히 몸을 뉘는 순간이 올까? 비둘기의 날갯짓은 우리 고단한 삶의 하루하루와 병치된다.

20세기는 전쟁의 세기였다. 지금도 전쟁으로 인한 난민 문제는 전 세계의 고민이다. 산이 깎여 바다가 되는 세월, 포단이 얼마나 날아다녀야 우리는 전쟁의 참혹을 알고 전쟁을 완전히 막게 될까? 또 우리는 얼마나 많은 귀가 있어야 우리 주변의 그 수많은 울음을 들을 수 있을까? 불의를 보고도 눈감는 우리의 비겁함에 시인은 "얼마나 많은 이들이 고개를 돌려야 / 보고도 안 본 척 하지 않을 수 있을까?"하고 묻는다. 너무 많은 불의를 보고도 늘 못 본 척 눈감는 우리의 비겁과 무관심과 이기를 이처럼 천진한 질문으로 바라보게 한다. 모든 질문들에 대한 답은 사실 쉽고도 어렵다. 자기 이익이 아니라 공동의 이익을 생각하고, 자기 편리가 아니라 공동의 편리를 생각하고, 지금 당장 여기가 아니라 긴 전망으로 인류 전체의 지도 속에서 나를 놓고 보면 이러한 질문들에 대한 답이 보인다.

그럼에도 저마다 눈이 가려지고 귀가 닫힌 채 아둔하게 자신의 이기를 좇는 우리. 문제를 해결하지 못하고 질문만 계속하며 살아가리란 걸 안다. 시인은 그래서 해답을 주지 않고 대신 해답은 바람 속에 실려 온다고 한다. 만약 우리가 바람에 귀를 대면 조심스럽고 예민하게 최대한 정성껏 바람에 실려 오는 그 답을 들을 수 있을까. 바람을 듣는 일은 자칫 뜬구름 잡는 일처럼 허망하게 들린다. 하지만 실체가 없어 보이는 그 바람은 다른 의미로는 간절한 기다림이고 염원이다. 눈에 보이지 않는 믿음이요 희망이다. 이 간절한 믿음이 바람을 일으킬 수 있다. 그러므로 바람은 현실의 익숙한 틀을 깨고 변화를 가져오는 힘이요 구원이다.

평이한 언어로 심오한 질문을 던지는 노래들로 전 세계 젊은이들의 마음을 뒤흔든 밥 딜런은 문학에 드리우는 특권을 걷고 문학의 경계를 묻는 방식으로 위기에 처한 오늘에 대한 답을 모색한다. "여기 무슨 일이 일어나고 있는데, 당신 그게 뭔지는 모르지요, 존슨 씨?" 밥 딜런의 「깡마른 남자의 노래」 중 한 구절이다. 무슨 일이 일어나고 있는데 그게 뭔지 도무지 몰랐던 어느 저녁 8시. 머리에 쥐가 좀 났지만 유쾌한 15분의 선물. 축하해요. 그리고 고마워요. 시라는 새로움의 언어를 이렇게 무수히 보내준 당신, 시로 만든 노래의 바람으로 이 세계에 큰 선물을 선사한 당신. 여기 이 땅에도 무슨 일이 일어나고 있는데, 그게 뭔지는 모르지요? 바람만이 알고 있겠지요. 그 대답. 바람이 부는 시간을 오래 기다려 온 지금 이 곳 어제보다는 오늘 조금 더 크고 상쾌한 바람이 불고 있답니다.

(2016.12)

바람이 부는 시간

초판 인쇄 2019년 1월 23일
초판 발행 2019년 1월 30일

지은이 정은귀
발행인 김인철
총괄 · 기획 가정준 Director, University Knowledge Press
편집장 신선호 Executive Knowledge Contents Creator
도서편집 박현정 Contents Creator
전자책편집 이리나 e-Contents Creator
재무관리 강현주 Managing Creator
사전 · 출판 정준희 Contents Creator
마케팅 파트장 백승이 Chief Marketing Creator
마케팅 이현진 Marketing Creator
발행처 한국외국어대학교 지식출판콘텐츠원
02450 서울특별시 동대문구 이문로 107
전화 02)2173-2493~7
팩스 02)2173-3363
홈페이지 http://press.hufs.ac.kr
전자우편 press@hufs.ac.kr
출판등록 제6-6호(1969. 4. 30)
디자인 · 편집 (주)이환디앤비 02)2254-4301
인쇄 · 제본 네오프린텍 02)718-3111

ISBN 979-11-5901-438-3 03810 정가 20,000원

*잘못된 책은 교환하여 드립니다.

HUEBOOKs는 한국외국어대학교 지식출판콘텐츠원의 인문학도서 Sub Brand이다. 한국외대의 영문명인 HUFS, 사람을 위하는 Humanism, 교육의 Education, 색조의 Hue의 다의적인 뜻으로 해석할 수 있으며, 인문학도서 출판에 대한 의지가 담겨있다.